特許情報による
"株式投資"の新・成功方程式

Patent Information
For Victory

～「知財」から、企業の"未来"を手に入れる！～

はじめに

99%の人が知らない、「特許情報」の活用法とは？

▼

　はじめまして。TechnoProducer株式会社（テクノプロデューサー）代表の楠浦崇央です。

　TechnoProducerは、"勝てる"知財戦略の立案や新規事業創出の実働支援と人材教育サービスである「発明塾」を手掛けている会社で、僕はその塾長でもあります。

　弊社についてまったくご存じない方のために簡単に説明させていただくと、「発明塾」では、顧客企業の担当者とともに、特許情報を活用し、新たな事業機会を見つける活動を行っています。また、「技術マーケティング」と呼ばれる技術の新用途探索も行っています。

　ここで用いている手法は、2006年から2007年にかけて、僕が前職のナノテクスタートアップでCTO兼事業責任者をしていたときに独自に生み出したものです。

　昨今は、経営や事業に知財情報を役立てるための活動を「IPランドスケープ」と呼ぶことがありますが、その原型にあたるものだと自負しています。

　さて、本書のテーマでもある知財・新規事業と投

資についてですが、ここに何の関係があるのか、と思われた方も多いでしょう。

詳細は後ほど紹介しますが、弊社は現在、投資信託を運用する企業向けに「特許が読める投資アナリスト」育成のための「発明塾」も開催しています。

実は企業や事業の価値を評価する上で、知財や特許の話は避けて通れない時代になっているんですね。

特許には、企業の過去から現在までの発明やイノベーションの歴史が書かれています。

つまり、技術開発や事業開発の動向、および、今後どのような事業を行おうとしているか、がわかる非常に貴重な情報なんです。

従って特許は、企業の知財活動の全貌や企業の実態がわかるすぐれた情報源で、うまく読み解けば「未来」も予測できます。

要するに、知財や特許って、技術開発や新規事業の創出だけでなく、投資にも大変役立つ情報なんだ、ということです。

新規事業と知財に関して、僕は2021年に『新規事業を量産する知財戦略 未来を預言するアイデアで市場を独占しよう！』を上梓し、新規事業創出に関する発明塾の手法と発明創出の実例を詳細に紹介しています。

こちらは、出版社を通さない完全自主出版で、宣

伝らしい宣伝をしていないにもかかわらず、知財関連の書籍としては異例の大ヒットになり、個人の方から企業の経営者の方まで、新規事業や知財にかかわる方を中心に大きな反響をいただきました。

このように知財×新規事業は、大きな流れになってきました。

そこで次に僕が目をつけているのが、知財×投資なんですね。

特許情報は、すでに一部の投資アナリストは使いこなし始めていて、投資のプロが認めている重要な情報源となっています。

そこで、ちょっと遊び感覚で、AIに「特許情報は投資に役立つんですか？」と聞いてみたら、「特許情報は企業と投資家を結ぶ重要な要素とされています」という答えが返ってきました。ついに、投資における特許情報の重要性をAIも認めているんです。もう、そういう時代なんですね。

しかもAIは、「みんなが知っている情報を読んでいても他の人には勝てない。これはアナリストには常識で、プラスαのリターンを得るにはどうしたらいいかというと、他の人が使っていない情報を取ればいいんじゃないか。その中で、知的財産の価値が認識されるにつれて特許情報の重要性は高まっている」という追加のコメントまでくれました。

真面目な話に戻りましょう（笑）。特許情報がどう役立つか、投資のプロの意見は具体的にどういう感

じなのか、気になりますよね。

特許情報の「強み」について、本書の「特別対談①」で対談をさせていただいた金融業界アナリストの方が、「その企業がどういう課題を解決しうる技術を持っていて、それぞれの技術がどの製品やサービスに結びついているのか、わかる」とおっしゃっています。同時に、企業のIR部門へのヒアリングだけでは「企業側の主張」に終始してしまう、「本当のところ」がわからない、ともコメントされています。「客観性」「透明性」がある情報源の一つとして、一部のプロが活用し始めているのが、特許情報だとお考えください。投資において、いま最も熱い情報源の一つが特許なんだ、とお考えいただいても結構です。

特許から企業の本当の姿と、企業の未来が見える

僕が、「特許情報って投資に役立つんじゃないか」と気づいたのは、2008年にTechnoProducer株式会社を創業して間もない頃です。

当時、営業活動の一環として、弊社の顧客になっていただけそうな企業を探すために、スタッフを1名つけて毎日のように特許分析を行っていました。「安定的に成長できる仕組みがある企業にお客様になっていただければ、弊社も安定的に成長できるんじゃないか」という仮説を立てていたのですが、よく考えたら、「そういう企業は投資先としても頼もしいので

はないか」とふと思ったんですね。

　また弊社は「新規事業」の創出支援を業務にしていますので、「安定的に成長できる仕組みや事業を新たにつくりたい」という企業様からの依頼も多くあります。
　その場合、「今は安定的に成長できる基盤がない、でも変えていきたい」というご要望にお応えできるよう、「安定的に成長できる基盤ができている企業は、何が違うのか」を調べておく必要があります。
　そうして創業当初から数年間、業界のトップ企業を中心にさまざまな企業について調査を行ってきた結果、「何が違うのか」について、一定の答えが見えてきました。
　皆さん意外に思われるのですが、特許からちゃんとわかるんですよね。
　本編で紹介していますのでお楽しみください。
　きっと皆さん、本書を読み終えたころには、特許が読みたくなるでしょう。

　もちろん今も、僕は毎日特許を調べて読んでいます。それは「企業内発明塾」での新規事業創出支援のためであったり、投資ファンドからの依頼で企業の活動を調べるためであったり、まだあまり知られていない面白そうな企業や技術を見つけて、皆さんにメルマガやセミナーで情報発信するためであったりと、目的は千差万別です。

目的によって読み方は大きく変わります。弊社は創業当初は、特許調査・分析の受託サービスを主な業務にしていましたので、特許出願前の予備調査、特許権侵害の確認、特許を無効にするための資料探し、技術の用途探索や銀行の融資先企業の技術力評価など、さまざまな目的の特許調査や特許分析を受託し、文字通り朝から晩まで、世界中の企業の特許を読み漁っていました。

　それらすべてが現在、底力と将来性のある企業を見極めることに役立っています。まさに「継続は力」ですね。

　最近は、投資家の方から「A社について調べたいのですが……」とお話をいただいて、「あぁ、あそこは15年前に比べると知財戦略がかなり変化しているので、最近はなかなか頼もしいですね」などと即答（笑）するような例も増えてきました。何事もそうだと思いますが、ずっと見ているかどうかって意外に効いてきますよね。

　特許情報を長く見ていると、企業の戦略の変化も肌で感じられるようになるんです。

　ただ、特許を読んだことがある方は感じていると思いますが、普通に読むとただ技術のことが「読みづらく」書いてある文書です。

　特許に書いてあるのは「権利になった（権利になる前の）発明」なので、基本的には技術情報であり、権利

情報です。投資機会を発掘するには、書かれている技術情報や権利情報から、企業の戦略や現場で行われている事業活動、研究開発活動などを読み取っていく必要があります。

そこがまさに、この後紹介する「僕なりの」特許分析の方法なんですね。

本書では、特許情報がなぜ投資に役立つのか、から始めて、特許の読み方、特許の強さの評価法、特許情報から企業活動を読み解く方法、実際に特許情報から企業活動を読み解いた事例など、僕のこれまでの蓄積や普段仕事で使っている情報分析の手法を、あますところなく紹介します。

特許ってすごいものだ、特許が取れる技術は非常に高度で難しい技術だ、というイメージが先行して、特許と聞くと身構えてしまう方もいるかもしれません。技術情報と権利情報だ、とか言われると、なおさら難しそうですね。

従って本書では、できるだけ専門用語を排除して、平易な言葉で解説することを心掛けました。専門家からは苦情がくるかもしれませんが、それを承知の上で、特許や知財に興味はあるけど明るくない、という方が読み進められるようにしてあります。

読んでいけば、少しずつ知識はついてきますので、「易から難へ」の定石通り、後ろにいくと、少しかみ応えのある事例をいくつか入れています。

投資家にも、いろいろな方がいらっしゃいます。どんな投資家の方でも、特許について関心がある方なら、得るものがあるとは思いますが、特に「長期」で企業の株式を保有しようという方には、本書で紹介している手法や事例は役立つと考えています。

また、投資ファンドのファンドマネージャーやアナリストの方はもちろんですが、いわゆる「個人」の投資家の方にも、ぜひお読みいただきたいと考えて執筆しました。

例えば、企業にお勤めの方は、普段は企業で働きながら、「中から」その企業を見ているわけです。それを「特許」を通じて外から見ると、どう見えるか。ある種、「答え合わせ」ができる立場にいるわけですから、本書で紹介する手法を「検証」しながら身につけるには、絶好のポジションにいらっしゃるわけです。ある種、私より有利な立場におられるわけですね（笑）。

ぜひご活用いただき、公私の両面、つまり、「仕事」と「資産形成」の両方に役立てていただければ嬉しいです。

知財と投資。
時代の最先端から未来に投資する

本書を手に取っていただいた方の中には、「特許」「知財」に関心があるが、投資にはさほど興味はない、

という方もいらっしゃるでしょう。まったく問題ありません。

実は、過去の僕はもっとひどい状態で、2004年までは「特許」にも「投資」にも興味も知識もありませんでした。2004年にスタートアップを設立して、まず特許について「取り組まざるを得ない」状態になり、オン・ザ・ジョブといえば聞こえがいいですが、要するに「泥縄」で勉強したものです。

僕が「投資」「投資家」を意識し始めたのは、Techno Producer株式会社の前、「ナノインプリント」というナノテクノロジー(ナノテク)の事業化を行うスタートアップ企業を経営していたときです。

ナノインプリントは、最先端の半導体製造技術として特に最近注目を集めていますが、当時はまだまだ未熟な技術で、それを承知で投資してもらえそうな投資家を回って、資金集めに奔走していました。いわゆる「ベンチャーキャピタル」といわれる、スタートアップに投資する投資家との出会いが、最初だったわけですね。

企業や技術としては未熟な段階でも、そこに価値を見出す人がいる。未熟な段階の技術って、要するに「知財」なんですよね。まだ確実に売れるものはないわけですから、技術という知識の塊(知財)の「可能性」に投資するわけです。「お金出してください！」ってお願いしておいて言うのもなんですが、すごい人たちがいるもんだな、と思いました(笑)。

世の中には多様な投資家がいること、そして、「知財」つまり「今ではなく未来」「売上ではなく可能性」を特に重視する投資家の思考回路を学んだのが、この時代でした。

その後、TechnoProducer株式会社を設立する際に、ある投資家の紹介で「Intellectual Ventures」というマイクロソフトのOBが立ち上げた発明投資ファンドと取引をすることになりました。その取引とは、「発明家契約」です。なんか怪しいですね（笑）。

実際には、投資ファンドが毎月公表する「投資テーマ」（発明テーマ）に沿って発明を提案し、採用されたら一時金がもらえ、事業化されたらライセンスフィーがもらえる、という「巨大なアイデアコンテスト」のようなものです。でも、口が悪い方は「お前たちは、"青い目の投資家"に頭脳を売り渡しているのか、けしからん！」なんて言っていましたね（笑）。悪魔に魂を売り渡した奴、くらいの言われようでした。

当時の弊社の活動は、知財業界ではかなり議論を呼び、バッシングも受けました。おかげ様（笑）で、TVの特集で活動が取りあげられた他、僕とメンバーが発明に取り組む様子が『知財の利回り』（岸 宣仁 著、東洋経済新報社）で紹介されました。岸先生は当初、「頭脳の利回り」というタイトルにしたかったそうです。僕もそのタイトルのほうがシックリくるなと思いました。

知財は、頭脳の利回りなんです。僕が投資ファンドに売っていたのは「知財」であり「頭脳の利回り（利息）」であって、頭脳そのものではありません。そして、その「利息」がさらに「利息」を生む。これが投資の世界なんだと理解しました。

　アインシュタインが「人類最大の発明」だと称賛したといわれる「複利」の話ですね。

　僕は「青い目の発明投資家」との取引を通じて、世界の最先端にいる投資家に何が見えているか、正確に言うと、今後世の中がどのように変化していくと投資家が予測しているか、を学びました。

　「発明」「知財」に投資するわけですから、彼らは「未来」しか見ていません。未来を、どれだけさまざまな角度から「先読み」できるか、だけが勝負の世界だったわけです。そこに毎日どっぷりと浸りきって、彼らと毎日のようにディスカッションした経験は非常に貴重で、他では得難いものでした。

　時には、世界中から集まったトップクラスの研究者や特許弁護士と一緒に、ソウルの高級ホテルに一週間缶詰めにされ（笑）、朝から晩まで、ありとあらゆる技術や事業分野の「未来予測」「先読み」と「発明」に取り組みました。僕にとっては、ある種、夢のような日々だったともいえますね（笑）。

　そして、彼らとの5年以上にわたる密度の濃いディスカッションを通じて、僕なりの「先読み」の方法を

確立していきました。「知財」「発明」に投資する投資家が「未来をどう見ているか」を記した「発明テーマ」「投資テーマ」の解説書を毎日毎日読み込んで、「さらにその先」を考えて提案する仕事を朝から晩までやっていれば、誰でもそういう能力は身につきますし、方法も確立できます。

僕は、少なくとも「投資家」との出会いにおいては、非常に運が良かったんですね。投資家に育てていただいた、といっても、言い過ぎではないでしょう。当時の関係者の方々には、感謝しかありません。

本書には、ここまでお話ししたような経緯で僕が投資家と切磋琢磨しながら身につけた、「知財情報」「特許情報」から未来を見通すノウハウ、いわば「未来に投資する」ためのノウハウが、ぎっしり詰まっています。

何か一つでも実践いただき、皆さんの未来がより良いものになれば、こんなに嬉しいことはありません。

TechnoProducer株式会社 代表取締役CEO

発明塾 塾長

楠浦崇央

目次

はじめに
99％の人が知らない、「特許情報」の活用法とは？ ························· 002

プロローグ
時代の最先端情報から、"100年企業"を見つけ出す ······················ 022

Chapter **1**

"特許"はインテリジェンス。なぜ、投資に役立つのか？

01 ▶ 配当貴族といわれる会社。
その"知財戦略"を見抜くことで、成長性を予測できる ··· 028

02 ▶ 企業の「本気度」と「技術的な強み」を
把握することで、他者より一歩先に ····························· 044

03 ▶ 「戦略性」と「課題解決力」。
これらを特許から読むことでチャンスが広がる ············ 056

04 ▶ 専門家でなくてもOK。
知財を知れば、広い目で業界が見られるように······ ······ 061

05 ▶ 後発企業の将来性も、
「知財戦略」「特許戦略」を知ることで推測が可能に ······· 070

Chapter **2**

特許でわかること
～書いてあることから知るべきもの～

01 ▶ 企業の実力を把握するための「特許」と「IR」。
まずは、その違いを理解する ………………………………… 076

02 ▶ 「技術」「人と組織」「権利」。
特許の3つの側面に「戦略」視点を加えて ………………… 080

03 ▶ ここから、企業の「全体像」と
「イノベーション創出の最前線」が見えてくる ………… 089

04 ▶ 読みづらい特許情報も、
「読み方」を身につけることで、その本質が…… ………… 103

05 ▶ 「進歩性」と「知財戦略タイプ」?
この2つが特許を読み解くカギに！ …………………… 109

Chapter **3**

強い企業・強い技術を見抜け！
～特許情報の読み方～

01 ▶ 投資機会につながる特許とは、
競合会社が嫌がるものと考える …………………………… 116

015

目次

02 ▶ 把握するべきは「基本特許」と「周辺特許」。
その意味と競争力の関係 ……………………………………………… 130

03 ▶ 重要特許をすばやく見つけるには、
「分割出願」と「国際出願」に注目 ……………………………… 139

04 ▶ 「技術内容＝真の強み」を理解する
〜朝日インテックの事例から…… …………………………………… 150

05 ▶ 発明者（キーパーソン）に注目して
〜レオン自動機の事例から…… ……………………………………… 179

06 ▶ 競合優位をチェック
〜ハーモニック・ドライブ・システムズの事例から…… ……………… 188

07 ▶ "ヒアリング"によって対象企業の本質を
〜日進工具の事例から…… …………………………………………… 197

08 ▶ 「強い特許」を知ることで、特許自体に明るくなる
〜3Mの事例から…… ………………………………………………… 210

09 ▶ 特許件数が少ない企業の評価法
〜グレイステクノロジーの事例から…… …………………………… 219

Chapter 4

実践演習：
「オリンパス」の可能性を探ってみる

01 ▶ STEP 1 現在の主軸事業は何か？
これをしっかりと理解する ································· 256

02 ▶ STEP 2 ホームページから、
発明者（キーパーソン）情報を入手 ····················· 259

03 ▶ STEP 3 キーワード検索を入口に、
製品・技術を調べる ································· 263

04 ▶ STEP 4 特許から、発明者（キーパーソン）情報を
深掘りしていく ································· 269

05 ▶ STEP 5 「被引用」情報によって、
重要な特許を見つけて評価 ································· 272

06 ▶ STEP 6 「特許分類検索」での調査で、
競合企業と比較する ································· 278

07 ▶ STEP 7 手に入れた情報から、
オリンパスの将来性を考える ················· 282

目次

特別対談①
特許や知財から、企業の何がわかるのか？
―― 金融業界アナリスト×楠浦崇央 ……………………………………………… 284

Chapter **5**

投資センスを磨く
〜役立つ情報の見つけ方〜

01 ▶ 他人が気づかないネタに素早く当たる思考を
〜「紙業界」を事例に ……………………………………………… 300

02 ▶ 一つの情報から大きな流れを見ていく
〜「ドラッグストア」を事例に ……………………………………… 307

03 ▶ 投資が増えれば技術は進歩。
"お金"の流れからトレンドを予測する …………………………… 315

04 ▶ 業界や技術の"課題"は何か？
その解決に尽力する企業をチェック ……………………………… 320

05 ▶ 未来を知るためには、過去を知ること。
危機対応法から企業を判断 ………………………………………… 332

06 ▶ 有望企業の陰にひっそりと潜む、
「知られざる有望企業」を見つけ出す ……………………………… 359

特別対談②
投資家が、「勝ち組企業」を育てる
―― 山本 潤（ファンドマネージャー）× 楠浦崇央 ……………………………… 370

Chapter **6**

知財戦略のダントツ企業
「花王」と「コマツ」を解剖する！

01 ▶ 花王❶ 食品業界の「黒船」。
ヘルスケア商品の特許戦略とは？ ……………… 388

02 ▶ 花王❷ 業界を震撼させた減塩醤油特許。
顧客価値を軸に…… …………………………… 410

03 ▶ 花王❸ そこには、「パラメータ特許」×「分割出願」の
ワザがあり …………………………………………… 435

04 ▶ 花王❹ 目指すものは、究極の
「パーソナライズドヘルスケア」 …………………… 453

05 ▶ 花王❺ まとめ
〜「尖ったところを見つける」。この発想が未来を築く … 471

06 ▶ コマツ❶ 経営を支えるIoT建機システム
「Komtrax」の開発…… …………………………… 476

目次

07 ▶ コマツ❷ 「Komtrax」から、
特許ポートフォリオを構築 ⋯⋯⋯⋯⋯⋯⋯⋯⋯ 490

08 ▶ コマツ❸ 次の一手は？ IoTからDXへ、
「モノ」から「コト」へ ⋯⋯⋯⋯⋯⋯⋯⋯⋯⋯⋯ 512

09 ▶ コマツ❹ まとめ
〜革新的な技術で未来を先取り、建設業界を変える ⋯⋯ 529

Chapter **7**

長期で応援したい企業の、
最新動向をチェックしよう

01 ▶ 技術や知財に強みがあり、
長いスパンの投資に向いている企業30選 ⋯⋯⋯⋯⋯⋯⋯⋯ 542
メディカル・データ・ビジョン／中外製薬／テルモ／
楽天グループ／富士フイルムホールディングス／
ブリヂストン／日進工具／
レオン自動機／技研製作所／クボタ／
ディア・アンド・カンパニー（Deere & Company） 米国／
ダイキン工業／デンソー／
ハネウェル・インターナショナル（Honeywell International） 米国／
日東電工／オムロン／キーエンス／シスメックス／トヨタ／
ASML ホールディング（ASML Holding） オランダ／
キヤノン／オリンパス／朝日インテック／

インテュイティブサージカル（Intuitive Surgical）　米国／
マイクロポート・サイエンティフィック　中国／
ダナハー（Danaher）　米国／スリーエム（3M）　米国／
平安保険　中国／クアルコム（Qualcomm）　米国／
マイクロソフト（Microsoft）　米国

おわりに
"イノベーション"を起こし続ける企業に着目を！ ………………… 563

参考文献 …… 574

プロローグ

時代の最先端情報から、“100年企業”を見つけ出す

▼

僕は、弊社によるエンジェル投資でも、僕個人での上場企業に対する株式投資でも、どんな投資においても、一つ決めていることがあります。

それは「100年続く企業を見つけて応援する」ことです。例えば僕が個人で企業の株式を購入するとしたら、「(死ぬまで)株式を売る必要がない企業に投資する」ことにしています。100年続く企業を100年保有する。僕はこのスタンスを「永久投資家」と呼んでいます。永久応援団、と呼ぶべきかもしれませんね。

もう少し付け加えると、衰退しつつも100年ぐらいは何とか続くだろう、という企業ではなく、「100年成長し続ける」企業になるよう、積極的に支援しつつ応援したい、と考えています。

100年成長し続ける企業になる、ということは、それなりの大きな時代の流れ、社会の課題に挑み続けながら日々それを顧客課題へブレイクダウンして事業機会として捉えなおし、新規事業や新製品を生み出し続けるということです。単発で事業や製品を生み出して終わりではなく、そういうものを「生み出し続けられる組織能力」も必要になります。

後でお話ししますが、特許情報からは技術力だけ

でなく、新たな技術を生み出すために必要な組織能力も、ある程度割り出せることがわかっています。

加えて、100年保有するつもりの企業ですから、やはり最も重要なのが企業の「本気度」を見極めることじゃないかなと、僕は考えています。本気じゃない企業には投資できませんよね。

ここでも特許が役立ちます。

僕は、主な発明者の過去特許なども片っ端から調べ上げ、人脈や力量、過去実績なども評価します。技術開発や事業への投資・撤退の判断やスピードなども、特許から見えてきます。今回は取りあげませんが、いま何かと話題のトヨタが、次世代EVの本命とされる「全固体電池」の開発にあたり、あるタイミングで他の技術への投資を一気に引きあげて全固体電池に全集中したことも、特許から見えています。こういった分析をするための手法も、具体例を交えて本書で紹介しています。

そもそも特許から企業の戦略や活動を読み取って投資に活用する、という手法は、中長期の投資において真価を発揮します。特許自体が、出願から1.5年後に公開される情報ですので、「速報性」はないんですね。

だから、「明日、株価が上がるかどうか」を判断する材料として使うには、難があります。それよりも、企業の活動や戦略、そしてその「本気度」を見極め

て、じっくり投資する。そういうスタイルに向いています。

　「おわりに」で詳しく書きたいと思いますが、特許で現場の実情、特に、技術開発や事業開発の現場の実情を評価して投資する投資家が増えれば、これまで評価が低かった技術や企業が正しく評価されていくと、僕は考えています。
　企業と投資家のコミュニケーションの話をすると、「IR活動をもっと頑張ってもらおう！」という話に終始しがちです。確かにIRを頑張ってもらうことも大事なのですが、企業がIRを頑張れば頑張るほど、「企業側の主張」が強く出てくるわけです。先ほどのアナリストの言葉を借りると、実はそれだけではダメなんですよね。

　将来飛躍する可能性がある企業が、それを正しく評価してもらえる可能性があるツールの一つが、特許だと僕は考えているんです。だから、投資家の皆さんが特許について知れば知るほど、「可能性のある企業」が正しく評価される時代がくるし、応援される時代がくる。これが、僕がこの本で目指したいことです。

　もともと僕は技術屋なので、特に技術系の企業で今後大いに飛躍する可能性があるところに、きちんとお金が集まるようにしたいんですよね。

もう一つ前置きとしてお伝えしたいのですが、本書では、「株」という言葉はできるだけ使わないようにしています。

「企業への投資」であることを忘れないようにしていただきたいからです。

株式投資とは、結局のところ企業の一部を所有するということなのですが、「株」という言葉を使うと、それが薄れてしまう気がするんですよね。同様の理由で、「銘柄」という言葉の代わりに、できるだけ「企業」という言葉を使うことにしています。

また、本書では、「特許公報」「特許権」「特許出願」など、本来名称を使い分けるべき対象について、できるだけ「特許」と呼ぶように、あえて統一しています。これは、僕の仕事の一つである、「言葉の定義を重視する」知財教育とは逆行する部分があるのですが、今回は、特許や知財に明るくない方が、難解さを感じずに直感的に理解できるよう、そのようにしています。例えば「特許を読む」と言っている場合、特許公報を読むことだけでなく、審査経過情報を読むことも含まれたりします。「特許」と言っている場合、それは特許権の話だけでなく、特許公報を指していることもあります。知財の専門家の方から見ると違和感がある表現も多々あると思いますが、専門家の方はどのような表現でも、文脈から意図は理解できると思いますので、初学者の方に合わせるということでご了承ください。特許戦略、知財戦略という言

葉についても、初学者の方が堅苦しさを感じないよう、ほどほどに使い分けています。

　実際問題として、僕自身もすごく違和感がある表現が多数ありますが、弊社内の「知財や特許にまったく触れたことがないメンバー」でも、なんとなく直感的に理解できる、というレベルに調整しています。具体的には「特許を出すことと、それが権利になることは別だ」ということを知らない方でも理解できるように、必死であれこれ書き直しました。要するに、特許制度というか権利化のプロセス（手続き）を一切知らなくても、ある程度スーッと頭に入るようにしたかったんですよね。それはそれで結構大変でした（笑）。でも「すそ野を広げる」って、こういうことなんだなと理解しました。できれば、NISA制度の説明より簡単にしたかったんですけどね（笑）。

　そんな僕のこだわりも少々詰まった本書ですが、企業価値を見極める力をつけたい投資家の方はもちろん、知財関係者や技術者、新規事業に関わる人にも、まずは気楽に読んでいただけるように心がけました。

　発明・知財・新規事業と投資は表裏一体です。特に新規事業は、経営者や投資家が投資したい、と思う事業にならなければ始まりませんので、新規事業の関係者にとっては、投資家の視点を理解することも大切ですよね。

　では、前置きはこのくらいにして、早速始めましょう。

Chapter **1**

"特許"はインテリジェンス。なぜ、投資に役立つのか?

01

配当貴族といわれる会社。
その"知財戦略"を見抜くことで、
成長性を予測できる

▼

▌有名な花王や3M、J&Jに
▌共通していることは？

　ご存じのように、企業の「配当」の実績は、売上や
利益などの「業績」と並んで投資家の方にとって重要
な指標の一つになっています。特に、「増配」を続け
ているかどうかに注目している投資家の方が結構お
られるようで、増配を続けている企業は「配当貴族」
と呼ばれています。連続増配企業を取りあげたブロ
グもあって人気のようですね。下記は、長期の連続
増配記録を持つ日本企業のランキングです。

1位	花王	34年
2位	SPK	26年
3位	三菱HCキャピタル	25年
4位	ユー・エス・エス	24年
	リコーリース	24年
	小林製薬	24年
7位	トランコム	23年

※「日本経済新聞社『日経連続増配株指数』(2024年版)のリリース」から引用

これらを見ると、ダントツなのが34年連続増配の「花王」ですね。日本の配当貴族の王様です。ちなみに米国企業では、American States Water（アメリカン・ステイツ・ウォーター）の69年連続増配を筆頭に、60年以上連続増配の企業は16社（2024年6月現在）あります。発明塾でよく事例として取りあげる３Ｍ（スリーエム）やJohnson & Johnson（ジョンソン・エンド・ジョンソン：Ｊ＆Ｊ）などが、その中に入っています。世界には、まだまだ上がいますね。

このダントツ配当貴族である花王やＪ＆Ｊ、３Ｍを見たら、皆さん「なんか共通点があるんとちゃうかな」と、なんとなくその理由というか背景を知りたくなっちゃいますよね。

何が共通点だと思いますか？

僕の答えはズバリ「知財活動が盤石なこと」です。ここでいきなり知財の話か！といわれそうですね（笑）。配当貴族企業すべてについての統計的な証拠は持ち合わせておりませんので、「客観的な証拠を出して議論をしろ！」といわれると話はここで終わってしまいます。

でも、皆さんやっぱり話の続きを聞きたいですよね。少なくともこの3社について、僕がなぜそう考えるのか。その理由をこの後、僕が多数の企業の現場を見てきた経験を交えて説明しますね。

そもそも統計的に証明されていれば、僕がわざわざここで話す必要もないでしょう。そういう意味で

も、僕のこの後のお話には、もう少しお付き合いいただくだけの価値があると思います。

花王や３Ｍ、Ｊ＆Ｊは 知財戦略と儲ける仕組みが……

僕は前職のナノテクスタートアップ時代に、さまざまな化学メーカーさんとたびたび共同研究をさせていただきました。その流れで、現在も多くの化学メーカーさんに、弊社のお客様になっていただいております。

そういったお客様の参考になるようにと化学メーカーの特許を読んで知財戦略を調べてみて驚いたことの一つが、３Ｍの特許と知財戦略だったんですよね。出願している特許を丁寧に調べていくと、本当にえげつないというか、よく練られた特許をガンガン出していることがわかったんです。

その後、日本企業にもそういう会社がないかなぁといろいろ調べていたら、花王がすごい特許をシステマチックに出しているようだ、と気づきました。そして、彼らの特許を一つひとつじっくりと読んで分析していくと、３Ｍとなんか似た雰囲気を感じたんですね。３Ｍと花王は知財戦略が徹底しているだけでなく、特許の取り方や出し方の戦略が、とてもよく似ていたんです。

例えば分割出願をうまく使って、一つの発明をいろいろな角度から徹底的に、これでもかというぐら

い粘り強く守る。いろんな発明を特許出願して、数自体を増やしていくのはもちろんなのですが、一つの発明をいろいろな側面から徹底的に守って、隙のない特許網をつくっていく。特に３Ｍは、見事なまでにつけ入る隙がないというか、つけ入ろうとする気がなくなるような特許網をつくってきます。

セミナーで、僕はよく３Ｍのえげつない特許をいくつか紹介し、参加者にその場で読んでもらっています。そうすると、それを読んだ知財部の方はだいたい、「面倒くさすぎて、特許網をくぐり抜けるのは諦めようって思います」とおっしゃいます。３Ｍの勝ちですね（笑）。戦わずして勝つ、という言葉がありますが、なるほど、特許ってこうやって使うのか、という感じです。

アメリカ企業の知財戦略は日本より10年先を行っていた、というような話をどこかで聞いたことがあります。花王が３Ｍの特許や知財戦略を研究して真似たのかどうかわかりませんが、不思議なぐらい共通点が多いんですよね。僕のセミナーを受けた方は、皆さん同じような感想を持たれるようです。

こういうお話をすると、配当貴族企業である花王と３Ｍの知財戦略の共通点が、ちょっと気になりますよね。ここまでのお話で、なんとなく知財と連続増配に関係がありそうだ、と感じた方は、カンの良い方だと思います。

知財の話は一旦これぐらいにして、配当の話に戻りましょう。

　実は、花王、3Ｍ[※]とＪ＆Ｊの業績と配当の関係を調べてみると、3社とも、業績が大きく落ち込む年があっても配当は減らしていないんですよね。そもそも配当が業績に連動している企業も多数ありますし、そうでなくても業績が大きく落ち込んだら配当を減らすという企業が多いと思いますが、この3社は違う。業績が落ち込んでも、ほんの少しだけでも配当を増やすんです。

　どうやら、そもそも少しずつでも増配は続けるという方針のようなのですが、それができるのは次年度には挽回する自信があるからかなと思います。それしか考えられないんですよね。仮に挽回できる自信があるとしたら、その自信はどこからくるのでしょう。それは、「儲ける仕組みができている」ということじゃないかな、と僕は思っています。

※「ヘルスケア」事業の分離に伴って、60年以上続いた連続増配は2024年で終了する予定

　その儲ける仕組みの一つには、もちろん知財もあるでしょう。知財を生み出す仕組みもきっちりできていて、それを粛々と回していっているんだと思います。でもまぁ、「知財があるから儲かる、というのは、なんぼなんでも言いすぎやろ！」と思うかもしれません（笑）。僕の真意を、もう少し突っ込んで説明しますね。

多くの企業は、
「知財活動」が後回しになっていた

　知財が盤石だということが、なぜ、連続増配企業の重要なポイントだと考えるのか。

　これは、僕が「知財教育」の仕事を16年以上やってきて、大手企業からスタートアップまで、ありとあらゆる業種の日本企業の知財部の方に、隅々までヒアリングしてわかった「とても重要な事実」が、影響しています。

　実は、多くの企業では「知財」「特許」は、残念ながら「後回し」だったんです。

　まぁ、当然というと知財部の方に怒られそうですが、仕方ないんですよね。どう考えても普通の企業では、「技術開発」「製品開発」「製造」や「営業」のほうが日々の業務としては優先順位が高く、それらに比べると「知財」はどうしても優先度が低くなりがちでした。ここで「日々の業務としては」と言っているのは、特許権侵害で訴えられた、みたいな非常事態には優先度は跳ね上がるからです。

　かつて、口の悪い知財部の方が「うちの会社も一回ぐらい特許で訴えられたら、意識が変わるのに……」なんて、ぼやいておられましたね（笑）。脱線しました。

　例えば、「知財」「特許」に対する製品開発担当者の意識を、僕の経験談をもとにちょっと極端に表現すると、知財部の方が「知財」「特許」という言葉を出

01

配当貴族といわれる会社。その〝知財戦略〟を見抜くことで、成長性を予測できる

033

した瞬間に、「モノをつくってお客さんに届けるほうが先や！ 今は知財のことやってる時間なんかないわ！」と反論する、みたいな感じです。こういうやり取りが、少なくともある時期までは、ほぼすべての企業で毎日のようになされていただろうと、僕は思っています。

　経営者の方に聞いても、だいたい同じような反応の方が多かったので、ほぼ間違いないんです。例えば、資金や人材に余力のない小規模企業の経営者の方と知財や特許についてお話しすると、はっきりと「知財まで手が回らないし、今はやりません」といわれました。もちろん僕も、当時その立場ならそう言ったでしょうね。だから、それでいいんです。正しいとか間違っているとかではないんですね。

　僕が16年間、日本中の企業に「知財教育」の営業に行きまくってわかったこと。

　それは「ほとんどの企業において、どうやら知財活動は日々の業務における優先順位が（とても）低いらしい」ということでした。

　営業としては要するに「断られている」だけなのでまったく成果はないのですが、実はこれは、僕にとっては非常に重要な気づきだったんですね。負け惜しみではないですよ（笑）。これが実感としてわかったことが、特許情報や知財情報を分析する上でとても役に立ったんです。どう役に立ったか、今からお話ししますね。

知財、特許を徹底する企業は、他も徹底する

前置きが長くなりました。ここまでで何が言いたかったかというと、要するにどこの企業もだいたい知財のことは後回し、さらに、経営者から現場までみんながそうだったろうということ。一方、徹底的に知財をやってきた企業は、製造も営業も技術開発も全部を徹底的にやってきただろうということ。

そう考えると、花王、３Ｍ、Ｊ＆Ｊといった会社は、知財を徹底的にやれるくらい、現場にも経営にもかなりの余力があることが見えてきますよね。何十年前から、そういう仕組みをきっちりとつくり、粛々と実践している。そういう体制ができあがっている。だから成長してきたんじゃないか、というふうにも考えられてきますよね。

当たり前かもしれませんが、逆に、仕組みがちゃんとしていない企業は成長するのは難しいのではないでしょうか。仕組みがちゃんとしてなくて、無理して大きくなってしまうと、極端な例を挙げれば品質の偽装のような、何かおかしなことが起きる。あるいは、そこまでいかなくても組織にゆがみが生じてくる可能性が大きいと思います。そんな会社には、とても投資する気にはならないですよね。

あるとき、この考え方を知財や特許に明るい投資家の方に話したら、「なるほど、そうかもしれません

01

配当貴族といわれる会社。その〝知財戦略〟を見抜くことで、成長性を予測できる

035

ね」と、妙に納得されていました。花王は、特に投資家の間でも安心して投資できると定評のある企業だそうですが、でも、そういう企業が知財もしっかりしている理由について、これまで考えたことがなかったそうです。僕も３Ｍや花王での気づきがきっかけになって、知財がしっかりしていたらこの会社はひょっとしたら伸びるかもしれないな、という目利きというか、勘所みたいなのが、なんとなくわかってきた感じです。

だって、「弊社はものすごく成長しています！」「その成長が維持できる強みがあります！」「今後も大丈夫なので投資してください」とか言われても、その裏付けになるような特許がほとんど出てなかったりすると、この会社ホンマに大丈夫なんかな？ さすがに、まだそこまでは手が回らないのかな？ ちょっと無理してるんとちゃうかな？ って思いますし、「特許や知財まで手が回らない」と経営者が真顔で言っている企業は、投資家からすると、まだまだこれから体制と仕組みをつくる会社なのか、とりあえず今回はご縁がないかも、になっちゃうかもしれません。この辺は結局、企業の戦略や経営陣がしっかりしているか、ということにも通じてくるかなと思います。

そもそも知財だけをしっかりやるということは、どう考えても不可能なんです。他がしっかりやれるから、知財もその「仕上げ」「結果」としてしっかりで

きる。そういうことなんだろうと僕は考えています。もちろん、特許や知財だけそれっぽく出しておいて、「投資家を騙してお金を巻き上げよう」という悪意を持った経営者や企業は別ですので、この点は要注意です。

国内で30年以上増配しているのは花王だけ……

　一旦、僕の結論は「知財がしっかりしている企業は、結局のところ成長する企業である」ということにしておいて、先ほどの連続増配年数の話に戻りましょう。花王は34年連続増配で1位、2位がSPKの26年、3位が三菱HCキャピタルの25年、その後にはユー・エス・エス、リコーリース、小林製薬などが続いていましたね。

　注目してほしいのは1位と2位以下の差です。8年の差がありますよね。これが意味するものは何でしょうか?

　それはバブル崩壊の時期が入っているかどうか、つまり、バブル崩壊の不況時も増配していたかどうかなんです。

　花王は1990年からの連続増配です。つまり、バブルの後遺症でどの企業も長い間苦しんでいる中、花王は確実に増配し続けてきたわけです。ちなみに1990年は1989年と同じ配当額で現状維持でしたから、減配はしていないんですよね。

図1 ▶ 花王の業績と配当の推移

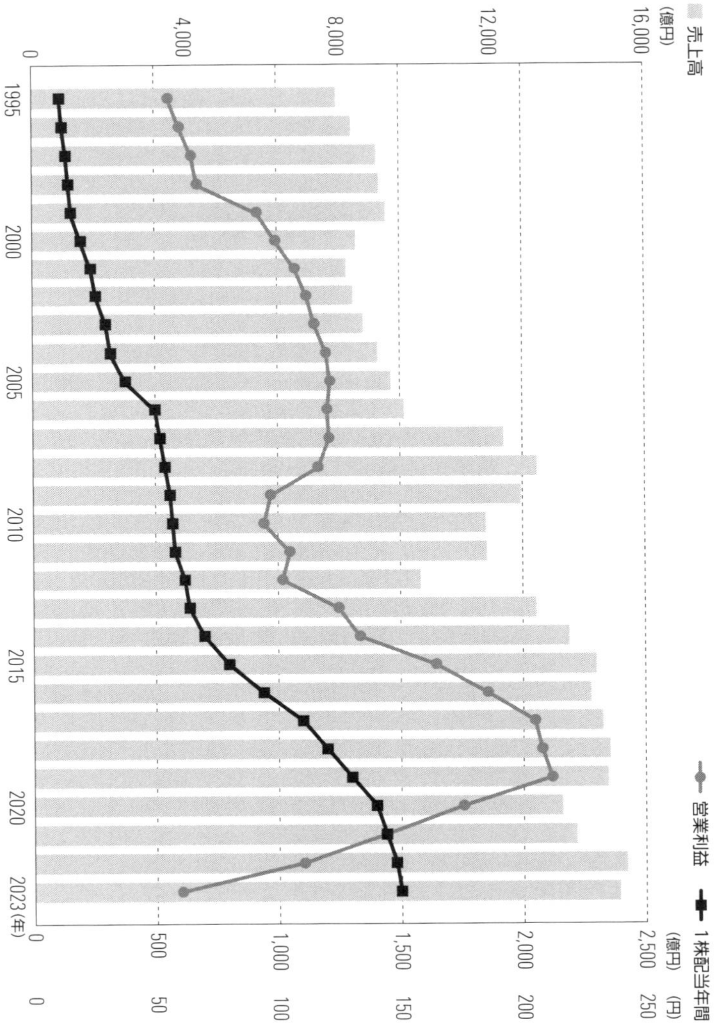

売上高（億円）
営業利益（億円）
1株配当年間（円）

出典：会社四季報オンラインのデータを基に作成（※2011年までは3月決算期、2012年以降は12月決算期のデータを使用）

また、2008年にはリーマンショックもありました。リーマンショックが落ち着いた後、増配できている企業はまだ強いと思いますが、2008年以降、今日まで15〜16年以上連続増配していない企業というのは、リーマンショック以降に別の何かがあったわけですから、弱さを感じますよね。

つまり、バブル崩壊やリーマンショック、最近ではコロナ禍などで、いくつもの企業が「連続増配」「配当貴族」から振り落とされてしまっているということですね。

そんな中、何も言い訳せずに粛々と増配している花王が、いかに知財も含め企業活動に厚みがあって総合的に強い企業なのかが、なんとなくわかっていただけると思います。

まぁ、トイレタリー業界は不況時に強いといわれているので、花王は立地的に有利なのかもしれませんが、それを加味しても30年を超えているのが花王1社だけ、2位以下と8年以上の圧倒的な差をつけているというのは、総合力でのダントツ企業だと言わざるを得ない気がするのは、僕だけでしょうか。

業績が下がった年でも 増配できる企業とは？

多くの企業は、業績が下がったとき、何かに備えて配当を抑え、その分を内部留保しておこうという考え方をしますよね。

残念ながら、花王を経営しているのでなければ、僕もそうするかもしれません。

でも、投資家の中には配当を楽しみに投資している人って意外に多いですよね。もちろん配当がなくても投資する人もいますが、ある程度配当に期待したり、配当を判断基準にしている人は、配当が急にガクンと減らされたら不安になって株を売ってしまう。そうなると、株式の価格が急に下がるわけです。

業績が下がって会社として苦しいときに、手持ち資金を大事にして今後の備えにしようと思うか、それとも、苦しいときも株主との信頼関係は厚くしておきたいと思うか。極端に言うと、そういう2つの考え方に分かれるわけです。

念のため申し上げておくと、これは、どっちが正しいということではないんです。どっちが正しいとは言わないんですけど、どちらが前向きか後ろ向きかって言われたら、可能ならば株主との信頼関係を保っておこうっていうほうが、いろんな意味で前向きなのかなと個人的には思います。

それは「今回だけで、来年は大丈夫ですよ、ちゃんと儲ける仕組みがバッチリできてますから」というメッセージを送っていることになるからなんですね。しかも口だけなら何とでも言えますが、配当という実の伴ったメッセージを送っているわけです。

だから、多少のことには負けず連続増配を続ける、

経済危機があってもわずかでもいいから配当を増やし続けるという姿勢には、経営者のマインドが表れていると思います。

結局、応援したくなる企業っていうのは、こういう企業なのかもしれませんね。

安心してください、大丈夫です、任せなさいと。すぐに挽回できますよと。株主と経営者の、そういうやり取りが「連続増配」から見えてきませんか?

もちろん、連続増配の会社が必ず応援できる企業だ、とは言いません。でも、繰り返しですが、やっぱり苦しいときでも増配できる会社はきっとそれなりの自信があるんだろうし、長い目で見ると頼もしいなと思いますよね。もちろんこれも、株主や投資家を騙そうとして、悪意を持ってそういうことをする企業や経営者がいるかもしれませんので、その点は注意が必要です。

知財が盤石な企業は、 成長する可能性が高い

ちょっと見方を変えてみましょう。

そもそも、売上とか利益とか、毎期(毎年)報告される企業の業績ってどうやって計算されているんでしょうか。

それって実のところ、どこで期をまたぐか、変えるか、勝手に決めているわけで、要するに無理やりどこかの日付で「ここまでが1年(一期)です」と区切っているだけの話なんです。本来は、企業の業績って

もう少し長いスパンで見るべきものかもしれないですよね。

　1年ごとの、会計上の都合で勝手に区切った期間ごとの業績に、いったいどれぐらい意味があるのか。そんなこと、考えたことありますか。

　だから、そもそも毎年繰り返される多少の浮き沈みに応じて、「儲かったから増配」「下がったから減配」とやっていくのってちょっと違うんじゃないかなと、僕は個人的に思っています。

　本当は、多少のブレはあっても年々売上は上がるんだから、粛々と増配していくぞ！ というマラソンランナーみたいな企業が、真の優良企業なんじゃないでしょうか。

　そして、それは結局、知財を見ればわかるんじゃないですかというのが、ちょっと極端ではありますが、僕が言いたかったことなんですね。

　とにかく新商品が出るたびに、それなりの数の行き届いた特許がどんどん出てくるのを見ると、この会社は自信あるんやな、この商品売れる自信あるんやな、初年度は売れなくても数年後には売れてくるという自信があるんやな、と感じます。

　何回も言いますけど、「知財は後回し」が、どこの会社でも現場の実態です。

　それでも、それなりの数の「イケてる特許」を毎回きっちりと出していく。そういった会社は、開発して

終わりではなく、持続的に競争優位を確保するためにどうするか、隅々まで徹底しているわけですよね。だから、そういった手堅さは、連続増配に関係してくると思うんですよね。

皆さんはどう思いますか？

いや、別に同意を求めているわけではないんです。いろいろな考え方があり、意見が対立するからこそ、そこに投資機会が存在し、投資は成り立つわけですから。

ちょっと脱線しました（笑）。

そもそも、さすがに売れる自信のない商品にはそんなに特許を出さないですよね。そして、ちょっと儲からなくなったら今後は特許の件数を少し減らそうか、という話にだいたいなります。申し訳ないんですが、これが現場の実態なんです、何回も言いますけど。

だから、万全な準備をして粛々と特許を出している企業を見極められるようになると、長期投資の大きな武器になると思うんですよね。

特許に書かれている技術や発明がスゴイかどうかも大事なのですが、それよりも企業の知財戦略に注目して特許を読むといいですよ、と僕が投資家の方にお話しする理由は、こういうことなんです。

花王については第6章で詳しく分析をしていますので、関心ある方はぜひご参照ください。

02

企業の「本気度」と「技術的な強み」を把握することで、他者より一歩先に

▼

中途半端な企業ではなく、「確信犯」を探し出そう

ここまで話してきたように、企業の知財や知財戦略の詳細を理解するのに欠かせないツールが、特許情報なわけです。僕は投資家の皆さんに、ぜひ、特許を読んでほしいといつもお伝えしています。その理由は主に2つあります。一つ目は、ひょっとしたらこれからものすごく成長するんじゃない？ という企業を、多くの人が気づいていない段階で見つけられる可能性があることです。

長くなりますが、まずその話をしますね。

気になる企業や技術分野の特許を調べていると、ある技術や製品について特許をめちゃくちゃ出している企業が偶然見つかることがあります。しかも例えば、対象となる製品がまだ完成もしていないのに何十件、ときには100件以上の特許が公開されている企業があったりします。僕はこういうのを見つけると、すごくワクワクします。

基本的に、企業は何かの製品・サービスや技術を

開発した後に、その成果にもとづいて特許を出すことが多いんですね。もちろん、開発の節目、節目で出していく場合もありますが、いずれにしても「開発した成果・結果」について出す、という意味では同じです。企業によっては、開発した製品・サービスや技術について、それぞれ特許を数件出して、それで終わってしまう場合もあります。そう考えると、製品・サービスが世に出る前の段階での特許数を知るだけでも「この事業を本気でやろうとしているかどうか」を推測する手掛かりが得られます。

　まだその技術や製品・サービスについてまったく発表がないけど、特許が続々と、そして粛々と出ている。それは、彼ら独自の情報や顧客ニーズを掴んでいて、圧倒的な技術があって、それで市場を席巻できる、それで世の中を変えられる、という自信の表れなんじゃないか。そういう仮説を立てて、検証していくわけです。発明塾では「確信犯」と呼んでいますが、どうせ投資するなら、中途半端な企業よりも、確信犯で徹底的にやってくれる企業のほうが良いと思いませんか？

▋開発品の詳細は
▋特許にしか書いていない！

　でも、例えばスタートアップ企業の場合、特許や知財が生命線であることはわかっていても、資金がないので何十件も何百件も出せない、ということもあり得ます。特許に資金を回すんだったら、もっと

開発に回したほうがいいんじゃないかとか、マーケティングをちゃんとやったほうがいいんじゃないかという議論になるわけですね。まぁ、これは大企業でも同じなのですが、スタートアップは資金管理がよりシビアですから、特許を数多く出すところはまだまだ少数派です。

　もちろん、特許は数だけがすべてではありません。特許から企業の取り組みを評価する際には内容も詳細に読む必要はあるのですが、とりあえず特許数を見てみるだけでも注目企業の候補が見えてきますね。「普通はそんなに出さない」段階で、大量に出してくるとなると「何かある」はずですから。
　僕はそんな企業を見つけると、もっともっと調べます。企業に直接ヒアリングに行く場合もあります。また、どんな市場にも、不十分だと思う製品やニーズを捉えきれていないと感じる、いわば「これじゃないんだよな」という製品が存在しており、そういった製品に関する未充足のニーズや未解決の課題が、その企業の特許から読み取れる場合もあります。そういうときは、実際に製品が手に入るなら買ってみて、特許情報から推測されるニーズや課題が実際にあるのかどうか、自身で体験した上でユーザーにもヒアリングしてみます。
　それで、やっぱみんなそれで困っているんやな、あの企業が考えている新しい製品は、世の中に出たら売れるだろうな、よし！ じゃあ投資するか！ とな

るわけですね。まぁ、実際にはそんなに簡単ではないですが、一つのわかりやすいイメージとして、だいたいこんな感じだと思っておいてください。

そもそも特許を読まなければ、開発中の製品の詳細って、ほとんどわからないはずなんですよね。開発中の情報は、極秘中の極秘なので、関係者は発売前に詳しい話はしませんし、IRにも詳細を載せません。絶対に、というのは言い過ぎかもしれませんが、普通に考えたら、特許からしかわからないんです。これも、僕が特許を読む理由の一つです。

誰しも、早めに情報を掴みたいですよね。やはり投資は、他の人が可能性に気づいてからでは遅いですからね。他の人に先んじて、その企業や製品・サービスの可能性に気づく。そのために特許情報が使えますよね、ということです。これは皆さん、おおむね異論はないんじゃないかと思います。

▌特許情報から、
▌その将来性を確信した事例とは？

ではここで、ある企業について特許情報を基に発明塾で議論した事例をお話ししましょう。過去に、発明塾投資部という活動を学生向け発明塾のOB・OGを中心に行っていたことがあり、そのときのことを紹介します。

透明に近いマウスピース型の装置で歯並びを治す歯列矯正治療「インビザライン」ってご存じでしょう

か。最近、結構流行っているようですね。誰もがSNSを利用する時代になり、写真を撮るのに、歯並びが悪いとカッコ悪いということで、年齢を問わず歯列矯正する人が世界中で増えているんだそうです。

要するに、「映える」ために歯列矯正する時代になったわけですね。

インビザラインは、アメリカのアライン・テクノロジーという企業が開発したものです。発明塾で議論したのは2016年なのですが、当時、日本ではほとんど知られていない企業でしたし、投資家の評価はまだまだ低かったんですね。確かに面白い商品だけど、一通り売れたら終わり、いわゆる「一発屋」企業だと思われていたのでしょう。

そのときの発明塾の議論でも、参加したOB・OGのほぼ全員が「確かにこれは流行るのかもしれないけど、さすがにアライン・テクノロジーが独占するところまではいかないんじゃない?」「歯列矯正には他にもいろんなやり方があるから、これ一辺倒にはならないんじゃないかな?」「自分で似たようなものをつくるとか、もっと安上がりな方法を考えている人もいるみたいです」という話になっていました。

まさにこれが、当時の世の中の雰囲気だったわけですね。

でも僕は特許をじっくり見て、そうとも言えないかなと、ちょっと違和感というか、違う感覚を持ちました。まず特許数がえげつなかった。さらにその内容が、業界の常識からするとかなり先んじたも

のだった。なので僕は、これは成長が期待できるんじゃないか、少なくとも彼らは「確信犯」で取り組んでいそうだな、と考えました。

大量に出ていた特許がどんな内容のものだったか、興味ありますよね。ひとことで言うと、歯並びや歯の形のデータの取得、管理や活用に関するものだったんですね。歯列矯正って、時間の経過とともに歯並びが変化していくものです。でも、矯正が終了して少し経つと、歯並びがまた悪いほうに戻ってきてしまったりするらしいんですよね。だから歯並びのデータを保存しておけば、また活かせます。

アライン・テクノロジーはそこに目をつけていて、歯並びや歯の形状データの測定や管理、活用に関する特許を大量に取得していました。つまり、マウスピースをつくって売るといった単なるモノづくりではなく、データを取ってそれを活かすというビジネスを想定していたんですね。だったらこれは今後もまだまだ伸びそうだし、事業の基盤も盤石かもしれないな、と思ったんです。それらのデータはそう簡単には取れないものですから、一度取ってしまえば優位になるはずだ、と考えたんですね。

その後のアライン・テクノロジーの業績などをみると、結果として僕は正しかったのですが、僕がここで言いたかったことは「特許を読めば未来を予想できる」ということではありません。特許を読めばその企業が今後どういうことを目指しているのかがわかりますよ、ということです。ただ、目指した通りに

02

企業の「本気度」と「技術的な強み」を把握することで、他者より一歩先に

049

なるかどうかは、また別の問題です。

　そこで、「本気度」の話が出てきます。次でお話ししますが、本気度が高いのであれば、目指した未来を実現してくれる可能性は高まりますよね、ということです。経営や投資に「絶対」はありません。でも「口先だけ」なのか「本気なのか」は、投資判断において重要だと思いませんか？

図2 ▶ アライン・テクノロジーの業績推移

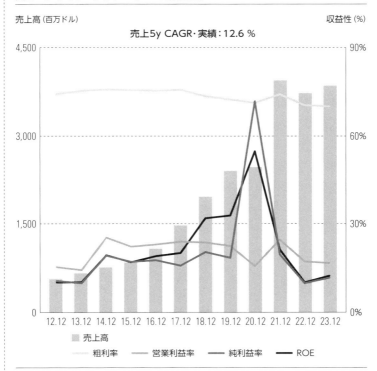

出典：バフェット・コードのデータを基に作成

特許から
企業の「本気度」がわかる

　特許には、企業の本気度が表れます。これだけ出していれば、他がもう真似できないね、近寄りたくないね、と思うほどの膨大な特許数というのも一つです。ぱっと見てわかりやすいほど多くの特許を出している場合、その企業の気迫というか、その製品や技術の未来に対する本気度や自信のほどが表れていると僕は考えています。もちろん、たくさん出していれば良いということでも、数が少ないからダメということでもありません。そもそもどれくらいの数の特許を出すべきなのかは、想定する事業規模や競合の動向などに大きく依存するので、単純に数の大小だけでは議論できません。数も「本気度」の指標の一つに過ぎないので、本気で特許を出しているかどうか、数以外の視点で評価することもあります。例えば小さな企業の場合、特許の出し方や取り方や内容を見て、数は少ないけれどこれは本気やな、という判断をすることもあるわけですね。

　特許から、単に技術的に優れているかどうか、すごい発明かどうか、みたいなことを読み取るだけでなく、それを本気で守ろうとしているかとか、今後どういうビジネス展開を考えているか、そこも含めて守ろうとしているか、も読み取りましょうということです。僕なんかは、本気度がない特許を見ると「この企業大丈夫かな」と心配になるわけですね（笑）。特許から本気度を読み取る眼力を養うのは、実はそん

なに難しいことではありません。「学生向け発明塾」の大学生は、だいたい半年ほどで僕とまともに議論できるようになりますので、ちゃんと勉強すれば皆さんも大丈夫だと思います。

　また内容や数の多い・少ない以前に、特許をある程度出してもおかしくないような事業や製品の開発に取り組んでいるはずなのに特許をまったく出してない企業については、本気じゃないのかもしれない、という疑いが出るかもしれません。読み方がわからなくても特許の有無は調べられますから、まず、出しているか出してないかを確認する。出してない企業は、本気でやる気があるのか、疑いの目を持って検証する。他の情報で、本気度が検証できるかどうか、ですね。多くの場合、特許は「行動の結果」の一つだ、というお話をしました。IR資料に「今後〇〇に取り組みます！」と書いてあるだけの企業か、裏付けになる特許が出ている企業か。

　この両者では本気度は違うという判断になる可能性はありますよね。

　僕が特許を読む理由、そして、投資家の方に特許を読んでいただきたいと思う理由の一つが「本気度」「自信」そして「確信犯」の度合なんですね。花王や３Ｍなど知財活動をちゃんとしている企業はすべてがしっかりしている、とお話ししましたが、結局は同じことなんです。隅々まで行き届いていないと、たくさんの特許は出せません。自信や余裕がない会社

は特許を出さないんです。だって、それどころじゃないですよね。

ちょっと乱暴な議論ですが、例えば、花王の競合企業が仮に似たようなモノをつくっていたとして、花王はめちゃくちゃ特許を出しているけれども競合企業がまったく出してなかった、としましょう。自分にとって、どちらが投資先として好ましいですか？ということです。こういうことをいろいろ考えつつ、特許や知財の情報を、投資の判断材料の一つに、ぜひ加えていただきたいなと思います。

特許以外に、技術の強みを知る手段はない

僕が特許を読む理由のもう一つは、「技術を具体的に知る」ためです。投資家向けの説明会などで「うちのコア技術は〇〇だ」とか「強みは△△技術だ」のような話がよく出ますよね。でも強みが「△△技術です」とか言われても、具体的なところは、専門家でない限り、多分、誰もわからないんじゃないかなと思います。

例えばナノテクノロジーが強みだといわれても、ナノテクノロジーって、範囲がめちゃくちゃ広いですよね。具体的にどの部分が強みで、どれくらい独占できているかなんて、ちょろっと説明されても、ほとんど誰も理解できないんじゃないでしょうか。

それを、言葉なり数字なりではっきりさせるには、その企業の特許を読むしかないんですよね。特許を

読めば、この会社はナノテクノロジーの中でも特にこの部分が大事だと思っていて、多分そこが強みで、それについて200件の特許を取っているから他が真似できないくらいの強みなんだな、とか、第2位の企業に比べて3倍以上の特許があるからダントツだな、みたいに言葉と数字で明確に把握できます。

　後で登場しますが、例えば3Mは、車のボディやディスプレイを保護するシートを開発販売しているのですが、貼るときに空気の泡が残らないようにする溝をシートにつけています。その溝のためだけに、なんと800件以上も特許を出しているんですね。もう他社は「降参です」ってなりますよね。花王も似たような感じです。これも後でお話ししますが、減塩調味料のコア技術である「味の改善」に関する特許網には、執念すら感じます(笑)。特許をガンガン出す企業は、それである程度長く儲けられるというある種の確信に基づいて、長期的な展望を持って、かつ、途中で他社に足をすくわれないためにも、特許を出していると僕は考えています。

　かつて日本のIT業界の多くの企業は、あまり特許を出さなかった時代がありました。10年ほど前に開催したセミナーで、参加したIT企業の知財担当者に理由を聞いてみました。すると「すぐに技術や製品が変わっていくから、出しても意味がない」「変化が早すぎて、出したころには、その特許は使わないから出さない」「IT業界はオープンソースの考え方が支配

的だから、特許はIT業界の文化になじまない」とのことでした。でも、今は結構出しますよね。何が起きたんでしょうか（笑）。出せばよい、ということではなく、出し方も重要だ、ということでしょうね。そして「業界の文化」より「企業としての戦略」が大事だ、ということでしょうか。

特許権は20年有効であることを踏まえ、20年間儲けていけるように、先読みをしてしっかりとした特許を取って、長期の成長を盤石にしておく。長期で成長できる自信があると、花王のように、少し業績が悪い年があっても配当を下げずに毎年増配できる。こんなふうに、特許や知財戦略と経営は、考え方や取り組みの姿勢というか、「哲学」のレベルや「根っこ」の部分でつながっているのだと思います。

本気で経営している会社は、やはり本気で応援したくなりますよね。では、そういう企業をどうやって見つけるか。特許がヒントになるんじゃないですか、ということです。

ここまでのお話を振り返ってまとめておきましょう。投資家が特許を読むと、何が良いか。企業の中長期の未来の成長イメージが見えてくる。その未来の実現に対する本気度がわかる。技術を詳しく知ることができる。

主にこの3つが、僕が投資家の方に、特許を読んだほうがいいですよ、と推奨する理由なんですね。これが、皆さんの投資活動の参考になると思います。

03

「戦略性」と「課題解決力」。これらを特許から読むことでチャンスが広がる

▼

特許の発明者情報と技術内容から戦略性が見える

　特許を読んで、投資先企業の活動を把握したい場合、どこに注目して読めばよいのでしょうか。これは、投資家からよくある質問です。

　ポイントは2つ。「発明者を知る」ことと、「技術を知る」ことです。技術を知ることは「そんなんアタリマエやん」と思われているでしょうから、まず「発明者を知る」についてのお話をしますね。

　なぜ発明者に注目するのか。これも当たり前なのですが、アイデアや発明、技術は「人」から生まれます。だから「人」の単位で読んでいくことが重要なんですね。できればその「人」の集まりである「組織」のレベルで読んでいけると、企業活動の理解が格段に深まります。

　先にお話しした本気度の視点で、少し例を挙げましょう。ある特許を読むとします。特許には必ず「発明者」という、特許に書いてあるアイデアや発明を思いついた人が最低一人はいます。では、その人が本気なんだろうか？　ということですね。でも、企業は

結局のところ組織で動きますので、一人が本気でも、なかなか動かないわけです。何が言いたいかというと、組織として本気でないと、まとまった数の特許は出てこないんですね。また、発明者が一人ではなく複数人であれば、その発明や技術開発が組織的活動なんじゃないか、という可能性が見えてきますね。こうやって、組織的な活動を特許から解き明かしていくわけです。具体的には、発明者一人ひとりを追跡し、組織としてどういう活動になっているか、地図のようなものをつくったりします。

　特許情報は技術の中身がわかる情報源であると同時に、発明者が誰で、組織としてどういう活動をしているかもわかってくる、そういう、多面的な読み方ができる情報源なんです。ちょっと難しくなってきましたかね（笑）。

　もうちょっとわかりやすい例で説明しましょうか。投資家の方からの相談で、「なんか、すごそうな発明が書いてあるけど、これってどうなの？　楠浦さんどう思う？」みたいなのは、結構よくあります。この辺を例にして、解説しましょう。

　例えば、一人の発明者がある技術について特許を一件出していることがわかったとしましょう。しかも、なんかよくわからないけど、すごそうな発明がいろいろ書いてある。でも、それ一件だけだ、となると、まぁ、これは様子見なんじゃないかな？　組織として取り組んでいる気配はないよね？　となりますよ

ね。少なくとも僕はそうなります。つまり、特許を読むと、技術開発や研究開発の戦略性なんかも、見えてくるってことなんです。内容をよく読んで分析すれば戦略の中身も見えてくるとは思いますが、まずは戦略の有無が見えてきますよね。戦略のない発明にいちいち付き合って企業に投資していたら、お金がいくらあっても足りないでしょう。戦略と本気度が見えてきてからで、十分間に合うと思います。

　最近は減っているようですが、企業によっては、「各自、年に〇件の特許を出せ」のようなノルマを課しているところなんかも、あるわけですね。そういう企業では、業務とあまり関係なくパッと思いついたものや、なんか無理やりひねり出したアイデアで特許を書いて出したりする人もいるんです（笑）。

　まったく意味がないとは言わないですが、そういうのってあまり価値がない気がするんですよね。そうじゃなくて今まさに開発している技術のことであったり、これからやろうとしている新規事業について、まとまった出願をして地盤を固めながら事業に乗り出そうと思っているのであれば、順を追って何件か特許が出てきたりするので、戦略性がわかりますよね。この、特許から人や組織の情報を読み取り、戦略の有無を評価する、という視点は、企業活動を評価する上で非常に重要だと僕は考えています。繰り返しにはなりますが、企業や組織としての本気度、人としての本気度が見える、つまり、「現場の動き」が見えてくるのが特許情報の特徴なんですよね。

課題と解決法がわかるのは、特許だけ

　次は、特許から「技術を知る」のお話をしますね。特許に書いてあるのは、厳密に言うと「発明」です。では「発明」とは何か。発明塾では、ある技術分野における「課題」と「解決手段」のセットを「発明」と呼ぶことにしています。発明とは「課題」と「解決手段」なんですね。もう少しわかりやすく言うと、技術的に何か困ったことがあったんですけど、それを解決できましたよ、世界で初めてですよ、今まで誰も考えていませんよ、というのが特許における発明の定義であり、特許になる発明、いわゆる「特許発明」なんです。

　つまり特許には、課題とそれに対する具体例な解決方法が書いてあるわけです。これって、すごく重要な情報ですよね。場合によっては、事業や商品の方針そのものになります。だって、事業や商品の本質って「顧客の課題を解決して対価をもらう」ことじゃないですか？ それが特許に書いてあるので、いまどんな事業を考えているかが見えてくる可能性があるわけです。

　楽天の事業と特許を例に説明しましょう。第5章で詳しく紹介しますが、楽天はドローンを使った配送サービスを始める、と言っています。しかしそう言われても、具体的にどんなことを考えているかはわからない。また、どんな可能性があって、何が課題で、

059

なぜ今までやってなかったのか、なぜそれを今まで誰もやれなかったのかなど、事業や商品の価値に関わるようなところはよくわかりません。

でも特許には、こういうことが問題になりそうだからこれはこうするんだ、など課題や課題の解決法が延々と具体的に書いてあるわけです。それらを丁寧に読んでいくと、だから誰もやってなかったのか、とか、そうやれば確かにできそうや、っていうのが頭に入ってくるんですよね。

しかも、こういうことは、普通はIR資料には載ってないんです。内容として細かすぎるからでしょうね。大事なことなんですけど、だいたい書いてない。下手したら社長も詳細を知らなかったりする場合があって、書いても説明できないから書かない、ということもあるでしょう。また、企業が開発中の技術は極秘情報に近いので、そもそも公の場で話したくない場合が多いんですよね。

こんな感じで特許は、企業の現場レベルの活動が詳細にわかるすごい情報源なんですが、表現が堅苦しかったり、どこに何が書いてあるかよくわからなかったりして、正直言って読むのが面倒な部分もありますよね（笑）。だから、プロの投資家でも読んでいる人はまだ少ないですし、一般の個人投資家はほとんど読んでいないか、読んでいても深く読めていないと思います。でも、読めるようになると企業の活動がもっと解像度高く、しかも他者に先んじて見えてきますし、投資のチャンスを見つけられるんです。

04

専門家でなくてもOK。
知財を知れば、広い目で業界が
見られるように……

▼

▌VRの未来の用途は
▌どうすればわかる？

　ここまでで、知財や特許が投資、特に長期投資に
役立ちそうだ、とか、特許を読むと企業がこれから
やろうとしていることが見えてくる、ということを
なんとなく理解いただけたでしょうか。

　特許は、誰もが無料で読むことができる情報です。
いつでも誰でもネットで検索できますし、その業界
の専門家じゃなくてもアクセスできます。あとは、ど
う読むか、読みこなすか、だけなんですね。ここで大
きな差がつく。でも、そもそもまだまだあまり読まれ
ていないし、読めている人が少ない。

　だから今からでも遅くないんです。読めるように
なれば、かなりお得な情報源として活用できると思
います。実は特許は、企業の戦略だけでなく、技術の
未来を予測するのにも使えます。特許を調べて技術
の未来がわかった！という例を一つ紹介しますね。

　ほとんどの人がまだ気づいていないような技術や
投資機会を、分野を問わず片っ端から探し出し、そ

の将来性について討議するという活動を、学生向け発明塾のOB・OGが集まって「発明塾投資部」と称して行っていた時期があります。まぁ、トレーニングと実益（笑）を兼ねたOB・OG会みたいなものですね。発明創出のヒントになる情報を発明塾では「エッジ情報」と呼んでいるのですが、エッジ情報は、新規事業のアイデア出しのためだけでなく、投資機会を探すのにも役立ちます。

　新規事業と投資は結局のところ表裏一体というか、根っこの部分でつながっているんですよね。

　発明塾投資部では、2016年ごろにVR（バーチャルリアリティ）の未来の用途について、議論していました。今から少し、この話をします。

　VRがどんなものかは、もう説明するまでもありませんね。そのVRの領域で「今後伸びそうな企業や用途」とか「まだ誰も想像してないような面白いアイデアが書かれている特許」を先回りして見つけてみよう！ みたいな感じで、いろんな面白い情報を集めてみるところから、議論は始まりました。

VRは、痛みの緩和ケアツールとして伸びるか？

　VRがどこに使えるか。2016年当時は、ゲームを含め「こういうところに使ったら面白いんじゃないか」というアイデアは広く議論されていたのですが、具体的にどこに使わないといけないか、VRが絶対必要になるのは誰が何をするときなのか、誰もピンとき

ていないような状況でした。

　だから「VRって、なかなか面白い技術だし、いろいろ使われるんだろうけど、正直よくわかんないよね」みたいな感じだったんですね。口の悪い人は「そんなバカでかいヘッドセットつけて大変な思いまでして、いったい誰が使うねん？」と言うような、そんなイメージの技術だったわけです。

　でも、VR事業で最先端を行っていたアメリカのマジックリープ社を入口に特許を調べていくと、全然違う未来が見えてきたんです。

　例えば、VR画像を見せたときの目の動きで脳の状態がわかるらしく、それも実際にデータを取って検証している、なんてことがわかってきたんですね。さらに特許と論文を調べていくと、VRヘッドセットは精神疾患の治療や脳機能の向上などを目的に医療の世界で使われそうで、しかも遠隔医療用デバイスとして在宅医療なんかで使われそうだなということが「先読み」できました。脳の病気を治すというのは、薬にせよ手術にせよ、それなりにハードルが高い。そこに一つVRというIT系のソリューションが出てくることによって、今まで治せなかった病気が治せたり、これまで医者の問診や画像検査などでは発見できなかった症状が判別できる可能性がある、ということがわかってきたんですよね。他にも、VRは「痛み」の分野と相性が良くて、痛みを緩和する治療法として伸びていくのではないか、という未来も見

04

専門家でなくてもOK。知財を知れば、広い目で業界が見られるように……

えてきました。

　しばらく経って、このVRの医療応用の「先読み」についてセミナーでお話をしたら、ある大学の医学部の先生から「楠浦さん、2016、2017年くらいによくこんなことに気づきましたね」といわれたんですね。「アメリカでも当時そういうことを言う人はごく少数で、日本では皆無だった、そんなこと言ったらバカにされていましたよ」とのことでした。

　専門家であるがゆえなのかもしれませんが、医療や医学をやっている人は「所詮VRなんてゲームでしょ」と思っていたのかもしれません。でも蓋を開けてみると、VR画像を見ることによって痛みが和らぐというデータが実際に得られていて、医療機器として使えるかもしれない。そんなことがわかったんですね。僕たちのように専門家じゃないからこそ、いろいろな視点で偏見なく情報を分析できる。それが、独自の「先読み」につながるのかもしれません。

　丁寧に読めば、医療の専門家じゃなくてもVRが医療にどう使えそうか、具体的にわかっちゃうわけです。それが特許なんですね。

10年前には 「車のモジュラー化」に疑問符が

　もう一つ事例をあげましょう。

　これはもう10年以上前、2012年ごろのお話なのですが、僕の母校である京都大学の卒業生の集まりで、大手自動車メーカーや建設機械メーカー、電機メー

カー、工作機械メーカーなど有名なモノづくり企業に在籍されている大先輩の卒業生の方々と、モノづくりに関するパネルディスカッションをしたんですね。そこでは、設計法とか製品開発の新しいやり方が話題になっていました。

　いろんなメーカーの人がいますので、機械製品と電機製品は少し違うよね、とか、そもそも機械自体もだいぶ電気化、電子化していますよね、とかいう話題になりました。そこで僕は「今後は自動車もEVになりますから、モノづくりも変わりますよね」という話をしたんですね。今までの機械屋の理屈、要するに、寸法を測って合うものを組み合わせるっていう世界から、電気屋の理屈で、とりあえず配線をつないだら動く、という世界になっていきますよね、と、まぁ大雑把にいうとそういう話をしたわけです。

　こういう世界になると「組み立てる」という、機械屋がこれまでこだわってきた作業が、なくなるとは言わないまでも、すごく簡単になるんですね。
　現在は、パソコンだって秋葉原や通販で普通に部品が販売されていて、それを買ってきて家で組み立てている人もいますよね。最近は、もうマニュアルもいらないレベルで簡単につくれてしまう。極端に言えば、ディスプレイとキーボードとCPUなどを買って組み立てて配線したらオッケー、という世界です。こういうのを設計の世界では「モジュラー設計」と呼ぶんです。僕も設計者だったので、仕事柄そういう

のに敏感なんですね。

　電気や電子の世界はだいたい「モジュラー設計」で、パソコンはその典型例なんです。パソコンメーカーのDellがなぜ伸びたかというとBuild to Order（注文組み立て）のビジネスを始めたからなんですね。オーダー通りに部品をパパッと組み合わせて、翌日に出荷することを、パソコンの世界でやり始めたのがDellなんです。コンピューターは、それこそ20年以上前からモジュラー化されていたわけです。

　だから僕は、自動車もEVになればモジュラー設計になるでしょうね、とお話ししたんです。「ちょっと部品買ってきて家で組み立てるわ」みたいな時代になるでしょう、と。そうするともう中国のメーカーとか台湾のメーカーが、DellみたいなBuild to Orderのビジネスを始めて、注文したらパッとEVがつくれて、明日納品されるみたいな世界がくるかもしれません。そういう時代に今までの機械工学の時代のやり方でやっていても勝てないんじゃないですか？ 日本の自動車メーカーは、ほんまにそれで競争力を維持できるの？ パソコンも携帯電話も最初は、日本はいい線いっていたけど、すぐに韓国、台湾や中国に持っていかれましたよね？ そういう話をしたら、とたんに騒然としたんですね（笑）。

　パネラーだけでなく、聴講者も「いや携帯電話と自動車は違う」とか「自動車はもっと複雑やからそんな簡単にはならない」とか「そもそも電気自動車の時

代はこないんだ」とか言い始めたりして、結構大騒ぎになりました。面白かったですよ(笑)。ちょうどその会に、当時学生だった発明塾生が1名参加してくれていて「いいものが見られたね、いい勉強になったよね」なんて話を後日していました。

知財に明るくなると、異分野の未来も予測可能

僕が先に「携帯電話」の例を引き合いに出したのには、ちゃんと理由があります。アメリカの通信用半導体メーカーで、Qualcomm(クアルコム)という知財戦略で非常に有名な企業があります。彼らは、携帯電話のデジタル化のタイミングで急成長したんですが、知財を武器にして、携帯電話を誰でもすぐつくれるようなデジタル機器にしちゃったんですね。

携帯電話が誰でもつくれて、安価になって大量に出回れば、通信用半導体も売れますよね。これがQualcommの戦略です。僕はこれを知っていたので、自動車だってもちろん相変わらずアナログなつくり方もできるけど、Qualcommみたいな企業が自動車業界に進出してきたらどうなるだろうか? それでEVがデジタル機器みたいにつくれるようになったら、また日本は勝てなくなっちゃうかもしれないなって考えたんです。でも、そもそも当時、自動車業界の人たちはQualcommのことを知りませんでしたし、そういう文脈が頭の中にないので「いやそれは通信業界の話であって、自動車は違う」とほぼ全員に反

論されましたね。「また日本が負ける」みたいな話を
したので、感情的な反発なのかなと思ったのですが、
たまたまパネラーだったコマツ時代の先輩が「楠浦
の言うことはわからんでもないが、自動車業界がそ
ういう世界になるのは、自分はちょっと想像できな
い」とおっしゃっていたので、多くの聴講者にとって
は、何を言っているか本当に理解できない、まさに
「ポカーン」という感じだったようです。

　そのときから10年あまり経ちましたが、どうでしょ
うか。台湾の電子機器の受託メーカーの鴻海精密工
業がEV業界に進出するなど、僕が予想していた方
向で世の中が動き始めているのではないでしょうか。
今回の事例はパネルディスカッションで他の方の話
を聞いて、その場でパッと思いついたことを話した
だけで、特許を調べて先読みをした、ということで
はありません。でも、以前からQualcommの知財戦略
を研究してよく知っていたから、このような発想に
なったんですね。先ほど、特許から「戦略」を読むん
だというお話をしましたよね。僕の予想が当たった
とか外れたとかいう、宝くじに当たった人の話を聞
くようなイメージではなく、いろんな特許を読みな
がら、その企業や業界の「戦略」も学んでいくと、他
の業界の未来についての「仮説」が見えてくるんだな、
というイメージで捉えていただけると嬉しいです。
未来が見える水晶玉を持っている人は、いませんか
らね（笑）。

皆さんそれぞれに専門がありますので、他の業界で起こった変化について深いところまでちゃんと見られている方は少ないんでしょう。今回のように「通信は自動車と違う！」という反論は、その典型です。前述の医療分野の話も近い部分がありますね。

医療の専門家にとっては、VRはゲーム用でおもちゃである、というところで認識が止まっていたので「VRはゲームだから医療とは関係ない、ゲームの話を医療の世界でされても困る」という意見になるわけです。携帯電話の話を自動車と一緒にされても困るっていうのと、同じような構図ですね。

結局のところ、専門かそうでないかに関係なく、特許を読んで知財のことを勉強すれば、ある業界にどんな変化が起きるか、全部わかるとは言いませんが、妥当性の高い仮説や蓋然性の高い仮説が導き出せると僕は思っています。

また実際に、特許や知財の情報からそういった仮説を導き出して、いろいろな企業で開催している「企業内発明塾」や投資家との面談で、日々お話をしています。

わかりやすく言うと、知財を知ると、横串を刺せるというか、広い目でいろいろな業界のことがわかってくる、ということなんですよね。これは、僕だけでなく学生版の発明塾や企業内発明塾の参加者も、皆さんそうなるので、誰でもある程度わかるようになると思っています。

05

後発企業の将来性も、「知財戦略」「特許戦略」を知ることで推測が可能に

▼

Sonos「スマートスピーカー」が万能な理由

もう一つ最後に、投資の目利きとして、企業の知財戦略を理解すると、後発参入企業でも勝てそうか、成長できそうかどうかが判断できるんですよ、というお話をします。

「スマートスピーカー」を製造・販売しているスタートアップで、Sonos（ソノス）という企業がアメリカにあります。ハイエンド製品に特化しており、その主軸である「Sonos One」という商品は、ご存じの人も多いかもしれません。

スマートスピーカーは、アメリカではAmazon（アマゾン）とGoogle（グーグル）だけで80％以上のシェアを持ち、残り20％の中にもApple（アップル）がいるという、巨大企業で大部分が占められている、独占・寡占市場です。でもSonosは、そのような競争の激しい領域に食い込んできて、じわじわ頭角を現しているんですよね。Sonosが、なぜ後発参入で、GAFAMと呼ばれる巨大資本の大手プラットフォーマー企業たちと

伍して戦えるようになったか。これも特許と知財戦略なんです。

Sonosのスマートスピーカーの主要特許に「音楽データにタイムスタンプを押して無線送信し、そのタイムスタンプを使って再生時に音楽を同期させる」というものがあります。家の中のどの部屋に行っても、完全に同期した音楽を聴くことができるスピーカーシステムを実現できる技術なんですが、ちょっとわかりにくいかもしれませんね。もう少し解説しましょう。

例えば、部屋がたくさんある大豪邸をイメージしてください。それぞれの部屋にスピーカーを置いて、同じ音楽を鳴らして、家中どこにいても音楽をシームレスで楽しめるようにしたい、としましょう。

この場合、大豪邸ですし部屋数も多いので有線ではなく、無線で音楽データを飛ばして再生する方法になりますよね。そうすると、場所によってはマイクロセカンド、ナノセカンドのレベルでそれぞれのスピーカーから出る音がズレて、「音のうねり」が出る可能性があります。実際に体験したことがある人もいると思いますが、こっちの部屋から聞こえる音と、別の部屋から聞こえる音が微妙にズレているのって、結構気持ち悪いんですよね。

そこでSonosは、無線で送信される音楽データにタイムスタンプをつけて、どのスピーカーでもまったく同じタイミングで再生できるようにしたんです。

これってよく考えたら、この方法以外はあり得ない。言われてみれば当たり前な発明なんですね。

　ただ、当たり前なんだけど、誰も思いつかなかったし、誰もやっていなかった。こういうのを思いつくのってホントにすごいことです。そしてこれが特許になると、すごく強い。

　こういった独自の発想に基づく強い特許が、彼らのスマートスピーカーの差別化に、「意外な形」で一役買っているんです。ここで「意外な」と言っているのには理由があります。よくあるような、単純に「特許があるので他社が真似できない」みたいな技術や機能に関する差別化ではなく、「ビジネス戦略」「経営戦略」レベルの差別化につながっているんですよね。すごく面白いので、ここはぜひ皆さんに、しっかり理解してほしいところです。

　実は、SonosのスマートスピーカーではGoogleアシスタントとAmazonのアレクサ両方が使えるんです。両方使えるから、2台購入する必要がない。普通そんなことあり得ないですよね。特にGoogleは、いろいろな事業で競合しているAmazonと一緒にされたくないはずです。なぜそれが可能になったかというと、その答えが特許なんです。SonosはGoogleに対して「あなた方、特許権侵害していませんか？」と訴えました。そして、「特許をライセンスしますから、GoogleアシスタントをSonosのスピーカーに実装させてよ」と言って、自分たちのスピーカーでGoogleアシスタントを使えるようにしちゃったんですね。

一方Amazonはというと、当時は割とオープンなスタンスだったらしく、たいした交渉もなくアレクサを入れさせたようです。だからこそGoogleは嫌がったと思います。すでに、Amazonのアレクサが入っているわけですからね。

一旦、まとめておきましょう。非常に便利なことに、SonosのスピーカーではAmazonのアレクサとGoogleアシスタントの両方が、なぜか使える。それは独自の発想に基づく「強い特許」の力によるものだった。大げさに言うと、特許の力で他にない顧客価値を生み出した。そういうことです。その後もSonosは、特許を武器に、先行しているAmazonとGoogleを追い落とそうとしています。「ダビデとゴリアテ」じゃないですが、スマートスピーカーの巨人2社に対して、優れた技術に加えて巧みな知財戦略で果敢に挑んでいる様子は、知財に関わるものとして、すごく頼もしく感じますね。いろいろな意味で、今後が非常に楽しみな展開になっています。

Sonosのスマートスピーカーはシェアとしてはまだまだですが、今後もっと伸びてくると思っています。圧倒的シェアを持つ1位のAmazonに対して、2位のGoogleは現在失速気味です。だからといってSonosが2位になるのは当面難しそうですが、販売は順調のようで、すでに存在感が出ています。

このように先発企業が独占しているような分野でも、技術の可能性を最大化できるような知財戦略をうまく考えて粘り強く実践すれば、後発でも事業参

入が可能で、業績を伸ばしていける可能性があるんです。知財を武器にした後発参入の一つの例として、今後もSonosの動向には注目していきたいですし、こういう例を念頭に置いて後発参入を仕掛けている企業の動向を分析すれば、これまでとは違う景色が見えてくると思います。「後発参入企業」の勝ち筋を見極める材料の一つとして、特許情報をぜひ活用してください。

知財は
企業成長の武器になる

スタートアップではありませんが、花王の例も参考になります。これは第6章で詳しくお話ししますが、トイレタリー業界の花王が歴史ある「お茶飲料」の業界に参入し、健康飲料の市場を新たにつくりました。これも知財戦略、特許戦略のなせる業なんですね。後発参入している企業で、特許や知財を武器にしているところは結構あります。

つまり、スタートアップでも大手でも、食品でもITでも、特許を読んで知財戦略を理解すれば、どの分野に力を入れているか、後発参入でも勝てそうか、などについて判断材料が得られるんです。

皆さん、どうでしょう？ 投資に役立つ情報源として、特許に少し興味が湧いてきたでしょうか？ 次の章では、特許とはどういうものか、何がどう書かれてあって、どこを読めばいいのか、IR情報と比較しながら、もっと具体的に解説していきますね。

特許でわかること

～書いてあることから知るべきもの～

Chapter 2

01

企業の実力を把握するための 「特許」と「IR」。 まずは、その違いを理解する

▼

IRは経営サイドから、 特許は開発現場からの情報

投資先の選定という目的に限らず、企業の活動を理解するために使える1次情報は、大きく分けると2つあります。

一つは企業が投資家に向けて情報を公開しているIR情報、もう一つは特許情報です。

IR情報は、基本的にはお金や経営に関する情報で、経営サイドから出てきているものですね。経営者を交えて内容が検討され、会社からオーソライズされた形で情報発信されるものです。

一方、特許情報は、基本的には技術についての情報です。正式なドキュメントにしているのは知財部門ですが、もともとは技術や製品を開発したりしている現場から出てきているものです。

特許も、特許庁が関与しているという意味では公

式なドキュメントなのですが、企業の経営者はその公開プロセスに関与していません。

ここが大事なところです。

企業内の事業開発・技術開発について、現場の「生の状態」が見える可能性があるんですよね。

企業にお勤めの方なら想像がつくのではないかと思うのですが、規模の大小にかかわらず、会社って意外と経営サイドと現場サイドがかみ合ってなかったりしますよね。

なので、企業を分析する際には、IR情報と特許情報の両方を比較したり、組み合わせたりして読み解いていくわけです。

そうすることで経営サイドが考えていることが何で、それが現場に降りてどう予算がついて、研究開発がどう始まって今どうなっているのか、その後どんな成果が出ているのか、みたいな企業活動の流れが見えてきます。

さらに、IR情報と特許をもとにIR担当者や経営者にヒアリングしていけば、経営サイドの方針がどこまで現場に落とし込まれているのか、現場の動きを経営者やIR担当者がどこまで知っているのかなど、会社の実態がより高い解像度で把握できるんです。

IRは四半期ごと、
特許は出願から1年半後の公開

IR情報と特許情報には、もう一つ大きな違いがあります。

それは公開の頻度と時期です。

IR情報で最も大事な決算報告は、その名の通り決算ごとに報告することになっていますから、四半期ごとに決まったタイミングで公開されます。公開されるタイミングは、企業によって多少の違いはありますが、だいたい決算後1カ月から1カ月半程度でしょうか。

一方、特許の情報公開は出願から1年半後で、特に時期は決まっていません。厳密には審査の都合などで1年半より前に公開される場合もあるのですが、原則としては出願されてから1年半で公開されることになっています。

1年半後って聞くと「特許ってそんなに公開が遅いのか、じゃあ公開されたときにはもう情報として古いんじゃないの？」と思う方も多いかもしれません。しかし少なくとも、ある企業で誰が何をやってきたか、は多少古くても読み取れますので、企業の活動を評価する上で一つの材料にはなります。

それに技術や商品の開発は、企業や業界によっては短くて3年、長ければ5年、10年かかる場合もあり

ますので、一律に1年半後の公開だから古くて使えないということではないんですね。使い方次第だと、僕は考えています。

もし、特許について情報としての新しさを気にするのであれば、特許を調べる際に「特許を出した日」（出願日）を指定して検索することができます。Google Patentsで調査する場合、日付を指定する「Date」のところがデフォルトで「Priority」（出願日）※になっていますので、ここに2年前とか3年前ぐらいの日付を入れておきましょう。そうすれば、5年も10年も前の古い特許が出てくる、ということはありません。

※専門的には「優先日」と呼びますが、本書では「出願日」を指すという理解で問題ありません。

また、特許を読む際も、公開された日付ではなく出願日に注目しましょう。

出願日の何カ月前か何年前かに始めた技術開発や商品開発の内容が、特許になって順番に出てきているんだな、というような感じで、技術開発や商品開発をイメージして読むとよいでしょう。複数の特許を読むときは、出願日の順に並べ替えて読むのがオススメです。僕が重視する「流れ」が見えやすいからです。

02

「技術」「人と組織」「権利」。特許の3つの側面に「戦略」視点を加えて

▼

特許に書かれているのは、どんなことか?

ここまでのお話で、特許とIR情報の違いはわかっていただけたと思います。では次は、そもそも特許には何がどんなふうに書かれているのか、を解説しましょう。特許は技術の情報だと説明しました。丁寧に言うと、特許には次の3つが書かれています。

① 技術情報
② 人と組織の情報
③ 権利情報

特許には、発明の具体的な内容が書かれていますので、「技術情報」なんだということは、多くの方が理解されているでしょう。また、どの範囲について他社を排除する権利があるかなど、権利について定めた文書ですので「権利情報」だというのもわかると思います。さらに、発明をした人や共同発明者の名前、特許を出した会社の名前が書かれているので、「人と組織の情報」なんだということも、言われてみ

ればその通りですよね。

　そもそも特許制度とは、一定期間あなたに独占させてあげるから情報を公開してくださいね、そして公開された情報に基づいて、他の方はもっと先の技術を考えてください、というものです。要するに、積極的に技術情報を公開させて、技術の発展を促す仕組みなんですね。企業や発明者からすると、本当は競争力の源泉になる大事な部分だから誰にも言いたくない、隠しておきたい内容なんだけど、特許にして守ってくれるならその部分は書きますよ、と公開するわけです。

　なので特許は、まずは技術や発明の内容を公表する技術文書であって、さらにその技術を守ってもらいたいです、という権利申請書でもあるんですね。

図3 ▶ 特許には3つの情報が書かれている

技術情報	● 「研究成果」を権利化 ● 「欲しい技術」を権利化 ● 「開発する予定の技術」を権利化
人の情報	● 発明者 ● 共同発明者との関係 ● 共同研究先 (社外) との関係
権利情報	● どの範囲について、排他権があるか ● どの範囲 (技術・国) について、権利が (特に) ほしいか／必要か ● どの程度、権利がほしいか／必要か

出典：TechnoProducer

特許は技術情報であって、同時に権利情報でもある、というのはこういうことです。権利情報の部分と技術情報の部分は表裏一体で、権利がほしいなら技術を開示する必要があるわけです。

　また特許には、「これは私の発明です」と発明者の名前が書いてあります。

　これが人の情報ですね。

　かつては「特許に書いてある発明者はすべて正しいとは限らない」とかいって（笑）、あまり発明者の情報を重視しない風潮がありました。

　以前、僕が発明者に注目した特許情報の分析を提案したり、分析の結果をセミナーで発表したりした際、「そんなの意味ない」とか「ホントの発明者が書いてあるとは限らないですよね」などと、企業の知財部の方に言われることがよくありました。

　そう言われながらも僕がこの20年ぐらいの間、最も重視し続けてきたのが「人の情報」です。企業の中で、本当は極秘にしたい重要な技術の開発を担当している人はいったい誰なんだってことは、非常に重要な情報ですよね。

　これがわかることが、実は一番大きいと思っています。製品には、開発者の名前は書いていませんからね。特許からしかわからない情報、といってもよいでしょう。

　モノづくりや研究開発を行っている企業は、多くの場合、技術によってそれなりに大きな価値を生み

出しているわけです。そして、その技術は人から出てくるものですよね。設備から出てくるわけじゃないんです。

設備が競争力だと言っている企業があったとしても、その設備をつくっているのは人ですし、維持管理したり改良したりするのも、結局は人なんですね。

例えば、ある医療機器を開発・販売している企業が、同じ領域の製品をつくっている他の企業を買収した場合、企業としてそこをめちゃくちゃ重視していますという意思表示だと考えられますよね。

いろいろ調べて確かにそこを重視してそうだな、となったら、次はその製品を開発しているのは誰なんだ? ってことを特許で調べるわけです。特に、その開発の中心になっている「キーパーソン」を、特許から特定します。

キーパーソンを特定できたら、IR担当の方に「その人、今、会社にいらっしゃるんですか?」と聞いてみましょう。

そこで例えば「出世して技術本部長になっています」とか言われたら、安心ですよね。「お宅の会社はいい会社ですね、いい発明をした人にちゃんと報いているんですね、どんどんやってください」なんて話もできるわけです。

逆に「その人は辞めました」とか、「別の会社に引き抜かれました」なんて、まぁ多分言わないと思いま

すけど（笑）、そんな答えが返ってきたら、それって技術が競合に漏れてんじゃないか？　大丈夫か？　となるわけですね。

　会社として力を入れている製品開発の重要な仕事をやっているのは誰で、どんな人で、どう評価されているのか。その人たちにいい環境が与えられていて、継続的に技術開発がされているのか。そういうのを見ないと、次も、その次も良い製品が出てくるかどうかわからない。僕はそう考えます。
　だから、持続的にイノベーションが起きる仕組みが企業の中にあるか判断する手がかりとして、投資家の方には特許を読んでほしいですし、「技術」「権利」だけでなく、「人の情報」にも注目してほしいと思っています。

特許権は、事業経営の戦略ツール

　ここで少し、特許の権利としての側面について、確認しておきましょう。
　そもそも「特許権」とは何か、その定義ですね。「さて、特許権っていったい何でしょう？」と聞くと、「独占的に使用する権利であり、他者に使わせない権利」だと答える方が多いでしょう。少し勉強している方であれば「独占排他権」だとおっしゃるかもしれません。読者の方も、どちらかが頭に浮かんだ、という方が多いのではないでしょうか。

この答えは、定義としては正しいと思います。ただ、僕が常に意識している事業や経営という視点から見ると、ちょっと違う感じがするんですね。

特許権は「使わせる」「使わせない」を決める権利だ、というのが僕の答えです。特許権は確かに独占排他権なんだけど、他社を排除できるだけでなく、他社に使わせる、などいろいろな利用方法があって、それを後で決定できるようにするものなんですね。いわゆる経営上のオプションです。

金融の世界に「オプション取引」というものがありますよね。株式などについて、後で売る権利、後で買う権利を売買するもので、買う権利はコールオプションと呼ばれ、売る権利はプットオプションと呼ばれます。例えば、株式の価格が120万円のときに「100万円で株式を売る権利（プットオプション）」を買った場合を考えてみましょう。株式の価格が120万円のときに、わざわざ100万円で売りたい人はいませんので、この権利には価値がないように思うかもしれません。しかし、株式の価格が50万円になれば、株式を50万円で買って100万円で売却することができます。売り値と買い値の差額である50万円から、オプションの購入価格（100万円で売る権利の価格）を差し引いた分だけ儲かる、というようになります。

オプション取引はリスクヘッジのためにあるものです。値上がりするかもしれないし値下がりするかもしれないというのが金融資産の特徴なので、上が

ると思って資産を購入しておくけど、下がるかもしれないリスクに備えてオプションを買っておけば、どっちに振れても大丈夫。

少なくとも、大損はしません。

実は、特許権の仕組みもこれと同じなんです。特許を取るというのは、要するに、模倣されるリスクに備えて、模倣されそうになったり、もしくは実際模倣してきた人がいたときに、それを排除したり、「使用料」を取って使わせたりする権利を買っておくということです。いろんな取引ができるという経営上のオプションだといえます。経営上、特許権の取得は時間を買うという行為でもあり、意思決定を先延ばしにできるメリットがあります。とにかく一旦、使わせるか使わせないかを、後で決められる権利を買いにいくのだと思ってください。

また特許の使い方には、権利を「使わせない」「使わせる」の他にもう一つ、情報を「公開する」というのがあります。

これは公開戦略（公知化戦略）と言って、以前は、自社の技術を他社に権利化されないようにするために、特許出願を行って技術を公開する（公知技術化）方法を取ることがありました。

今は、特許を取得するつもりで出願するのが基本スタイルで、公開のためだけの出願は、あまりないと考えてよいでしょう。

あるとすれば、いずれ特許を取得する予定の出願

の一部に公知技術化したい情報を入れて、あわよくば権利化、最悪の場合でも他者に特許を取られないようにする、という戦略として使われていることが多いでしょうね。

このように、特許戦略の定石を理解していると、特許が読みやすくなります。

事業や経営の視点で特許がどういう価値を持つのか、どう使われるのか、なんとなく理解いただけたでしょうか？

3つの側面と戦略視点を組み合わせて特許を読む

ここまで、特許は「技術情報」「人と組織の情報」「権利情報」であり、特許とは「使わせる」「使わせない」を決める権利で、経営上のオプションだというお話をしました。

実際のところ、「技術情報」「人と組織の情報」「権利情報」の3つの側面と、さらに戦略まで意識して特許を読むのは、とても大変です。普段知財や特許にかかわっている人でなければ、ちょっと無理そうだと思われるかもしれません。

でも大丈夫です、いっぺんにすべて理解する必要はないんですね。

一部でもよいので理解して、理解したことから上手に活用すると、読むべき特許や投資したい企業が効率よく見つかります。

例えば、ある特許を出した後、それをさらに小分

けにして別の特許として出す「分割出願」という特許の出し方があります。分割出願の目的はいろいろありますが、「どうしても特許にしたい」とか「複数の特許で技術や発明を何重にも守りたい」という場合に、特に多用されます。[※]

だから分割出願を多用していたら、本気でその特許を権利化したい、技術や発明を守りたいと思っている証拠ではないかな、これは読むべきだな、と推測できますね。

逆に、ある企業や技術分野の特許を読んでみたいけど、どれから読んだらよいかわからない場合、「とりあえず分割出願に注目する」というのもありなんですね。

※その他、競合への牽制力として活用するため、権利化を一時的に留保しておくために分割出願を行うなど、実際にはさまざまな意図で活用されますが、専門的になりすぎるので今回はこの程度にしておきます

分割出願は特許戦略の定石の一つですので、特許戦略を理解していると特許が読みやすくなることを示す例として、覚えておいて損はないでしょう。

03

ここから、企業の「全体像」と「イノベーション創出の最前線」が見えてくる

▼

特許の裏にはイノベーションがある

前置きが長くなったので、そろそろ特許を読みましょうか。

ここで「それでは特許を読みましょう」というと、多くの方は、特許に書かれている発明や技術の詳細を読むんだな、と思われるでしょう。もちろんそれは非常に大事なのですが、例えば特許件数や発明者数などを分析した統計データなんかも、うまく活用すれば企業活動の全体像を把握するのに非常に役立ちます。

「知財」という言葉を狭い意味で捉えると、特許などの権利の話になりますが、広い意味で捉えると、アイデアや発明がどう生まれてくるか、というイノベーションの話になりますよね。

だから、特許を少しマクロな視点から見て、企業活動の全体像やその企業がどんなイノベーションを起こしつつあるか、知財の「大きな流れ」を知る、というのもオススメです。

僕は「流れ」を重視するんです。これは後で説明します。

あと、僕が「特許」や「知財」という言葉を使うときは、その背後に「イノベーション」「発明」「研究開発」があることを忘れないでほしいんですよね。特許を読むのは、その背後にある活動や組織、人材を評価するためなんです。ここを忘れて「特許をXX件取っているから、あの会社は強い」みたいな議論に終始するのでは、ちょっと底が浅い話になってしまいますね。

特許情報で知財活動を評価する 4つのポイント

特許の内容を読む前に大切なことは、まず特許出願の件数などから、企業の活動を見ることです。ただ、こんな話をすると、投資家の方から「楠浦さんは、企業の特許出願の何を見て、どう判断しているのですか」という質問が必ず出ます。

投資先の評価に限らず、企業の研究開発活動や知財活動の状況を、僕が特許情報からどう読み解いているか、少し紹介しましょう。

例えば僕は、以下の4点に注目しています。

①「組織的」に行われているか
②「継続的」に行われているか
③「集中的」に行われているか
④「徹底的」に行われているか

こう言われてもピンとこないと思いますので、一つ例を挙げて説明しますね。

ある発明者が「今月はロボット」「来月はナノテク」と、いろいろな内容の特許を出願しているという状況だったとしましょう。

皆さんはどう感じますか？

僕だったら、なんか思いつきで出してるんちゃう？　とか、一つの開発に集中していないんじゃない？　とか、そもそもこの人、どんな仕事のやり方をしてるの？　とか、思っちゃいます。そして、その企業は知財活動を「ちゃんと」やれてないかもしれないな、という疑いを持つかもしれません。

だからまずは、発明が「組織的」に行われているかを見ます。

例えば、発明者が「チーム」になっているかを見るわけですね。そして一つの発明や技術、製品について、1カ月に7件ずつ出してるな、とか、「継続的」に出願しているかを見ていきます。つまり「組織的」かつ「継続的」に行われているかを評価するわけです。

要するに、「流れがあるか」「太い流れになりつつあるか」を読むんです。特に投資家目線では、組織的イノベーションが起きているか、将来の企業の業績向上につながるだろうか、という視点で特許を読む必要がありますからね。

03

ここから、企業の「全体像」と「イノベーション創出の最前線」が見えてくる

091

特許ポートフォリオが
徹底的につくられているか

　また、ある技術や製品、事業について幅広い特許ポートフォリオをつくっているのか、つまり「集中的」にやっているか、というのも重視します。

　特許ポートフォリオとは、いわゆる「特許の束とか群」のことです。

　なぜ束や群になっているかを重視するのか。

　例えば、製品って一つの技術や発明で成り立っているものではないですよね。だから、製品に使用する技術や発明一つひとつに対して特許があるのが理想だと考えているんですね。

　また、技術や発明一つひとつについても、特許が1件しかなければ、他社が特許権侵害を回避できる可能性が高いですよね。なので、技術や発明それぞれについて5件出すとか、束で出す（取る）ことになります。

　こう考えると、特許は、ポートフォリオのポートフォリオ、つまり小さな束を束ねてさらに大きな束にして、強い特許「群」になっていくはずですよね。僕はこれを意識して、特許を評価しています。

　もちろん、単純に特許の件数だけで判断するわけではありません。技術内容も理解して評価しないとダメですし、企業や事業の規模も考慮するのですが、それでも流石に同じ分野で5件しか出願してない企

業と100件出願している企業があったら、100件のほうがやる気はあるんやろなって、まず思いますよね。そういうことです。

　特に投資先を評価する場合は、その企業が「本気なのか」、要するに事業や経営の本気度を知りたいわけです。何事においても、徹底しないと他社には勝てない。なので、技術の詳細を理解することよりも、まず本気かどうかを明確にする。本気だとわかれば、仮に技術内容が難しすぎて正確に理解できなくても、ある程度の安心材料にはなりますよね。

　また、その企業が本気で取り組んでいることなら、こちらも本気で理解する価値が出てきます。時間をかけてでもこの企業の技術を理解しよう、そんな気になりますよね。

　本気の企業を本気で応援する、これが僕の考える投資の基本スタンスです。中途半端な企業は、あまり応援し甲斐がないと思いませんか。

　それを判断するために重視するのが、特許を「徹底的」に取っているかどうかです。

　花王や３Ｍは、特許網を広げ世界中で権利を取っていますが、その際、「特許になりません」という特許庁からの通告に対して何度も反論して、権利化を諦めずに粘り強く最後の最後まで戦っていたりします。このように、とにかくこれを権利にするぞ！という気概があるかどうかを、僕は常に見ています。「特

許になりません」といわれて「あーそうですか」と引き下がっているようでは、ちょっと極端ですけど、特許出願の費用をドブに捨てているようなもんですよね。事情が変わって不要になる特許なんかもありますから、全部が全部そうだとは言いませんけど、少なくとも投資家の視点で見たらそう見えますよ、ということです。

実際、投資家と話をすると「この特許、何で途中で諦めているんですかね？」みたいな議論になることはよくあります。ちなみにこういう場合、正確な答えは外部からはわからないので、関連特許の状況や発明者履歴などを見て、推測していきます。

また、「特許は言葉の戦いです」と、僕はセミナーでいつも言っています。つまり、特許は戦争なんですね。

これには2つの意味があります。

他社との戦争であるのはもちろんですが、実は、特許庁の審査官との戦争でもあるんです。権利を勝ち取る戦争ですね。だから、戦争にあっさり負けてハイおしまい、なのか、「なんとしても権利を勝ち取るぞ」と頑張っているのかは、すごく大きな違いなんじゃない？　と僕は思っています。権利は勝ち取るものであって、ボーッとしていて与えられるものではないんですね。知財部の方がやっているのは、実は「独立戦争」みたいなもんなんです（笑）。独占排他権

という「事業の自由」を求めて毎日戦っているか、という視点で特許を読んで、知財活動を評価する。それが僕の特許の読み方なんです。

こういうふうに、知財の現場の仕事をイメージしながら読むと、特許はさらに面白く読めます（笑）。実際、その辺の戦争映画やアクション映画より、特許のほうがよっぽど面白いんですよね（笑）。

特許情報を数字で整理すると、ポイントが浮かぶ

ここで、特許出願に関する数字を分析した事例を一つ紹介します。これは、弊社内で利用するために、ある企業（A社）を分析した事例です。顧客候補探索のための分析だと思っていただいて構いません。

実は、弊社は当初、特許調査と特許分析の会社として創業したんですね。

それで当時は、特許分析専任のメンバーがいて、仕事に空きがあるときは、さまざまな企業について毎日のように特許分析をしていました。特に業界シェアが高い企業を徹底的に分析していましたね。今から、A社について2012年に作成した、数十枚ある分析レポートからごく一部を抜粋したものを紹介し、解説します。

このように特許出願に関する数字を分類・整理するだけでも、90頁で前述した4つのポイントをなんとなく読み取ることができるんです。

では、始めましょう。

図4 ▶ A社の特許出願に関する数字の年次推移 （調査は2012年8月に実施）

	2000	2001	2002	2003	2004	2005	2006	2007	2008	2009	2010	2011
出願件	712	708	706	718	857	722	617	706	716	586	679	62
出願人数	33	31	30	38	45	37	35	26	25	19	18	3
出願人数（新規）	22	18	19	19	29	19	18	8	8	7	3	0
発明者数	526	579	587	653	699	674	703	712	734	678	654	131
発明者数（新規）	119	119	139	170	179	172	179	189	154	139	127	0
IPC数	875	922	778	826	852	698	566	705	691	609	655	121
IPC数（新規）	254	238	215	172	232	159	87	148	130	96	109	2
FI数	1071	1123	929	1001	1078	915	738	912	900	792	835	136
FI数（新規）	388	368	297	268	333	219	145	222	197	156	170	8
Fターム数	8386	8589	7570	7707	7839	6669	5755	6785	6506	5909	5847	983
Fターム数（新規）	2223	2073	1725	1526	1603	1137	746	1126	972	897	776	26
法人出願件数	4	1	6	4	10	12	11	5	7	4	9	0
共同出願件数	53	40	42	50	57	62	63	35	43	36	30	3
共同発明件数	659	668	664	668	800	660	554	671	673	550	649	59
共同発明者数	609	600	601	610	732	601	515	607	593	494	591	57
単独発明件数	99	107	99	104	115	109	91	94	116	88	79	5

出典：TechnoProducer作成

※CsvAid（中央光学出版）を利用

※2012年8月時点での公開情報に基づいています。特許は原則として出願から公開まで1年半かかりますので、2011年の数字については、すべての出願が反映されているわけではありません。

A社は当時、光学フィルムで大きなシェアを持っていた企業です。まず図4のIPC（International Patent Classification：国際特許分類）の数に注目しましょう。ちなみにIPCとは、特許に書かれている技術内容にあわせて付与される分類記号の一つで、技術分類と呼ぶこともあります。技術でタグ付けしてある、と思っておいてください。

図4では、特許に付与されている特許分類（IPC）の数を、その年に出願された特許すべてについて集計している他、新規出現したIPCの数なども算出しています。出願件数との兼ね合いもあるので一概には言えませんが、多くの場合、新規のIPC数が増加しているなら、新しい分野にどんどん参入しているか、技術開発のすそ野が広がっている可能性が高い、と判断できるでしょう。

つまりIPCの年次ごとの変化から、企業全体として事業や技術開発を拡大している時期なのか、または、ある程度事業や技術開発を絞り込み深掘りしている時期なのか、おおよそ推測できるんですね。

勘違いしてほしくないのですが、減っているから悪い、増えているから良い、ということではありません。イケイケどんどんで無制限に拡大してもムダが多いこともあるので、ある程度芽が出てきたものがあれば、そこに集中して伸ばしていくことも大事ですよね。選択と集中ですね。

どう種まきして、どう育てて、どう絞りこんできているのか、特許から経営・事業・研究開発の方針と現

場の状況がなんとなく読み取れることが、おわかり
いただけたでしょうか。

発明者情報から、
組織的な開発活動が見える

　図5は、A社の発明者のグループに注目して、それ
ぞれのグループから特許がどのように出願されてき
たか、年次推移をまとめた表です。テキストマイニ
ングで代表的なキーワードを抽出し、発明者グルー
プごとの特許出願の内容がおおよそどういう技術に
関するものか、わかるようにしています。

図5 ▶ 発明者グループごとの出願数の年次推移　　（調査は2012年8月に実施）

発明者群	出願内容	2000	2001	2002	2003	2004	2005	2006	2007	2008	2009	2010	2011
	224件 電池セパレータ 多孔質フィルム 安全性 接着性	21	19	15	18	31	21	10	18	5	1	5	1
	215件 粘着剤成物 耐久性 光学 粘着剤層 容易	16	12	11	24	21	19	9	23	22	13	19	1
	197件 光学フィルム 粘着剤層 粘着型光学フィルム	47	31	13	6	12	7	13	4	6	3	6	0
	179件 液晶表示 光学素子　偏光板	5	6	20	31	21	2	7	14	18	16	3	6
	127件 耐久性 良好　粘着シート 透明性 感圧性接着シート	5	6	20	31	20	2	7	14	18	16	8	0

出典：TechnoProducer
※CsvAid（中央光学出版）を利用
※発明者名は伏せてあります
※2012年8月時点での公開情報に基づいています。特許は原則として出願から公開まで1年半かかります
　ので、2011年の数字については、すべての出願が反映されているわけではありません。

図6▶ 特許分類（技術分類）ごとの出願数の年次推移 （調査は2012年8月に実施）

	2000	2001	2002	2003	2004	2005	2006	2007	2008	2009	2010	2011
2H147：光集積回路	0	4	9	15	12	11	9	23	31	14	28	1
3K007：電場発光光源 (EL)	13	5	40	51	36	4	0	0	0	0	0	0
2H111：熱転写、熱記録一般	7	6	1	3	0	1	0	1	0	0	0	0
2H171：電子写真一般 全体構成、要素	0	5	20	11	9	5	2	11	7	6	4	1
2H089：液晶2 (構造一般、スペーサ、注入口及び封止部材)	10	7	4	5	2	1	4	10	0	0	0	0
5H027：燃料電池 (システム)	0	0	0	1	19	23	10	0	1	1	2	0

出典：TechnoProducer
※CsvAid（中央光学出版）を利用
※2012年8月時点での公開情報に基づいています。特許は原則として出願から公開まで1年半かかりますので、2011年の数字については、すべての出願が反映されているわけではありません。

　図6は、光回路や有機EL、燃料電池など、6つの技術領域について、A社の特許出願数の年次推移を表したものです。例えば、有機ELのことを指している「電場発光光源(EL)」のところを見ると、2005年まで毎年特許出願されていたのに、2006年からは0件になっています。この年に有機EL関連の開発を止めたのかな？ という感じですね。

　逆に出願件数が増えていればおそらく開発は順調に進んでいるのだろうと推測できます。もちろん、事業のフェーズによっても出願件数や出願する技術内容が変わりますので一概には言えませんが、このように技術ごとの特許出願数をみることで、なんとなく開発の進捗状況が見えてくるんですね。

図6に記載されている2H147、2H089といった数字は、Fタームと呼ばれるもので、先に説明したIPCと同様に、特許に書かれている技術内容を表した日本独自の特許分類（技術分類）です。

　この特許分類と発明者の両方をうまく使い分けて、というか、情報として組み合わせて見ていくと、製品とその開発チームがなんとなくわかってきます。

　具体的には、発明者グループで整理した特許を読んで、そこに付与されている特許分類（Fターム）を把握したり、Fタームで整理した特許を読んで、その技術分野の中心になる発明者を把握したりするんですね。僕の場合、両者を行ったり来たりすることが多いですね。なんとなく、と申し上げたのは、技術＝製品ではないので正確ではない部分もあるからです。でも、ちょうどよい特許分類が見つかれば、ある製品に関わっている人たち＝チームを特定することができます。

　特許を見ていくと、関連する特許に同じ発明者の名前がたびたび挙がってきたりしますよね。その人たちは一つのチームなんだろうな、と推測できますね。こういった分析をしていくと、それぞれの製品や技術の開発を、何人ぐらいで、いつから進めているのかが見えてきます。この開発チームは20XX年に開発を開始して20YY年まで継続しているんだな、これは途中で開発をやめて解散したんだな、これは実際製品になって一段落ついたんだな、など、開発の状況が推測できる場合があります。

他にも、開発者が入れ替わっているかどうかや、人数の増減など、開発チームの状況もわかりますね。ある要素技術の開発がうまくいかなかったから、その分野の助っ人を入れたんだなといったことがわかる場合もありますね。

その他、企業のイノベーション動向を評価する上で注目するのは、新規の発明者数です。基本的には、新規の発明者が入ってきているか、発明者数が増加しているかどうかに注目します。順調に増えている場合、入社してきた人や、今まで発明に携わっていなかった人が発明を生み出している可能性が高いんですね。これは、アイデアや発明の提案含め、企業全体での知財活動、つまりイノベーションが活性化している一つの証拠だと僕は捉えています。これに関連して、急速に出願件数を伸ばしている発明者や、特許出願を開始してから5〜10年以内の発明者だけを、別途抽出して分析したりします。「勢いのある発明者」「若手発明者」を見ていくイメージですね。

新規事業のネタ探しや競合他社の開発力を評価する際なども、重要な分析項目として僕は必ず「人と組織」を入れます。目的は何であれ、発明や知財活動を知りたい場合、「発明者」に注目した分析は欠かせないと僕は考えています。やはり技術は「人」ですからね。人を知ることを通じて、企業とその技術を知る。これが僕のスタンスです。特許を読むことで、誰がどういう技術を生み出しているのか、そしてその人はどういう人なのかを知るわけです。

企業のイノベーション活動を可視化するツールに

特許情報を手がかりにして企業の活動を理解したい場合、ここまで説明したように、出願件数のようなマクロ的な分析と、発明者単位のようなミクロ的な分析を組み合わせるのが良いと、僕は思います。

これで、会社の製品や技術開発の状況、つまり「知財活動」の状況を可視化できるんです。ここまでの説明で、特許からそこまでわかるのか！ って思っていただけたら嬉しいです。

もちろん、特許の本文というか特許に書かれている文章を詳細に読み込むことが、最終的には重要になってきます。ほんとにミクロな分析ですね。でも、ここまで説明したような比較的マクロな分析から得られる情報や気づきであっても、「企業内発明塾」での新規事業創出支援や、投資家の方との投資先候補のディスカッションで、すごく役立ちます。

このような分析は、以前はプロにしかできない仕事でした。分析ソフトも、本格的なものは年間数十万から100万円以上するようなものばかりでした。今はいろいろな安価なソフトや無料のツールが出ているので、皆さんも特許を手軽に調べられます。特許出願数と特許分類、発明者と特許出願数など、数字を中心にした表やグラフを眺めるだけでも、いろいろなことが見えてきますから、ぜひ試してみてほしいですね。

04

読みづらい特許情報も、「読み方」を身につけることで、その本質が……

▼

▎ノーベル賞受賞の吉野彰先生曰く、「特許は……」

特許出願件数などを統計処理して作成した表から、企業の技術開発活動やイノベーションの状況がなんとなく見えてくることは、おわかりいただけたでしょう。さらに詳しく知りたい場合、いよいよ特許の中身というか、書いてある内容を読んでいくことになります。読んでみるとわかりますが、慣れていないと結構読みづらいと思います。

普段から特許を読んでいる技術者や新規事業部門の方でも、多分ほとんどの人が「難しいなあ」と思っているでしょうね。だから投資家の皆さんは、もっとそのように感じると思います。でも、皆さんが悪いわけではありません。実は、特許が読みづらいのには、ちゃんとした理由があるんです。

これについては、旭化成の吉野彰先生が2019年にノーベル化学賞を受賞されたときのコメントが非常に参考になるので紹介します。僕のお気に入りのコメントです。

「企業の研究者は『論文』ではなく、まず『特許』で結果を出しますからね。今回の受賞で私が一番自慢したいところなんだけど、選考委員会は『吉野が1985年に発明した』といっている。でも証拠はなんだと言われたら、いわゆる学術雑誌に出るような論文はないわけ。しかも特許というのは、できるだけ中身がわからんように書くのがコツでね。普通の人だったら全然わからないんです」(「朝日新聞デジタル2019年12月10日掲載記事」より引用)

　これは、インタビュアーの「大学などアカデミアでの研究ではなく、企業での研究が受賞する例は少ないですね」という問いかけへの返答なんですね。
　吉野先生は、企業の研究者は、論文ではなくまず特許を出す、とおっしゃっています。
　このときはどうやら、同一内容の論文を、少なくともすぐには出さなかったんでしょうね。だから、自分が1985年に発明した証拠になるような論文はない、と語っています。
　さらにこの後のコメントでは、企業の研究者はアカデミックな研究はできないから、一流の論文誌に論文を出すようなことはできなかった、それにもかかわらず「特許というわかりにくい文献」で、自分が最初の発明者であると認めてもらえたことを嬉しく思っている、とお話しされています。
　僕も企業の技術者でしたので、論文がないにもかかわらずノーベル賞を受賞したということが、どれ

だけすごいことで、どれだけ企業の研究者・技術者の励みになるものか、すごくよくわかります。

大事なのは、ここからです。この記事を読んだとき、僕は「あー、吉野先生、本当のこと言っちゃったよ」と、大笑いしてしまいました。

だって、堂々と「特許は、できるだけ中身がわからんように書くもの」だとおっしゃっているんですよ。いろんな意味で、やっぱり吉野先生はすごい人だなと思いました（笑）。

そう、実は特許が読みづらいのは、特許は「わざと」わかりにくく書いているから、なんですよね。意外でしたか？

権利になるか不明だから、
情報は出したくない

じゃあ、なんでわざとわかりにくくしているのか、という話ですよね。

そもそも特許制度は、公開された発明をもとにさらなる発明を生み出しましょう、という産業振興やイノベーション促進のための制度であって、「権利をあげるから、発明を公開してね」という仕組みだというお話をしましたね。

だけど、どこまで権利がもらえるかは、審査が終了しないとわかりません。まったく権利が取れずに、ムダに情報を公開しただけで終わってしまう可能性も十分あります。

ですので、多くの企業では「できるだけ情報を出さずに特許を取る」ように策を講じるんですね。極端な例としては、実験条件の一部を省略したりして、他者が実験しても再現できないようにすることもあります。

　この場合は、専門家が見ても不親切でわかりづらいというか、このままじゃ実現できないよね、という文書になります。

　これに限らず特許においては、本当に実現しようと思ったらもっと詳細な情報が必要だけど、そこまでは書いてない、ということはよくあるんですね。

　つまり、「全部書いていないから」というのが、特許がわかりづらい理由の一つなんです。

　吉野先生がおっしゃっているのは、おそらくこのあたりのことかなと思います。一方、論文は、原則として専門家が追試で再現できないといけないものですから、必要なことは全部書いてあるわけです。

▎「特許」は
▎権利取得のための文書なので……

　特許がわかりにくい理由は、他にもあります。それは「余計なことが書いてあるから」です。

　皆さんが普段目にする特許は、正確には「特許公報」と呼びます。

　特許公報は、特許を取りたいときに特許庁に提出

する「特許出願の書類」がもとになっています。特許出願の書類というのはあくまでも権利申請書であって、実験レポートや論文ではない。従って「この発明をうまく権利化するために、何をどのように表現すればよいか」知恵を絞って作成されます。

　権利化する上で肝になる概念の一つは「進歩性」と呼ばれます。進歩性については、後で説明します。特許出願する際は、この進歩性をうまく主張できるよう、あの手この手で工夫して出願書類を作成します。多くの場合、発明が生まれた経緯や、科学的・客観的事実（だけ）をそのまま書くのではなく、「本当はこれが課題だったのかもしれないけれど、こっちを課題にしたほうが進歩性を主張しやすいよね」などと、権利化しやすいように課題や効果を言い換えたり、付け加えたりします。だからそのまま読んだだけでは、技術者が生み出した本当の発明が見えてこなかったりするんです。

　要するに、「全部書いていない」し「違うことや余計なことが書いてある」のが特許なんですね。相当面倒くさいですよね（笑）。

　特許をうまく読みこなして情報として活用するには、この2つの「読みづらい理由」を理解した上で、特許の読み方をそれなりに勉強する必要があるんですね。

04　読みづらい特許情報も、「読み方」を身につけることで、その本質が……

投資家の方は、おおよそ事実だけが記載されたIR情報を、日頃よく目にされていると思います。IR情報を読み慣れている方にしてみたら、「特許ってウソが書いてあるよね」という感じのようで、実際そう言われることもよくあります。

　でも、特許に書いてあるのは決してウソではないんですね。特許制度において、許されている範囲のことだと、僕は理解しています。だって、自分たちの事業の成否を分ける権利について、国家権力とガチで争って、他社より先に権利を勝ち取りたいわけですから、それなりの工夫と対策と覚悟が必要ですよね(笑)。受験対策と同じようなもんだと、僕は考えています。

　どの企業の知財担当者も、法律で許される範囲内で周到に準備した上で勝負に臨んでいるわけです。特許の権利化は、事業の自由を勝ち取るための戦争ですから、一撃必殺の真剣勝負なんです。そこを理解し、読み解く必要があります。

　いずれにせよ特許は、最初は少し読むのが難しいかもしれませんが、読めると面白いですし、とっても役に立つものです。特許は経営における戦略ツールの一つであって、そこが、事実をできるだけ正確に伝えることを義務付けられているIR情報との違いです。これから特許の読み解き方についてたっぷりお話をしますので、特許の特徴をよく理解した上で、特許から企業の知財活動を読み解いていきましょう。

05

「進歩性」と「知財戦略タイプ」？
この2つが
特許を読み解くカギに！

▼

特許に必要な
「進歩性」とは？

なんだか前置きばっかり話している気がしますが、特許の特徴について、もう少しだけお話しさせてください。特許出願の書類には、権利申請書の側面があると説明しました。そこが、同じように技術について書いている「論文」と、大きく異なるところでしたね。では、特許には「こういうすごい実験データが出ました」と論文のようにデータを載せた上で、「だから権利をください」と権利申請について明快に書いてあるのかというと、そういう場合もありますが、必ずしもそうとも限らない。こう聞くと、ますます面倒くさいですね（笑）。

出願書類を読んで特許になるかどうか判断するのは、AIではなく審査官です。

もちろん審査官は規定に沿って仕事をしていて、過去の発明と比べてどれくらい差があれば権利を与えるのかなど、ちゃんとした審査の基準があります。だけど結局のところ、最終判断はそれぞれの審査官の裁量に任されている部分があります。審査官

109

も人間ですから、審査官をどう説得するかというのが、特許を取る上でとても重要になります。

審査官を納得させるために必ず理解しておかなければならないのが、「進歩性」という考え方です。進歩性とはひと言でいうと「他者が簡単に思いつきそうにないものか」ということですね。どんなに自身が苦労した発明であったとしても、ちょっと頑張ったら他の人でもできるよね、思いつくよね、というものは特許にならないとされています。

だから、「すごい実験結果です」と「こういう権利をください」、との間を上手につなぐロジックを考えることが、特許を取る上で極めて重要なんですね。多くの場合、特許の出願書類には、発想や技術の飛躍など、進歩性があることを主張する何らかの「飛躍の論理」が盛り込まれているんです。

進歩性を決める、
3つの要素とは？

特許庁の元審査官である佐田洋一郎先生から伺った話なのですが、特許になるかどうかは、発明の「目的の意外性」「構成の実現困難性」「効果の顕著性」の3つの要素の足し算で決めるのだそうです。

そして、この3つのうち一つでも当てはまれば、進歩性があると判断されるとのこと。

これは佐田先生の論考『初めて知財を担当する人のための大学知財の基礎入門』(知財ぷりずむ 2008年7月号。経済産業調査会)でも言及されています。また、例

えば化学分野では「効果の顕著性」の比重を高くしているとか、別の分野では普通の人が思いつかないような組み合わせでもって新しいものを成し遂げた人（構成の実現困難性）に重きを置いて特許を与えるというように、3つの要素の中のどれに重きを置くか、分野ごとに暗黙の基準があるそうです。佐田先生にこの話を聞いて初めて、僕は、進歩性について人に説明できるレベルまで理解できました。新規事業を目指す企業の方には、進歩性だけで半日話すこともあるくらい、とても大事な要素ですが「僕の説明を聞いて初めて理解できた」という人がとても多い、少し難しい考え方なんですね。

図7 ▶「進歩性」を決める3つの要素

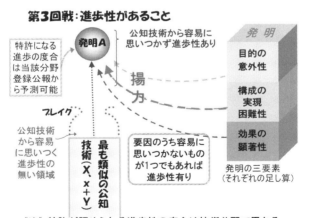

出典：文部科学省HP「初めて知財を担当する人のための大学知財の基礎入門」（財団法人経済産業調査会
　　　知的財産情報センター「知財ぷりずむ」2008年7月号掲載原稿）

特許には、論文やIR情報とは異なる点が多数あるので、特許を読みこなすのはなかなか一筋縄にはいかない部分がありますが、進歩性が理解できると、かなり特許が読みやすくなります。要するに「進歩性」が理解できるかどうかは、特許を読みこなして活用する上で差がつくポイントだということです。

企業の知財戦略には タイプがある

もう一つ、特許を読む上でわかっておいたほうが良いことがあります。それは、その企業がどういう知財戦略を取っているのか、要するに、知財戦略のタイプです。例えば、どういう発明を重点的に特許にするかについては、大きく以下の2つのタイプに分かれます。

一つ目は、技術的にはたいしたことはないけれど、これ意外でしょ、っていうアイデアを特許にしていく会社。もう一つは、他ではできないような高度な技術を特許にしていく会社です。

例えば、オムロンとキーエンス。

それぞれ同じようにセンサーを事業領域にしているメーカーで、両社ともFA（Factory Automation）用のセンサーをつくっています。でも、知財戦略には大きな違いがあります。

特許の出し方で言うと、オムロンは明確に技術的に高度なものを権利化していく戦略、キーエンスは技術的には高度ではないかもしれないけれど、ユー

ザーにとって使いやすい工夫などのアイデアを権利化していく戦略なんですね。

比較すると面白いのですが、特許を出す領域がまったく異なるので、かなり明確にわかります。

まあ、知財戦略というのは、お互いのところをだんだん侵食していくように進化していくものですから、当然キーエンスも、今は技術力を押す特許を出していると思いますし、オムロンもユーザーにとって使いやすい工夫などのアイデアを押す特許を出しているはずです。ただ、少なくとも2000年代前半ぐらいまでの出願を見ると明確な差が出ています。

実はこれには後日談があって、ある時期に僕がこのことを1年間ぐらい、いろいろなセミナーでお話ししていたら、どちらの企業とは言いませんが、その後しばらくして、特許の出し方がなんとなく変わってきたんですね(笑)。僕の発言の影響かどうかはわかりませんが、「意識して変えてきたのかな」という印象を持っています。いいことだと思います。

日本の企業は、まだまだ強くなれます。投資家の方も、気になることがあったら、どんどん指摘してあげるといいと思いますよ。投資先が成長することは、投資家にとってもプラスですからね。

よく知っている企業の特許で 勉強してみよう

ここまでの内容をおさらいしておきましょうか。特許は読みにくい、というのは皆さんが感じてい

らっしゃるとおりなのですが、それはなぜだったか。それは、審査官に権利を認めてもらえるよう、進歩性を主張できるような論理で書いているからなんですよね。

　特許は論文とは違って、純粋な技術文書ではないんです。法律文書の側面があって、しかも権利申請書なんですね。それを審査官が読んで判断し、場合によってはその審査の結果に基づいて企業が内容を修正したりしている。AIが審査するようになったら、もっとシンプルになるのかもしれませんね（笑）。実際、審査のための作業の一部にAIが使われているようなのですが、完全にAIだけでできる時代はもう少し先になるでしょう。

　残念ながら、特許が読みづらい状況に当面大きな変化はないでしょうね。ですので、進歩性と企業ごとの知財戦略の違いを意識しながら、特許を読んだほうがいいと思います。その2つがクリアできれば、一気に読みやすくなります。少なくとも、なるほどそういうのを意識したほうがいいんやな、っていうのをまず知っていただいて、一度ご自身の注目している企業や、よく知っている企業の特許を読んでみていただければと思います。

　次の章では、特許情報から投資先を評価する基準として挙げた4つのポイントを軸に、実際の企業の特許を読んでいきましょう。

　強い特許や、投資したくなる強い企業を見抜く読み方も、具体例でお話ししていきますね。

Chapter **3**

強い企業・強い技術を見抜け！

～特許情報の読み方～

01

投資機会につながる特許とは、競合会社が嫌がるものと考える

▼

「強い特許」とは、どんなもの?

　特許について、投資家の方からよくいただく質問の典型例が、「この特許強いんですか?」「この企業の特許は強いの?」です。

　やはり皆さん「そもそも強い特許ってどういうものなの?」「結局この特許って、強いの? 強くないの?」というところが、まず気になるようです。気持ちは、よくわかります。

　「特許を取っていますので、競争力があります」という説明はよくありますが、聞く側からしたら、それって本当なの? 特許で守れるの? になりますよね。僕もなります(笑)。

　他にも、「この分野の基本特許はどれですか?」「この技術分野の基本特許を持ってるのは、どこの会社ですか?」という質問もよくあります。

　おそらく、基本特許を持っている会社が強いはず、という前提での質問だと思うのですが、これも「弊社はxx技術に関する基本特許を取得しました(だから競争力がある)」という説明が、よくあるからでしょうね。

これも本当なの？ という話ですね。

「強い特許」がどんなものかという話は、知財の専門家の間でも意見がわかれて、いい意味で盛り上がる、普遍的な正解がないものだと思います。分野や企業によっても異なりますし、そもそもどういう特許をどういう戦略で出すのか、特許戦略に関わる部分もあるので、明らかにしたくないという知財部の方もおられます。従って、なかなか直球では答えられない部分があるのですが、紹介した質問への回答を含め「強い特許」に関する僕の意見や見解を、まずお話ししますね。

▌「スリットが入った切り餅」の ▌特許は強いのか？

最初に「この特許は強いのか？」という質問について、考えてみましょう。目の前にある特許が強いのかどうか、どうやって判断するんですか？ ということですね。抽象的な話だとわかりづらいので、具体例として「切り餅」の特許を取りあげて考えてみましょう。

切り餅というと、上下の面に浅い切れ目（スリット）が入っていて、膨らみすぎずきれいに焼ける切り餅がありますよね。

実はこの「スリットが入った切り餅」について、過去にサトウ食品と越後製菓の間で特許訴訟が起きています。身近な商品ですし、結構話題になったので、ご存じかもしれません。今回は、その訴訟で実際に

使われた特許を題材に、僕が強い特許についてどう考えているか、お話しします。

ただ、お話ししたいのは訴訟自体の話ではないので、訴訟での勝敗が最終的にどうなったかは取りあげません。結構長引いたので、この点からだけでも、特許が強いかどうか、それで勝てるかどうか、微妙な世界なんだということがわかるでしょう。興味がある方は、ぜひ調べてみてください。ここでは切り餅の特許について、これが強いのかどうか、どう判断するのかを見ていきましょう。

では、本題です。ここに、図8のような切り餅があります。「上下面に、十字の切り込みを入れた、切り餅」として特許を取得しているとします。さて、この特許は強いのでしょうか？ どう思いますか？

図8▶ この特許は「強い」？ ～「切り餅」の特許で考える（1）

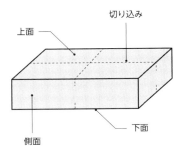

「上下面に、十字の切り込みを入れた、切り餅」
と、請求項に記載されている。
この特許は、強いかどうか？

出典：TechnoProducer

これに対する僕の答えは、実は「これが強いかどうかは判断しにくい」になります。おいおい！ という感じですが、まぁ話を最後まで聞いてください。特許や知財の専門知識がない方でもわかりやすいところから、説明していきますね。

例えば、これが「きれいに割るためのもの」だとします。そういう権利として取得しているなら、それなりに強いかもしれません。

まぁ、十字ではなく、他の形のスリットでは「きれい」に割れないのだろうか……など、細かく言えば突っ込みどころはいろいろあります。餅を割る際の「きれい」の定義によるでしょうか。

もし、「きれい」の定義に「均等（に割れる）」を加えれば、十字の切り込みの特許はもっと強くなるかもしれませんね。

実際、この切り込みについてはサトウ食品が特許を取っているのですが、そこには均等に割るために切れ目が入っているんだ、と記載されています。たしかに均等に割るという面では、十字の切り込みは強いのかもしれません。

十字以外の切り込みで、ある程度小さく均等に分けるのは難しい気がしますよね。

つまり、「この特許に書いてある以外の方法では、目的の達成は難しそう」だということになって、この特許は強そうだ、という結論になるわけです。

図9 ▶ この特許は「強い」？〜「切り餅」の特許で考える（2）

「上下面に、十字の切り込みを入れた、切り餅」
と、請求項に記載されている。
この特許は、強いかどうか？

➡ **目的**（課題）による

例えば、これが
「きれいに割るため」であれば、
それなりに強いかもしれない。
（他の形態で、きれいに割れるようにしてみようとすればわかる）

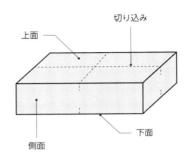

出典：TechnoProducer

　では、この切り込みが「膨らみすぎないように内部の空気が抜けるようにして、きれいな形に焼くためのもの」だとしたら、どうでしょう。皆さんは「強い」と思いますか？

　僕は、これだけでは弱いかなと思います。なぜなら、十字じゃなくても何らかの切り込みを入れさえすれば、空気は抜けていきますよね。他にもいろんな形態が考えられるので、これだけでは弱いんじゃないかな、と思うんですね。十字の切り込み以外の、空気が抜けるような切り込みがすべて網羅できる特許であれば、強いのかもしれません。要するに、商品の売りや強みになる性能や特徴を、「独占」できているかどうかが大事だということですね。僕はこれを「課題の独占」と言っています。ここは、次の事例でもう少し詳しく解説します。

ナガイレーベンの
メディカルウエア特許を読む

もう一つ、こちらも比較的シンプルでわかりやすい例を取りあげますので、一緒に考えてみましょう。

ナガイレーベンという企業があります。同社は、医療用白衣でシェア60％超のダントツ企業です。行き届いたサービスやオリジナリティの高い製品・商品を提供していて、僕は非常に強くて面白い企業だと思っていますが、特許から見たらどうでしょうか。

実際に、ナガイレーベンの白衣の特許（特許5614879）を一つ見てみましょう。特許をすべて読むのは大変なので、請求項1と図面（図10、図11参照）を取りあげます。

ちなみに「請求項」とは、権利の範囲を表している部分だと考えてください。権利について書いているので、やや難解な表現も出てきますが、発明を端的に表現している部分なんですね。

請求項1には、医療、看護、介護用のユニフォーム、とありますね。ちなみにここで出てくる「コースレットベルト」はアパレル用語で、腰あたりにつける装飾用のベルトのことを指します。

【特許5614879「医療、看護、介護用のユニフォーム」の請求項より】

【請求項1】

医療、看護、介護を行う際に着用する医療、看護、介護用ユニフォームにおいて、

前身頃には、着用者の肋骨下部に対応する位置に、携帯電話又はPHSを収納可能とするポケットを固定配置し、

このポケットは、前身頃の表面又は内側にコースレットベルトを配置し、このコースレットベルトの底辺を前身頃に縫着するとともに、

上記コースレットベルトの底辺から上辺にかけて、一対の仕切り部を、携帯電話又はPHSの挿入間隔を介して前身頃に縫着することにより形成し、この一対の仕切り部の間隔において、コースレットベルトの上辺と前身頃の表面との間を開口部とし、この開口部と、上記一対の仕切り部及び底辺により形成した

ことを特徴とする医療、看護、介護用ユニフォーム。

図10 ▶ 左：従来、右：発明 ～ポケットの位置を変更

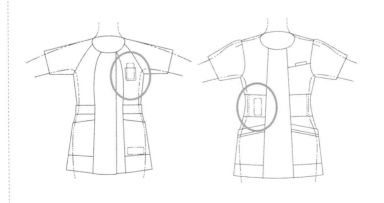

出典：特許5614879の図を基に作成

請求項1をよく見ると、途中で改行が入っていますね。改行ごとに、一つの技術要素になっていると考えてください。

ここでは、わかりやすくするために僕が勝手に区切っているのですが、このように、発明を構成する技術要素、いわゆる「構成要素」（構成要件）ごとに改行し、区切って書くのが最近では一般的になっています。

特に発明が多くの要素からできている場合、全部つながって書かれていると、どこまでが一つの要素なのかわかりづらいですよね。書くほうも読むほうも、このほうがわかりやすいんです。

図11▶ 左：従来、右：発明 〜前かがみでもポケットから携帯電話が落ちない

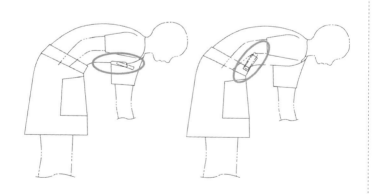

出典：特許5614879の図を基に作成

「ケータイが落ちないポケット」は
特許で守られている？

　図11では、左側の白衣が、従来のオーソドックスなものですね。この胸ポケットのところに携帯電話などを入れていたわけですが、前かがみになったときに落ちやすいんです。

　図11の右側は、ナガイレーベンが発明した白衣の説明です。腰のあたりの、コースレットベルトと呼ばれる帯みたいなところにポケットをつけています。このポケットであれば、携帯電話を入れていても、前かがみになったときに落ちないわけです。

　この図を見たときに「これは賢いな」と思いました。僕も昔、胸ポケットに携帯電話を入れていて落としたことがあります。そのときは味噌汁の鍋に落としたので、使えなくなっちゃいました。トイレに落とした人もいるかもしれませんね。このポケットならそういうことは起きませんね。

　でも、これだったら他にもいろんなやり方があるんじゃない？　とも思えますよね。皆さんはどう思いますか？

　工夫としてはすごくいいし、商品としての実用性も高いし、ニーズがあるからこの白衣とそれを考えたナガイレーベンは隅々まで配慮が行き届いていると思います。白衣にここまでの心配りがある企業って、なかなかないでしょう。そこがナガイレーベンの強みで、細部まで行き届いている上にデザイン的に

もセンスがあって、現場の看護師さんが、病院でこういうのを着て仕事したいな、と思うところに価値があるんですね。

でも僕は、特許として、つまり、権利としてはちょっと弱いんとちゃうかな、という気がしました。あくまで特許上の話です。

回避策を考えてみると 「強い特許」かどうかわかる

弱そうな気がするから弱い、では説明になりませんね（笑）。では、その「弱そうな気がする」を裏付けるには、どうしたらいいでしょうか。

例えば、実際にこの特許が回避できるかを考えてみるんですね。別に腰じゃなくてもいいんじゃない？ とか、コースレットベルトじゃなくてもいいんじゃない？ とか、何か他のやり方、ポケットを深くしたらいいんじゃないか？ とか、いろいろ考えてみたらいいんです。

多くの優れた技術者は、実際に回避策をそうやって考えています。

投資家の方も、投資先が「強い特許」を持っているかどうか気になるのであれば、こういうふうに考えてみるとよいと思います。

「考えるのが面倒くさいな」って思われた方もいるかもしれません。実は特許出願の際、この回避策を考える作業のヒントになる情報を審査官が集めてくれています。

審査官は過去の類似の特許（引用特許）を探してき
て、「あなたとしては初めて考えたのかもしれないけ
ど、世の中には部分的に似たようなものを考えてい
る人もいるから、新しいとは言えないかもね、もう少
し詳しく説明してください」って、知らせてくれます。

　これは、拒絶理由通知と呼ばれます。
　その辺の審査のやり取りを全部読み解くのが、特
許の強さを理解する上で本当は一番いい方法なので
すが、さすがにそれは大変です。なので、審査官が類
似の発明としてあげてくれた特許（引用特許）を読んで
みると良いでしょう。似たような発明をヒントにす
れば、いろいろな回避策が思いつくかもしれないか
らです。
　引用特許は、Google Patentsでは「info」の「Patent
Citations」をクリックすると見られます。Citationを日
本語に訳すと「引用」です。

類似の特許からも
「強い特許」かどうかわかる

　引用特許をいくつか読んでみると、役立ちそうな
アイデアを書いた特許が存在しました。
　田中加代子さんという個人の方が出した、白衣で
はなく作業着みたいなものについての特許です（特開
2010-216025）。ナガイレーベンの特許にある白衣と同
様に、ポケットに入れたものを落ちにくくする工夫
がされています。

ポケットはナガイレーベンのものと同じような場所についており、そのポケットの向きを「斜め」にしておけばよいと書かれていました。

斜めに付いたポケットって、多分これまでにあるよな、と僕は思ったんですけど、そこはちょっと置いといて、「落ちないように」という発想で田中加代子さんが「ポケットを斜めにする」という回避策のヒントをくれているわけです。

他にもいろいろな特許を見た後、僕の判断としては「回避できる余地が結構ありそうだな」ということになりました。同時に、ナガイレーベンの特許を一つだけ見て、それが「強い特許」かどうかを判断するのは、やはり難しいなと思いました。

特許に不慣れな方が誤解するといけないので付け加えておくと、ナガイレーベンは白衣についての特許を他にもいくつか出しています。だから、それによって関連アイデアが広く網羅され保護されている可能性もあります。

特許は一件じゃなくて、関連特許も併せて「特許網」として分析しないといけないんですね。

一件が「強い特許」ではなく、束になって「強い特許」になる。

僕はそう考えています。毛利元就の「三本の矢」の話みたいなイメージです。でもまぁ、そこまでいくとちょっと複雑な話になってくるので、ここでは省略します。

「強い特許」は
「他ではできない」を生み出す

　ここまでの内容を一旦まとめておきましょう。

　先に挙げた例のように、同じ「目的」「機能」「効果」を達成できる他の手段が簡単に見つかれば、単体で強い特許だとは考えにくいんですね。

　回避策が考えつくようなら、その特許は弱い可能性があります。

　もちろん、その回避策について別の企業が特許を取っているなど、回避策はあっても実現が容易でない場合もありますが、話がややこしくなるのでそこは深入りしないでおきます。

　「強い特許」の定義は、ものすごく簡単に言うと「競合が嫌がる特許」なんですね。では、競合が嫌がる、とはどういうことか。

　ある目的を達成するのに「この方法しかない」というのは、実はあまりないんです。だいたい、他の方法でもできてしまいます。

　でも、その特許を回避して同じ目的や機能を達成しようとしたとき、すごく面倒で高コストなことをしないとできない、実現が難しいしつくっても儲からない、みたいなのが、現実的な意味での回避が困難な特許で、競合が嫌がる特許、つまり、強い特許ですね。

　ちなみに、サトウ食品の切り餅の特許もナガイ

レーベンの白衣のポケットの特許も、すごくシンプルな事例でした。

　皆さんにとってわかりやすいように、ということもあるのですが、実は、技術的に複雑でないもののほうが特許になったら強いということもあるので、あえてシンプルなものの事例を取りあげたんです。第1章でご紹介したSonosのスマートスピーカーの特許なんかも、まさにその例ですね。

　だから「特許の強さ」と「技術の強さ（高度さ・複雑さ）」も、切り離して考えないといけないんですね。

　複雑な技術は、技術自体は模倣が難しいかもしれないんですが、それをそのまま特許にした場合、回避策を検討する余地が多くなりがちなんですね。

　これも少し難しい話になりますので、今回は深入りしません。

　特許の世界は奥が深いんです。

02

把握するべきは
「基本特許」と「周辺特許」。
その意味と競争力の関係

▼

技術の話と特許の話は、
分けて考える

次に、もう一つよくいただく質問の「基本特許」に関するお話をしましょう。「この分野の基本特許(を持っている企業)を知りたい」とか「基本特許を持っていれば強いのでしょうか」という質問をされることが、非常によくあります。

これについての僕の解答と、基本特許と周辺特許、競争力や競争優位を維持するための特許戦略、に関するお話を少ししますね。上場企業を中心に、ある程度の規模の企業を想定したものになりますので、その点はご注意ください。

そもそも「基本特許」ってなんでしょうか?

こういう質問を受けると僕はだいたい、先行技術(先行例/前例)がない、まったく新しい発明に関するもので、ある特定の技術や製品を実現するために使わざるをえない特許のことですよ、とお伝えします。でもまぁ、投資家の方からすると、そう言われてもピンとこないですよね。

不正確を承知でめちゃくちゃわかりやすくいうと、基本特許とは「この技術分野でなんかやろうと思ったら、必ず引っかかっちゃう特許」だということです。こう言うと、知財業界の「言葉にうるさい（失礼！）」方々からは苦情がたくさんきそうですが、それに負けず（笑）、できるだけわかりやすく解説しますね。

「基本特許は、必ず引っかかっちゃう特許」とか言われちゃうと、基本特許がどれか、とか、誰が持っているのかすごく気になりますよね。実際、自分が投資しようとしている企業が主力製品の基本特許を持っているのか、皆さん知りたいみたいです。基本特許を投資の材料にしたい方々から、僕のところに「基本特許」についていろんな質問がきます。

もっというと、特許についてほとんど知識がない人でも、企業の方が「うちの会社はXXX技術の基本特許を取りました！」なんて言っているのを聞くと、なんとなく「強そう」「無敵」「無双」だと思うようです。でも、多くの産業や製品分野において「基本特許（だけ）を持っていても、実は競争力にはあまり寄与しない可能性が高い」というのが僕の結論です。実際のところ、投資という観点からは、基本特許を知ること自体にはあまり意味がない場合が多いといえるんです。

ただし、例えば化合物など、物質に関する基本特許は強いとされています。ですので、バイオや製薬といった業界は例外になります。

02

把握するべきは「基本特許」と「周辺特許」。その意味と競争力の関係

それ以外の機械とか電機とか特許がごまんと出ている業界に関しては、基本特許がどれかとか、誰が持っているか、は少なくとも投資においてはあまり重要でない場合が多いんですね。

　企業のHPに「○○の基本特許を取りました」と書いていることって、結構ありますよね。でも、それ一つ取得しているだけだったら、ちょっと要注意かなと思っておいてください。

　特許に詳しくない方であれば、勘違いしたり、騙されたりしないためにも、「基本特許って言ってるけど、所詮は一件の特許に過ぎない」くらいの認識を持つほうが良いかもしれません。もちろん「基本特許が取れるぐらい技術開発や研究開発で圧倒的に先行している」という可能性はありますので、ここは評価できると思います。でもこれは、権利としての特許の話ではないので、今回は割愛します。

　繰り返しですが、技術の話と特許の話は、分けて考える必要があるんですね。ちょっとくどいかもしれませんが、両者をごちゃ混ぜにして議論する方が非常に多いので、念押ししておきます。

基本特許と改良特許、切り餅で考えてみよう

　では、なぜ基本特許だけでは競争力に寄与しない可能性が高いのか。先ほどと同じ「切り餅」を例にして考えてみましょう。

　実は、特許を出したことがある技術者でも、基本

特許を取得すればその範囲では特許侵害が起こらない、自社が自由に事業をして市場を独占できる、と思っている人が結構多いんですよね。

セミナーで「基本特許」「改良特許」「周辺特許」「強い特許」に関するお話をすると、必ず出る質問の一つに「でも楠浦さん、うちではこの分野に関する基本特許を持っていまして、これを持っていれば、うちは自由に事業ができますよね、市場が独占できますよね」というのがあります。

その回答の際によく出す例が「切り餅」です。どこの企業の話ということではなく、単に例として考えてみてください。

「スリット（切れ目）が入った切り餅」という、すごく抽象的で、権利範囲が広そうな特許があるとしましょう。餅の表面に「スリット」をうまいこと入れると、割りやすいし、きれいに焼ける、そんなことから思いついたんでしょう。それまではスリットがなかった餅が一般的だったので、新しい発想の発明として特許が取れました。

このとき、特許を取得した企業は「スリットが入った餅の特許を取ったから、他社は真似できない。スリット入りの餅は弊社の独占で自分たちはいろんなスリットが入った餅をつくりたい放題だ」と言っているとしましょう。

これは正しいんでしょうか？　一見それっぽいことについて、徹底的に疑う。これが投資をする際の基

本スタンスだといわれますね。「基本特許」を持っているから何でもできるんだ。そう堂々といわれたらそんな感じがして納得してしまいそうですが、実はこれは間違いなんです。

基本特許だけでは
無意味な理由

そもそも、特許を取った、特許を持っている、というのは何を意味するんでしょう。

それは、その特許の範囲内では他社は真似できないということです。他社はスリットの入った切り餅はつくれないよね、ということで、実はここまでは正しいんです。なんや正しいんやんけ！というツッコミは、ちょっと置いといてください（笑）。今から、特許について、知られているようで知られていない、理解されているようで正確に理解されていない、すごく重要なことをお話しします。

実は、ある企業が特許（基本特許）を持っていても、他社はその「改良特許」を「いくらでも」取れるんですね。そんなん当たり前やん、と思った方は、よく勉強されている方です。ピンとこない方もいらっしゃると思うので、具体例で説明しますね。

例えば、「スリットの入った切り餅」の特許が存在していたとして、その改良特許として、「側面にだけスリットの入った切り餅」「スリットを2本以上入れた切り餅」「スリットの深さを、aミクロンからbミクロンにしたスリット入り切り餅」のような、特定の限

定を加えた特許を取得できる可能性があります。他にも星形のスリットとか、アニメキャラ形のスリットを入れるとか、いろいろな可能性があります。

もちろん「進歩性があるか？」など条件はありますが、いろいろ改良した発明の権利が取れる可能性が高いんですね。

ちょっと極端な例ですが、ここで自社が、基本特許を持っているけれども、それを発展させ改良した特許（改良特許または周辺特許）を一切持っていない場合を考えてみましょう。この状態で、自社が基本特許に基づいた製品を事業化したとすると、どうなるでしょうか？

例えば、基本特許を取得した時点では想定していなかった、改良商品や派生商品をつくりたいと後に思っても、もし他社がその時点でスリットの入った切り餅に関する周辺特許を多数持っていたら、それが障害となって改良商品や派生商品が事業化できない、ってことがあり得るわけです。

実際のところ、多くの企業は基本特許だけでなく改良特許や周辺特許もしっかり取得するので、製品や事業について基本特許しか取ってないケースはほとんどありません。

しかしそれでも、他社が改良特許や周辺特許を取得することを完全に防ぐのは難しいんです。だからそもそも「基本特許」に限らず「"自社製品について"特許を取っているから安心」というのは、いろいろな

意味で間違いなんですね。ということで、少なくとも基本特許だけでは、強いとか十分とか言うことは、できないわけです。だから、基本特許にやたらとこだわるのは意味がないですし、それだけで強いと判断することもありえないんです。

この「基本特許を持っていれば強い」は、僕の経験上、知財初心者にありがちな誤解トップ5に入っています。皆さんもご注意ください。

企業としては、基本特許があるから強いんだと言いたいわけではなく、ただ単に「（技術開発などで他者に先んじているので）基本特許が取れました」と報告しているだけなんです。でも、投資家のほうが勉強不足で変に誤解してしまうと、お互い不幸になります。

▍改良特許・周辺特許まで コツコツ取っていく

基本特許だけではなく、改良特許や周辺特許をたくさん押さえていることが重要だというのは、実は多くの方にとって当たり前の結論でしょう。「特許は結局、数」だとよく言われますしね。

例えば、「こんなの実際にはつくらないでしょう」みたいな発明が書いてある特許を、大量に目にすることがありますよね。それは、ここまで紹介したような「戦略」の一環として出ている可能性が高いんです。

要するに、基本特許だけでは勝負は決まらない。一見くだらないと思われるようなちょっとした工夫や技術の改良に関するものを含め、改良特許や周辺

特許を関係者（関係企業）が互いに持ち合っているのが通常なんですね。

そうなると、事業をしようとすれば誰かの特許を侵害してしまう可能性が絶対に残る。すべての特許を調べきれないですし、調べられたとしても、すべての特許を避けて製品をつくるのは難しいでしょう。

ある程度の数の特許を持つことによって「オタクうちの特許を踏んで（侵害して）ますよね」と他社から訴えられたとしても、「オタクもうちの特許を踏んでいますよね」みたいに対抗できる可能性を残すんです。

多くの企業はそういうことを、世の中に製品が出るはるか以前から、コツコツやっているんです。ちょっと地味に感じるかもしれませんが、これもまた特許活動であり、戦略的な知財活動なんですね。

別の見方をすると、基本特許を取られたら終わりというわけではなく、コツコツ周辺特許を取っていくと、競争力というか勝負できる武器をつくっていけるということでもあります。

基本特許に対抗できる「武器」を育てていくイメージですね。

実際、あるセラミックメーカーについての特許分析から、基本特許を取られた後であっても、コツコツと大量の「周辺特許」を取ることで、先行他社の基本特許の影響をかわして市場参入できる、ということがわかっています。

後発参入、2番手戦略ですね。基本特許を持っていても安心はできない。勝負は常に「相手」があることなので、「相手に勝てているか」が大事なんですね。

　こう言ってしまうと、じゃあ、やっぱり特許は実際のところ基本特許じゃなくて件数勝負なのか、件数以外の指標を評価しても意味がないのか、と思う方がいるかもしれません。
　ここまでのお話は、あくまでも「基本特許があるからといって安心はできない」ということで、件数が少なければダメ、基本特許を読んでもムダということではありません。
　たくさんの特許を出願する資金のないスタートアップなどは、基本特許かそれに近いものを中心に、武器になる選りすぐりの特許を取得して勝負に挑んでいることが多いですし、少ない特許で戦う戦略もあります。
　実際そうしている企業を僕は知っていますし、それできちんと世界で勝てるよう、弊社で出資や支援をしている例もあります。
　特許件数が少ない企業の評価方法は、後ほど改めてお話ししますね。

03

重要特許を
すばやく見つけるには、
「分割出願」と「国際出願」に注目

▼

幅広い領域から
読むべき特許を見つけるのは大変

特許を早く読んでみたい方、お待たせしておりま
す。この後、いよいよ皆さんと一緒に特許を読んで
いきたいのですが、その前に、読むべき重要な特許
を見つける方法をお話しします。

前置きばっかりですが、前置きはこれが最後にな
ります(笑)。

投資先や投資先候補の企業の活動を特許から知り
たい場合、特に大企業では、対象になる特許はそれ
なりに多くなるでしょう。また、化学や素材のメー
カーは機械や電機に比べて、対象になる技術・事業
領域が広くなることが多いんですね。件数が多くな
くても、幅広い事業や技術領域の中から注目すべき
重要な特許を探し出すのは、なかなか大変な作業で
す。それに業界や企業ごとに特許戦略は異なります
ので、画一的な分析方法では「解像度」の点で限界が
あります。

幸いにも僕は、これまで16年以上、委託調査や自

139

らの発明のために、数万件の特許を査読し調査して
きています。

　その中で、重要な特許を素早く見つけるために、
まずはこういう特許に注目して読み始めましょう、
という、自分なりの方法ができ上がっています。
　今回はその中から、「これは読むべき！」という特
許を「一瞬で」見つける方法を、いくつかご紹介し
ます。

特許の分割出願とは何か？ なぜ特許を分割するのか

　一つ目は、重要な特許を探し出す上で、僕が最も
注目する「分割出願」のお話です。
　分割出願は、一つの特許を多数の特許に増やすこ
とができる、重要な技術や製品を上手にかつ徹底的
に守りたい人にとって魔法の制度です。知財の正式
な用語では「出願の分割」と呼びます。僕の場合、ま
ずはこれに注目することが多いですね。

　分割出願を行う目的はいろいろあります。
　例えば、特許をどんどん分けて増やしていくこと
によって、トータルとして権利の範囲を広げる人た
ちがいます。僕がセミナーでよく取りあげる３Ｍや
花王は、その典型ですね。
　投資家に人気の文具メーカーのパイロットの「こ
すると消えるボールペン」なんかも、関連特許には分

割出願が多用されていて、それを読むとワクワクします（笑）。

　こういう人たちは、この部分はどうしても権利にしたい、あの部分もどうしても権利にしたいと、どんどん分割して出願していく。これも特許戦略です。それだけ、絶対に権利化したい「何か」があるわけなんです。

　どうしても権利化したい理由は「その事業（技術・発明）を守りたい」からであり、守りたい理由は「その事業（技術・発明）は儲かる」からですよね。普通に考えれば、だいたいそういう結論になります。

　もう少し丁寧に言うと、「その企業にとって重要」で「他社がやりたがる（やられると困る）」発明や技術が含まれているから、分割出願が行われているのだ、と考えられますよね。

　だから僕は、発明塾で注目すべき特許を探す際、まず分割特許に注目しましょう！　といつも言っています。分割出願は知財や特許初心者から見ても、非常にわかりやすい指標なんですね。

分割出願を見れば、コア技術や競争力の源泉が！

　分割出願されている特許を一つ見てみましょう。ここでは、レオン自動機の特許（特開2017-018128）を取りあげます。

　レオン自動機は、あんパンや中華饅頭など生地で

具材を包み込む工程を自動化した「包あん機」やパンの自動成形機を主力商品とする、食品加工機械のダントツ企業です。

　図12はGoogle Patentsで特開2017-018128を表示した画面の一部を示しています。「Worldwide applications」と記載されている箇所を見てください。「US」「JP」などと記載されていますよね。

　これは、一つの発明に対し「アメリカ」「日本」でそれぞれ特許出願があることを表しています。図には「US」「JP」が複数回出てきますよね。これが分割出願です。

　この特許では、一つの出願が、日本では3つ、アメリカでは2つに分かれたわけです。

図12 ▶「レオン自動機」の分割出願 〜かなり「力が入っている」印象を受けた

出典：Google Patents（特開2017-018128）

分割出願された特許に注目して読んでいくと、その企業が何を重要と考えているか、コア技術、競争力の源泉が見えてくるんです。

　これは実際に、調査した上で多くの企業にヒアリングした結果からわかっていることです。机上の調査だけでなく、ちゃんとヒアリングなどによって裏が取れている方法なので、僕は分割出願をとても重視しているんです。

　レオン自動機については、後で別の角度からお話しします。まずは分割出願に注目することと、分割出願かどうかの確認方法をしっかり覚えておいてください。

▎国際出願の 「固め出し」特許は要注目

　さらに注目したいのが、国際出願している特許です。しかも、ある発明について国際出願が同時にいくつも始まっている、となるとそれはもう要注目です。僕はそれを「固め出し」と言っています。

　国際出願には「WO」という頭文字が付きます。例えば、先ほどの図12のレオン自動機の特許では、「WO」は1回出てきていますね。国際出願が1件ある、ということです。

　出願の順序としては、日本で出願してから国際出願に持っていって、諸外国に出願するというのが基本的なパターンです。ただ最近は、特に重要な特許

については最初に国際出願をして、日本を含む世界各国に展開していくパターンを取る企業が増えています。

それぞれメリットがありますが、どちらにしても、国際出願されている特許には、何らかの意図があるわけです。

国際出願は世界的な大企業なら割と当たり前のことなので、そこまで重視する必要はないのかもしれません。

しかし、規模の大きくない企業が国際出願をしていて、しかも何件も「固め出し」で出願している、もしくは急に「固め出し」を始めた、というのは絶対に要注目ですね。何か準備をしているのではないか、事業を本格化してくるのではないか、などいろいろ考えられます。

まずは国際出願しているかどうかを見てから、じゃあその特許に書かれているのはどんな発明なのか、それはその企業や事業の競争力になるのかならないのか、というふうに読んでいただくと効率が良いと思います。

日本企業が国際出願している場合、大抵「日本語」で出願されていますので、重要な特許を日本語でチェックできるわけです。便利ですよね。

あくまで一般論になりますが、日本の製造業の企業の中には、特許や知財まで手が回らないというと

ころが、まだまだ多数あります。

　特許や知財って、真面目にやると結構お金がかかりますから、仕方ありません。でも、それにもかかわらず国際出願しているとしたら、よっぽど重要な特許だということですよね。

　特に中小規模の会社であれば、社運を懸けている、というのは言い過ぎかもしれませんが、かなり気合入っているんだな、と理解してぜひ読んでもらいたいんです。

▌「固め出し」と「連番特許」が意味するもの

　ここで一つ、非常にわかりやすく「固め出し」された特許群（特許ポートフォリオ）の事例を見てみましょう。

　以下は、ハーモニック・ドライブ・システムズという企業の特許群を示すリストです。念のため、特許（特許公報）の番号だけでなく「発明の名称」も記載しておきます。

　同社は、産業用ロボットに使用される精密減速機で非常に高いシェアを占めている企業ですね。

※ 正確には、特許が公開された時点のものなので「公開特許公報」と呼びます

特開2016-023742 デュアルタイプの波動歯車装置
特開2016-023743 デュアルタイプの波動歯車装置
特開2016-023744 デュアルタイプの波動歯車装置
特開2016-023745 デュアルタイプの波動歯車装置

特開2016-023746 デュアルタイプの波動歯車装置
特開2016-023747 デュアルタイプの波動歯車装置

　注目したいのは、リストアップした特許の番号が、023742、023743、023744、023745、023746、023747と連番になっている点です。

　これ実は、同じ日に、同時に出願したものです。同じ日に出したとしても、別の企業の出願が間に入る場合があるので連番にならない場合もあります。これは連番なので、6件同時に出していますね。

　このような連番の特許というのは、内容が非常に似たものである場合が多いんですね。どこが違うか、よく読まないとわからない場合もあるぐらいです。なぜそのような僅かな違いしかないような特許をたくさん出すかというと、やはり、その領域でよほど権利が取りたいからです。絶対に他社に真似されたくない、もしくは、自分たちが絶対に先に取りたい何かがあるということです。

　要するに「独占したい何か」があるわけですね。連番特許は、「この発明について、強固で、手堅い特許ポートフォリオを絶対につくりたい」「それで市場を独占したい」という戦略と強い意志の表れなんです。

　もう一つ、別の例を見てみましょう。THKという企業の特許を取りあげます。

　THKはLMガイド（リニア・モーション・ガイド）などの、

工作機械や半導体製造装置で使う部品をつくっている企業です。

特開2017-129519 運動案内装置の荷重計測システム及び荷重計測方法、並びに運動案内装置の寿命算出方法

特開2017-181483 転がり案内装置の状態診断方法

特開2018-035929 異物検出装置、及びリニアガイド

特開2018-040768 故障検出用センサ付きアクチュエータ及びアクチュエータの故障検出方法

特開2018-053938 異物除去装置、及びリニアガイド

特開2018-084426 転がり案内装置の状態診断システム

特開2018-109538 運動案内装置の寿命診断装置、方法、プログラムおよびシステム

番号を見ると、連番ではないんですね。

でも、特許を読んでいくと、内容がかなり似たものなんです。

また、特許のタイトル（発明の名称）に注目すると、例えば「異物」というワードを含むものが比較的近い番号で出願されています。他の特許のタイトルにある「状態診断」とか「故障検出」「寿命診断」なんかも、キーワードとしては近いですよね。

こんな感じで見ていくと、細かいところはさてお

き、どうやら彼らはリニアガイドの寿命診断に関して、かなり力を入れているんじゃないかな、という仮説がたちますね。

では、ほんとにそうなのか、そうだとしたら、それはなぜなんだろう、というふうに考察しながら特許をさらに詳細に読んでいただくとよいと思います。「仮説─検証」ですね。

「数パターン」の特許分析で、まず仮説を出す

ここまでお話ししたように、重要特許を探したい場合、特許をざっと見て「分割出願」「国際出願」「固め出し」に、まず注目しましょう。

うまくいけば、企業が注力している技術や事業領域が一発で見抜けるかもしれませんので、「分割出願」「国際出願」「固め出し」の特許があれば優先して読んでください。

読んでいけば、「ここを守りたいんじゃないか」「こういう技術を開発しているんじゃないか」「将来こういう製品をつくるんじゃないか」など、「仮説」がいくつか見えてくるはずです。

仮説が見えてくれば、次はそれを検証(確認)していけばいいんです。

投資家の方は、IR担当者にヒアリングできるならヒアリングしてもよいでしょう。ヒアリングの前にこれぐらい準備しておけば、かなり突っ込んだ質問ができたり、言われたことがその場でより深く理解

できたりします。

　結果として、他の人が得ていない情報が得られる可能性が高いんですね。

　これは、実際に僕がやり取りしているアナリストの方も「特許を読んでいくと話がよく理解できる」「なかなか聞けないような深い話が聞ける」とはっきりおっしゃっているので、間違いないと思います。

　特許分析の観点って実は基本の部分は、企業名（出願人）発明者、IPCやCPC（特許分類）などを含む発明の内容、出願日の4つなんですね。

　あとはこの4つを、どういう順番で、どう見ていくかに尽きるんですよね。突き詰めると、特許分析の方法は数通りのパターンに帰着します。そう考えると、そんなに難しくないんですね。

　ですから、まず何が知りたいかという「目的」を明確にする。その目的にあった分析を行って、「仮説」を出す。その仮説を、特許分析やヒアリングで検証する。

　そうすれば例えば、ある企業がこれから何をしようとしているのか、今後注力するであろう領域がどこか、などを読み解くことができます。

04

「技術内容＝真の強み」を理解する
〜朝日インテックの事例から……

▼

▌請求項を読む前に、「要約」で土地勘を

　ここでは、技術の具体的な内容を理解する方法を取りあげましょう。企業の保有しているコア技術はおおよそ知っているけれど、具体的にそれのどこが「真の強み」なのかわからないという人も多いですよね。

　なので、コア技術の具体的な内容を理解するための読み方についてお話しします。

　特許は「何を目的とするか」で読み方が変わってきます。例えば企業のコア技術を具体的に把握したい場合、最終的に読むべき箇所は「請求項」です。請求項には権利の範囲が書かれています。

　そういわれても、おそらく多くの人にとっては「権利の範囲ってなんやねん！」という感じでしょうか（笑）。もっとわかりやすく言うと、要するに請求項には「自分たちの技術（発明）について特に守りたい部分」が書いてあるんですね。だから最終的にはそこを読むべきなんです。

　ただ、請求項をいきなり読むと「これなんの暗号な

ん？」と思うくらい、ちんぷんかんぷんに感じる人が多いでしょうね。請求項は、別にわかりにくく書いているわけではないんです(笑)。

請求項は権利を定める部分なので、この部分は法律文書なんですね。法律文書ってだいたいどれも読みにくくてわかりにくいのですが、特許の請求項もご多分に漏れずわかりにくいものです。

特許には技術文書と法律文書の両方の側面があるので、仕方ありません。書くほうも大変ですが読むほうも大変です。

その企業の技術についてあまり詳しくなければ、例えば日本の特許の場合、まずは「要約」の部分を読んで、大まかな内容を把握することをオススメします。

ただしその要約も、本質的な部分がよくわからないものになっている場合もあるんですね(笑)。「おい！どーすればえーねん！」という感じです。要約を読んでみて「よーわからんなー」というときは、関連特許の要約も読んでみる。いくつか続けて読むと、なんとなくこういうことをやりたいんだなっていうのが見えてきます。

わかるところから読んでいって、徐々に知識をつけていくのも一つのやり方ですね。

要約には、「解決したい課題」と、「解決手段」が分けて書いてありますが、要約に限らず特許を読むと

きは、常にこの「解決したい課題」と「解決手段」を意識しながら読むと良いでしょう。

つまり、この特許に書かれているのは何の課題に対する発明で、その課題をどうやって解決しようとしているものなのか、この2つに注目するんですね。

特に、まず「課題」に注目します。

発明塾では「発明の価値は課題で決まる」といつも言っています。その後に、解決手段ですね。解決手段については「課題の独占」ができているか、これが大事でしたね。

普通は、何か課題があったとして、それを解決する手段はいくつかあるはずですよね。だから、ある課題に対して複数の特許が出ていてもおかしくないんですね。

もちろん、一つの特許にいろいろな解決手段が盛り込まれている場合もあります。

まぁ、細かい理屈は抜きにして、実際に一つ読んでみますね。

朝日インテックの カテーテルを調べてみる

では、朝日インテックという医療機器のダントツ企業の特許を取りあげましょう。同社はカテーテル用ガイドワイヤで世界ナンバーワンの企業です。まずは朝日インテックのカテーテルの特許を、調べて

読んでみましょう。

　カテーテルやガイドワイヤについて詳しくない方は、カテーテルとは血管の中に入れて血管の詰まりを広げる手術などに使うものすごく細い管で、それを血管内に正しく通すための道具がガイドワイヤだと思っておいてください。カテーテルのガイド（案内）だから、ガイドワイヤなんですね。なので、この2つはセットになるものです。

　僕は普段、特許を調べるのに主にGoogle Patentsを使っているのですが、Google Patentsでは最新の情報が掲載されるまでに若干のタイムラグがあるため、最新情報は各国の特許庁やその関連団体のサイトへ調べに行っています。

　ここでは日本の特許について最新情報を調べたい場合に使える、日本の知財情報データベース「J-PlatPat」※で調べた結果を紹介しつつ、解説していきます。

※独立行政法人 工業所有権情報・研修館が運営する特許情報プラットホームを指します。

　調べてみたい方のために、J-PlatPatにアクセスできる2次元コードを記載しておきます。

J-PlatPatホーム画面

図13のように、J-PlatPatの簡易検索画面で「特許・実用新案」を選択して、「朝日インテック　カテーテル」を入力して検索してみましょう。

　検索結果のリストが出てきますので、まずはその中で、新しいものをいくつか見てみましょう。企業や技術について理解したいわけですから、最初はこんな感じで十分です。

　ちなみに僕は、仕事用に有料の特許データベースを契約していて、興味のある分野を代表する企業の特許を毎週ウオッチしています。その会社の特許が公開になったら知らせてくれるように設定していて、毎週土曜日にお知らせメールが送られてくる。それをパパッと見ています。そういうのを見ていくだけで、「この企業はこんな特許を出してるんか、えらい頑張ってるな」「いまこの分野はこの辺が熱いんやな」という感じで、業界の最新の動きが頭に入ってくるんですよね。

図13 ▶ 「J-PlatPat」で、「朝日インテック」の「カテーテル」について調べる

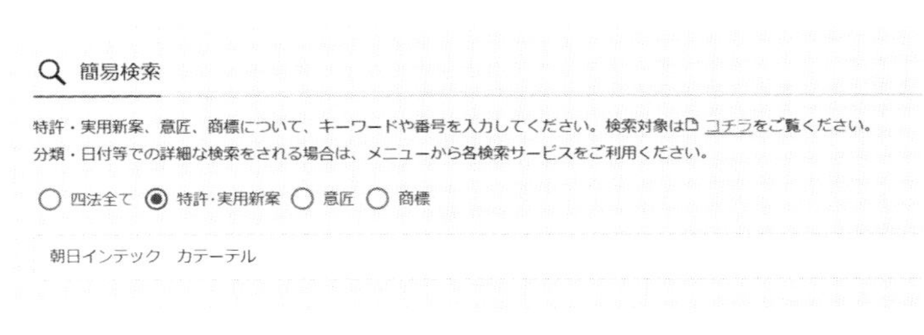

Q 簡易検索

特許・実用新案、意匠、商標について、キーワードや番号を入力してください。検索対象は◻ コチラをご覧ください。
分類・日付等での詳細な検索をされる場合は、メニューから各検索サービスをご利用ください。

○ 四法全て　● 特許・実用新案　○ 意匠　○ 商標

朝日インテック　カテーテル

出典：J-PlatPatより

企業に勤めておられて、会社で契約している特許データベースにアクセスできる方は、ぜひ試してみてください。

特許情報の「要約」に書かれている「課題」を読む

特許の「要約」部分には、「課題」と「解決手段」が記載されているとお話ししました。

まずは課題に注目して読んでいきます。課題とは、もともとあった製品やサービスの何がダメだったのか、その発明によって何がよくなるのかといった問題点や改善点のことです。

では、「朝日インテック　カテーテル」の検索結果で、上位にきているものをいくつか読んでみましょう。今回は、何も考えず検索結果の上位3つを読んでみることにします。

※調査当時（2018年3月）の検索結果に基づいています。

一つ目は、特許6296580「カテーテル及びバルーンカテーテル」です。要約部分を抜粋しておきますので、一緒に読んでいきましょうね。僕が注目したワードは太字にしておきます。

【特許6296580「カテーテル及びバルーンカテーテル」の要約より】

【課題】本発明は、外層が軸方向（先端方向及び後端方向）に引っ張られた場合でも、外層が内層から**剥離しにくい**カテーテル及びバルーンカテーテルを提供することを課題とする。

【解決手段】カテーテル1では、外層40が、内層10の凹部24の位置に、間隙25を貫通して補強層（コイル体）30よりも深く入り込み、かつ、軸方向に延びた**突起**部50を有していることで、内層10と外層40との接合強度が向上し、かつ、外層40の突起部50が補強層（コイル体）30に引っ掛かるアンカー効果により、カテーテル1を血管、胆管、膵管等を挿入した際に、狭窄部又は閉塞部で外層40が軸方向（先端方向及び後端方向）に**引っ張られた**場合でも、外層40が内層10から**剥離する恐れを低減**することができる。

　専門的なことはわからなくてオッケーです。要約を読むと、ある種のカテーテルには、使っているときに剥離するという問題があるから剥離しにくいカテーテルをつくらないといけないようだ、とか、医療機器だから「剥がれたりするのはかなり大きな問題なんだな」、みたいなことがわかりますね。

　こんな感じで読んでいけばいいんです。

　実際にどうするのかっていうことが、なんか難しく書いてありますね（笑）。突起部と書いてあるので、何か突起をつけてずれないようにするのか、剥がれないようにするのかな、とか、最初はその程度の理解でいいんです。

　実際の特許公報を見ると、その特許に書かれている発明を表す図が、多くの場合、要約の横や末尾に載っています。要約とその図を照らし合わせるとだいたいイメージがつくでしょう。その程度でいいと思います。

次は、特開2018-033985「カテーテル」です。こちら
も要約部分を抜粋しておきます。太字部分に注目し
て読んでください。

【特開2018-033985「カテーテル」の要約より】

【課題】本発明は、**チップがカテーテルシャフトから外れにく
く**、又は、チップとカテーテルシャフトとの**境界部分で破断**し
にくいカテーテルを提供することを課題とする。

【解決手段】カテーテル1では、チップ70が、第一補強層である
第一コイル体20と第二補強層である第二コイル体40との間に、
軸方向に延びて少なくとも中間層30と外層50とに接合した後
端部80を有している。軸方向に延びる後端部80が、中間層30
及び外層50に接合することで、中間層30とチップ70との接合
強度、及び、外層50とチップ70との**接合強度**が大きくなり（言
い換えると、カテーテルシャフト60とチップ70との接合強度
が大きくなり）、その結果、チップ70が、カテーテルシャフト
60から**外れにくく**することができる。

　要約の「課題」の部分を見てみると、今度は「チッ
プがカテーテルシャフトから外れにくく……」とあ
ります。

　ここから考えると、どうもこの業界ではいくつか
の部品を組み合わせて使っているんだけど、人体の
中で剝がれるとか、取れちゃうという問題がありそ
うだと予測できます。

　細かいことはよくわからないけど、いろんなとこ
ろが折れ曲がったり、ちぎれたり剝がれたりするみ
たいだと。

これは、朝日インテックさんは結構頭を抱えているんじゃないか、お医者さんから剝がれないモノをつくってほしいといわれているのかもしれないな、そんな想像をしながら（笑）読みましょう。

「そういう課題があるんか」くらいでいいんです。もちろん、これは開発中に出てきた課題で、医療現場では起きてはいないでしょう。こういうことが医療現場で起きたら困るから、工夫をしています、という発明ですね。こんな感じで、いくつか読むとなんとなくイメージが湧いてきます。

「課題」が「解決」されて特許が出てくる

次は、特開2018-020168「カテーテル」です。こちらも要約部分を抜粋し、注目ワードを太字にしています。

【特開2018-020168「カテーテル」の要約より】

【課題】本発明は、手技者の押し込み力を先端まで効率よく伝達でき、かつ、血管、胆管、膵管等の**湾曲部に引っ掛かってしまう恐れ**を低減したカテーテルを提供することを課題とする。

【解決手段】カテーテルを血管、胆管、膵管等の湾曲部まで挿入したときに、カテーテルが、血管、胆管、膵管等の湾曲部で作用する外力1、2、3、4に応じて、第二コアワイヤ80が最適な位置に移動できる構成になっている。そのため、第一コアワイヤ70と第二コアワイヤ80とが互いに干渉して、カテーテルが血管、胆管、膵管等に沿って湾曲することができず、第一コア

ワイヤ70と第二コアワイヤ80とのいずれか一方又は両方が**折れてしまう恐れ**を低減することができる。

　要約を読むと、今度は「引っかかってしまう恐れ」とか「折れてしまう恐れ」などと書いてありますね。折れたら大変ですよね。剝がれる、折れる、引っかかる、ですよ。血管の中でそんなことが起きたら危ないじゃないですか、って思いますよね。

　しかし、朝日インテックはそういうことが起こらないように、盤石の製品開発をしているんだ、ということがこの特許から読み取れるわけです。

　医療機器のように、体内で使われるものは要求される性能や品質が高い。当然、課題もたくさん出てくる。そういう課題を、一つずつクリアして製品を完成させていく。それらはすべて特許になっていく。そういうことです。

　逆に高い性能と品質の製品を開発してないと、このような改良はやらないし、特許も出てこない。お医者さんにテストしてもらったりして、「高品質」「高性能」そして「安全」なものを非常に細かいところまでつくり込んでいるのだろうな、ということが特許からわかるわけです。

　機械系の製品は、実際にモノをつくらなくても特許を出せる部分が多いんですけれども、医療機器は、単なる空想や妄想だけでは良い特許、強い特許が出

せない場合があります。

　まぁ、そういう裏側を知らなくても、真面目に製品開発をやっていて、開発中に工夫した内容を一つずつ特許にしているんだな、ということは読めばわかりますよね。

他社との「差別化要素」を
キーワードから読み取る

　これまで例として、「朝日インテック　カテーテル」をキーワードにざっと調べました。たまたまかもしれませんが、検索で上位にきたのが、部品と部品の「接合」の発明ばっかりでしたね。

　ここで僕が思ったことは、朝日インテックの中にはおそらく「接合」技術の専門家が何人もいるんだろうな、いなかったらできないよね、ということです。こういう読み方をするんです。

　「カテーテル」で検索して、「接合」の特許が大量に出てくるのは、実はたまたまではない「はず」なんですね。

　特許の裏には研究開発や技術があって、その裏には専門家や技術者が必ずいます。

　投資家の方は、ぜひ朝日インテックに「御社は多分いろんなワイヤやチューブを組み合わせて製品をつくったりしていると思うのですが、接合に関する研究ってどれぐらいやっているんですか？」とヒアリングしてみてください。

興味があるなら、聞いてみたらいいんです。教えてくれるかわかりませんが、他社との差別化要素がそういうところにあるかもしれないと自分だけが気づいて、IR担当の方への質問やヒアリングでその確証が得られれば、投資ではめちゃくちゃ強いですよね。他のアナリストや投資家はそんなこと知らないわけですから。答えてくれたIR担当の方がいたらラッキーです。

あとは、そのIR担当の方が上司から怒られないことを祈りましょう(笑)。

真面目な話、僕はそういうことをどんどんやっていこうかなと思っています。というか、もう始めています。ただ、実際に専門家が何名いるのかとか、特許の発明者になっている重要な専門家が辞めてないかまでは、さすがに答えてもらえません。

その辺は、公開情報をさらに調べて推測するしかないでしょうね。

▌特許から見えた 朝日インテックの強みは?

ここまで、とりあえず「朝日インテック　カテーテル」で特許を調べて、目についた特許をいくつか読んでみました。たったこれだけでも、朝日インテックが、カテーテルについて日々どんな苦労をして、どんな工夫をしているかが結構見えてきましたよね。そういうのをわかってヒアリングするのと、全然知識が

なくて「定型文」で「御社の強みは？」と漠然と質問するのとでは、得られる情報の密度は違ってきます。

だって「御社の強みは？」といわれても、相手のIR担当者は毎回同じことを聞かれているわけで、もう紋切型のコピペ回答が瞬時に出てきて終わりなんですよ。

それでは意味がない。それは多分、HPに書いてあるんです。お互いに時間のムダです。やっぱり自分しか聞けないこと、他の人が気づいてないことをズバッと聞く。向こうとしても「そこまで我が社のことを気にかけてくれているなら、もうちょっと有意義な情報を発信して、ファンになっていただこう」みたいなやり取りが、IR担当者と投資家の間でなされる。こういうのが、投資家と企業の良い関係だと思いませんか？

僕は、たまたま武器が特許を徹底的に読むことなので、特許の話をしていますけど、別にそれ以外のことでもいいんです。とにかく、やり取りを通じて、お互いにより良くなっていくのがいいですね。せっかくのご縁ですから。

朝日インテックの一連の「接合」の特許は、何か独自の工夫があっての特許なら、本当に強い特許でしょう。数も結構出ていますからね。

僕は、これらの特許を読む前から、朝日インテックが「カテーテルで世界ナンバーワンの会社」だと

知っていました。でも、その「強さ」の一つに「接合」という技術があるとは、特許を読むまでまったく気づきませんでした。

読む価値がある　重要特許の探し方、見分け方

　このように特許は、要約のところをざーっと読むだけでも、その会社の技術開発の雰囲気が結構わかる便利なツールです。

　でも最終的には、「請求項」を読めるようになりたいですね。そうすると、企業と技術のことをもっと深く知ることができますし、権利を取って独占したい「コア技術」「発明の本質」が把握できます。ここからは、いよいよ本丸の「請求項」の読み方、しかも、効率的な読み方を紹介しますね。

　今度は、日本ライフラインという企業の特許を取りあげます。

　日本ライフラインも朝日インテックと同様、カテーテルなどの医療機器のメーカーです。

　さて、特許の本丸「請求項」をせっかく読むのですから、読み甲斐のある「重要な特許」を取りあげたいんです。

　だからまずは、今から紹介する特許がどれくらい重要な特許か、確認する方法を含め説明します。たとえ練習であっても、あまり重要と思えない特許を

読むのは時間がもったいないと僕は思っています。
そもそも、さほど重要ではない特許だとわかってい
たら読む気は起きませんし、この特許どれくらい大
事なんかなぁ？ 読む価値あるんかなぁ？ なんて迷
いがあったら、深くは読み込めないですよね。

　J-PlatPatで、今回読んでみたい特許（特許4354525）を
検索して、表示させた画面の抜粋を図14に示します。
実はこれもガイドワイヤに関する特許です。
　一つの特許なのですが、いろいろな番号が書いて
ありますね。

　一つの特許であっても、出願時の番号（受付番号）、
公開特許公報として公開になったときの番号、登録
時の番号と、手続きが進むたびに違う番号が振られ
ます。混乱しないよう覚えておいてください。
　さらにこの番号の中に「無効xxxxx」というのがあ
りますね。「無効」ってなんやねん、と気になった方も
おられるでしょう。しかも2つもあります。

図14 ▶ この特許は「無効」だと、朝日インテックから2回訴えられていた

No.	出願番号 ▲	公開番号 ▲	公告番号 ▲	登録番号 ▲	審判番号
1	特願2009-121810	特開2010-268888	-	特許4354525	無効2015-800133 無効2012-800111

出典：特許4354525（J-PlatPat使用）

これは「この特許邪魔やな」と思った人がいて「無効だ」と2回訴えられたことを示しています。

実は「無効だ」と訴えた人は2回とも前述の朝日インテックです。なんだかきな臭いですよね。

そう、この特許は朝日インテックから「邪魔」だと思われるほどの大事な特許だということです。強い特許は、競合が嫌がる特許だというお話をしました。特許は、周りが邪魔と思うぐらいでないとダメなんです。こういう特許って、読み甲斐がありそうでしょ（笑）。

実はこの特許、日本ライフラインが朝日インテックに対して「おたく、うちの特許を侵害してるんちゃう？」と特許権侵害の訴訟を起こしたときに使われたものです。それに対して朝日インテックが「いや、その特許そもそも無効やで」とやり返した。そういうやり取りが背後にあります。最初に文句をつけたのは日本ライフラインのほうなんですよね。

文句つけられたほうは当然「そんなん、侵害してへんわ」って言うのですが、それと同時に「そもそもその特許を無効にでけへんか試したろ」って思うんですね。朝日インテックも当然そう思った。それで、「無効だ」と訴えたわけです。1回目はダメだったけれど、もう1回訴えた。そしたら、2回目は無効にできたので、特許権侵害の訴訟自体がなくなったんですね。勝負としては朝日インテックの勝ちというか、まぁ、元の状態に戻っただけです。特許侵害だ！　と訴えた

けれど、肝心の特許が無効になって、日本ライフラインは引き下がらざるを得なくなったわけです。僕は今回、特許訴訟の話をしたいわけではありませんので、どっちが正しいとか、どっちが勝ったとかいうのは置いておきます。ここで重要なことは、この特許が朝日インテックと日本ライフラインの「技術の交差点」を示している。つまり、両社ともおそらくこういう技術を使っているはずだ、ということです。

訴訟が起きるということは熱い分野の証拠でもあるので、こういうのを読むと、企業の技術を知るだけでなく、ガイドワイヤという製品の進化の大きな流れも見えてきます。

効率よく「請求項」を読むために、技術を理解する

前述の、特許4354525は、なんだか重要な特許っぽいですね。どんな特許なのか気になるので、読んでみましょう。今回は、僕が初学者の方に特許を読み方を指導する際の「典型的な手順」に従って、読んでいきます。

まずは請求項の前に「明細書」を読みます。「明細書」とは、特許を取りたい発明について、詳しく説明している部分を指します。

権利の範囲を定めるものが請求項であり、その請求項について詳細を説明しているので「明細書」と呼ぶんだな、くらいの理解でOKです。

特許を見ると、文章に【0001】とか【0010】とか、括弧つきの番号が振られていますね。あの番号が振られている部分が「明細書」なんだ、と思っていただければよいでしょう。

実際に、僕が注目した記載を以下に抜粋しておきますので、一緒に読んでみましょう。

今回も、特に注目した記載は太字にしておきます。なお、あまりにも冗長な部分は、割愛してあります。

【特許4354525の明細書より】

【0011】CTO病変におけるマイクロチャンネル内を挿通させるガイドワイヤには、**更なる操作性の向上が要請されている**。例えば、マイクロチャンネル内での操作時において摩擦抵抗を低減させることが望まれている。……〈略〉。

【0012】ところで、マイクロチャンネル内にガイドワイヤを挿通させる際には、その**先端部分を折り曲げてくせづけること（シェイピング）**がオペレータにより行わる（原文ママ）。例えば、図5に示すように、ガイドワイヤGの**先端から長さ1.0mmの部分を45°曲げる**シェイピングを行うことにより、ガイドワイヤの近位端側で回転トルクを与えると、ガイドワイヤの遠位端は、直径約1.4mmの円周上を回転することになる。

【0013】このシェイピング操作は、マイクロチャンネル内におけるガイドワイヤの操作性に大きく影響を与えるものである。そして、マイクロチャンネル内における摩擦抵抗の低減などを図る観点からは、**ガイドワイヤの遠位端における回転直径（操作エリア）を小さくすることが好ましく、このために、シェイピング長さ（先端の折り曲げ長さ）をできるだけ短く、具体的には0.7mm以下にする必要がある。**

【0014】しかしながら、従来のガイドワイヤでは、上記の先端硬直部分があるために、シェイピング長さを1.0mm以下とすることはできず、これでは、摩擦抵抗の十分な低減を図ることはできない。なお、**はんだ（Ag-Sn系はんだ）を浸透させる範囲を狭くすることにより先端硬直部分の長さを短くすると、コアワイヤに対するコイルスプリングの固着力を確保することができず、コアワイヤとコイルスプリングとの間に引張力を与えると、コイルスプリングに挿入された状態のコアワイヤが引き抜かれてしまう。**

【0016】本発明は以上のような事情に基いて（原文ママ）なされたものである。本発明の第1の目的は、**コアワイヤに対するコイルスプリングの固着強度が高く、しかも、従来のものと比較してシェイピング長さを短くすることができる医療用ガイドワイヤ**を提供することにある。本発明の第2の目的は、CTO病変のマイクロチャンネル内における**操作性に優れた**医療用ガイドワイヤを提供することにある。

【課題を解決するための手段】

【0017】本発明の医療用ガイドワイヤは、……〈中略〉……前記コイルスプリングの先端側小径部の長さが5〜100mm、コイル外径が0.012インチ以下であり、前記コイルスプリングの先端部は、**Au-Sn系はんだにより、前記コアワイヤに固着され、Au-Sn系はんだによる先端硬直部分の長さが0.1〜0.5mm**であることを特徴とする。

【発明の効果】

【0027】請求項1〜4に係る医療用ガイドワイヤによれば、コイ

ルスプリングの先端部を**コアワイヤに固着するためのはんだ**
としてAu-Sn系はんだが使用されているので、先端硬直部分
の長さが0.1〜0.5mmと短い(はんだによる固着領域が狭い)
にも関わらず(原文ママ)、**コアワイヤに対するコイルスプリ**
ングの固着強度を十分に高い(コアワイヤの遠位端側小径部
の破断強度より高い)ものとすることができ、……〈略〉。

【0028】本発明の医療用ガイドワイヤは、0.012インチ以下と
いう先端側小径部における**細いコイル外径、Au-Sn系はんだ**
による高い固着強度、0.1〜0.5mmという短い先端硬直部分
により、CTO病変のマイクロチャンネル内における操作性に
優れたものとなる。本発明の医療用ガイドワイヤを構成するコ
イルスプリングは、先端側小径部よりコイル外径の大きい後
端側大径部を有することにより、曲げ剛性が確保され、トルク
伝達性にも優れたものとなる。

いかがでしたか?

ちょっと長かったでしょうか(笑)。

特許公報のPDFには請求項がいきなり書いてある
ので、請求項から読み始める方もおられますが、読
み慣れてない方にはオススメしません。

請求項が正しく理解できるように、請求項の前に
明細書を読んで技術を理解するのが、特許に慣れて
ない方が効率よく読むための方法だと僕は考えてい
ます。

ガイドワイヤを使った手術の細かい手順の話はさ
ておき、この特許の明細書、特に抜粋した部分には、
ガイドワイヤを血管の中に通していくに当たって、

シェイピングといって、先端にくせをつけてちょっと折り曲げる操作をする、それで血管の分かれているところを通しやすくするんだ、と書いてありました。この特許の明細書は、医学の知識ゼロでも、そんなことやるんか、みたいなのが伝わってくるように書かれていて、非常によくできています。わかりやすいですね。

【課題を解決するための手段】には、どのような工夫で課題を解決しようとしているかが書かれていて、【発明の効果】には、その工夫をすると何がいいのか、が書かれています。

何のために、何を工夫したか、これが「課題－解決」ですね。はんだの種類の話や、先端部分の長さがどうのこうの、ということが書いてありました。まずはこの程度の理解でよいと思います。

┃「モノ」の特許は、
┃先に「図」を見る

でも、言葉で説明してもわかりづらいものもありますよね。特に機械や電機分野の場合は、図を見るほうが早い場合があります。特許4354525に記載されている図と同様のものを図15に示します。ガイドワイヤの先端を曲げた状態が描かれています。「シェイピング」って、実際はこんな感じなんですね。

血管って、枝分かれしていますよね。で、分かれるたびにどんどん細くなっていく。だからそこにガイドワイヤを通していくのは大変なんですね。

図15 ▶ 先に図を見るとイメージが湧きやすい

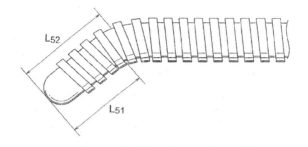

出典：US9789230B2（特許4354525と関連する特許）

　だから、先をちょっと折り曲げると、血管の「枝分かれ」のところを通しやすくなります。

　シェイピングして図15のように先端を少し曲げておくことで、枝分かれのところを右に行ったり、左に行ったりしやすくなるんですね。こういう動作を、お医者さんの用語で「枝を取る」というそうです。

　でも、先端をグッと曲げると折れたりする可能性がありますよね。それは困るので、曲げても大丈夫なように接合をしますよ、そのときに銀・錫はんだではなくて、金・錫はんだで接合するのがポイントですよ、と書かれています。

　一般的に、銀よりも金の方が、溶けたときにくっつきやすかったり柔らかかったりするので、金は接合に向いている材料なんですね。

　例えば、ロケットなどの宇宙機器では、接合部分は金をベースにした接合剤を使っていたりします。金は、もともとそういった特殊な用途で使われてい

たのですが、おそらく医療器具ではこれまでなかっ
たのでしょうね。

　多分、ここが発明ですね。

　先端部分が高い強度で接合できることによって、
医者の手技が非常にやりやすくなる、というような
ことが書いてありますね。専門用語が多いのですが、
深入りする必要はありません。なんとなくのイメー
ジが把握できれば大丈夫です。

　知財業界にいるからかもしれませんが、この特許
はひょっとして、日本ライフラインが朝日インテッ
クを訴えるために無理やりつくった特許なんじゃな
いか、と最初はちょっと疑ってかかっていました。で
も、そうとは言えないかもしれません。かなりニッチ
な発明で、かつ、内容も具体的ですからね。

特許の「審査記録」を
チェックする

　せっかくなので、「重要な特許」かどうかの再確認
もしておきましょう。請求項になかなかいけません
ね(笑)。でも重要じゃない特許を読んでも仕方がな
いので、この作業は大事です。

　今回の特許は、出願後に行われる審査の経過に特
徴があるので、それを見ていきます。J-PlatPatで「特
許4354525」の審査の経過について調べた結果の抜
粋を、図16に示します。特許番号で検索後、「経過情
報」をクリックすると「経過記録(審査記録)」の画面が
出てきます。ここで、審査の過程に関する情報が見

られます。

　2009年出願で、同じ年に登録されています。皆さんは、ここで何か気づかれたことはありますか？

　まず、日付に注目します。出願が2009年5月20日、審査請求が6月12日。つまり、出願してすぐに審査請求をしています。審査請求とは何か。特許は出すだけでは権利にはならないので、審査してください、と出願後にお願いをするんです。これが審査請求です。この場合は、審査をすぐにやってもらいたかったようで、通常より早く審査を開始してもらうための「早期審査請求」という手続きをしています。その後すぐに特許査定になっています。

　要するに、出願してすぐに審査してもらって、すぐに特許になったわけです。

　このように「日付」を追いかけることで、目的は不明ですが、通常よりもかなり素早く権利化していたことがわかりましたね。

図16 ▶「審査記録」を読んでみてください
　　～どんなことにお気づきになりましたか？

出典：J-PlatPat（特許4354525）

審査請求のタイミングについては、発明の内容や特許化する目的によって、いろんな戦略があります。特許出願してからしばらく寝かしておこう、権利化は後でいいからっていう発明もあれば、とにかく早く権利化して、事業化のためにその権利を積極的に活用しようという発明もあります。今回の特許が、朝日インテックを訴えるために急いで権利化したのかどうかまでは、ここからは読み取れません。ただ一般論としては、通常の手続きではないイレギュラーなこと（例：早期審査請求）をする場合、何か特別な意図があるとか、その企業自体が特許や知財について尖った戦略（例：積極的に訴訟をする戦略）を持っている、などの可能性があります。

特許審査官との「やり取り」を読む

　ここでは、「重要な特許」かどうかの再確認のポイントを、もう一つ説明しておきます。

　特許を読むときは、引用文献も見ましょう。審査の際、審査官から「あなたの発明と似たような発明が書かれた文献が、世の中にすでにありますよ」と、先行技術文献のリストが出願人に通知され、公開されます（拒絶理由通知書）。それをもって「特許にできません」、あるいは「この部分は特許にならないと思いますよ」みたいなやり取りをするんですね。それに対する出願人からの意見書も、公開されます。

　そういうやり取りを丁寧に見ていくと、その特許

の重要性がわかってくるんですけども、さすがに1件ずつ見ていくのは大変ですから、「そんなことしてられへんで」という方も多いでしょうね。

そういう方は、何件ぐらいの数の引用が挙げられているか、あるいはどんな文献が挙げられているのかを知るだけでも、理解を深めるにはまずは十分です。ぜひ、チェックしてみてください。

では、ようやく請求項に入ります。ここまでの理解を踏まえて請求項を読んでみましょう。ここに本質が書いてありますから、最終的には読まざるを得ないものなんです。でも、いきなり読んでもわからない、読むには体力が必要です（笑）。へぼい特許の請求項を読むと、いろんな意味でどっと疲れるので、重要な特許であるかどうかのチェックは、ちゃんとしておきたいんです。僕は「できるだけ効率よく」仕事をしたいタイプなんですよね。

「具体的」な記載や 「限定」に注目

請求項を読み解くポイントの一つは、ズバリ「限定」です。請求項にどういう限定がされているのか、を確認していきます。日本ライフラインの特許の明細書には、接合に用いるのはこれまで「銀」が普通だったけど「金」にしたんです、と書かれていました。請求項1には、案の定「Au」（金）と書かれています。接合部の材料の限定ですね。

要するに、どこまでがこれまでの「業界の当たり

前」で、それに対してどの範囲が自分たちのオリジナルなのかを示しているのが「限定」なんですね。そして、その「限定」によって、どんな「効果」「意味」「意義」があるかを理解するんです。【発明の効果】と「課題－解決」の部分のお話ですね。そこが特許になる部分なんですよね。

　では、特許4354525の請求項1を読んでみましょう。例によって、僕が注目した記載を太字にしておきますので、一緒に読んでください。

【特許4354525の請求項より】
【請求項1】遠位端側小径部と前記遠位端側小径部より外径の大きい近位端側大径部とを有するコアワイヤと、前記コアワイヤの遠位端側小径部の外周に軸方向に沿って装着され、先端側小径部と、前記先端側小径部よりコイル外径の大きい後端側大径部と、前記先端側小径部と前記後端側大径部との間に位置するテーパ部とを有し、少なくとも先端部および後端部において前記コアワイヤに固着されているコイルスプリングとを有し、前記コイルスプリングの**先端側小径部の長さが5〜100mm、コイル外径が0.012インチ以下**であり、前記コイルスプリングの先端部は、**Au-Sn系はんだ**により、前記コアワイヤに固着され、Au-Sn系はんだによる**先端硬直部分の長さが0.1〜0.5mm**であることを特徴とする医療用ガイドワイヤ。

　請求項1に、実はかなりの限定があります。太字の部分が「限定」だと思ってください。

　先端部の長さとコイルの外径、さらに接合部の材質が記載されています。逆に、それ以外の部分は、

「業界の当たり前」である可能性が高いんですね。明細書から読み取った内容と照らし合わせると、土地勘がない分野の特許でも、割とはっきり区別できます。ちなみに、今回は登録され権利になった段階で発行される「特許公報」(登録特許公報)を読んでいます。

出願時の情報が公開される「公開特許公報」の場合は、請求項1には限定があまり記載されていなくて、請求項10とか20とか100とか最後のほうになって重要な限定箇所が記載されている場合がありますので、ここは要注意です。

請求項は特許権の範囲を示すものですから、企業としてはできるだけ広くしたいですよね。それにもかかわらず、請求項に数字や材質などの「限定」(太字部分)が書いてあるということは、逆にこの「限定」を書かないとその請求項は権利として認められない、ということを示しています。

つまり、これ以外の部分は同業者にとって当たり前だということです。それを理解した上で、請求項でこの数字や材質に限定している意味が何かを読み解くのが大事なんですね。

慣れてくれば、
請求項から読むと効率がよい

ここまで、特許の読み方の王道に従って、明細書で「課題－解決」を把握してから、請求項を読みました。慣れてくれば、請求項から読み始めることも可

能です。技術の内容があまりわかってなくても、請求項の中で数字や物質の名称が書いてある箇所をチェックしておいて、それによってどんな効果が出ているか、を意識して明細書を読み解いていけば、権利として守りたい内容、独占したい技術、つまり発明の本質が割と効率よく把握できるんです。

　かなり上級編かもしれませんが、そういう読み方も可能だということです。
　もう一つ付け加えると、請求項の一部に下線が引いてある場合があります。引いてあれば、ここに注目してみてください。これは「補正」といって、審査官とのやり取りの中で「修正」した箇所で、多くの場合その「限定」をしないと特許にはならなかったことを示します。つまり、それ以外のところは当たり前のことが書いてあって、「補正」した部分（下線部）に本質的な内容が含まれている可能性が高いのです。

　特許から技術内容を知りたい場合、本丸は請求項にある。結論はこれです。
　いきなり読んでもわからない場合は、明細書から読んでいくしかないのですが、慣れてくれば、請求項を先に読んで「重要そうな内容」のあたりをつけることも可能になります。
　企業のコア技術や強みをもっと深く理解するためにも、皆さんに合った効率のよい読み方を身につけてくださいね。

05

発明者（キーパーソン）に注目して
〜レオン自動機の事例から……

▼

レオン自動機の
ダントツ技術は何か

　次は、特許情報に書かれてある「技術情報」「人の情報」「権利情報」のうち、「人の情報」に注目して企業を知る方法を紹介しますね。特に技術系企業について調査する場合、技術者の情報はとても重要です。

　良い技術者がよい発明を生み、技術をつくり、それが製品になる。これが技術系企業の典型的な成長ストーリーだからです。

　ここでは、先ほど分割出願の確認方法のところでちょこっと登場した、レオン自動機を取りあげます。レオン自動機は、あんパンや中華饅頭、カレーパンなどの生地で具材を包み込む過程を自動化した「包あん機」や、クロワッサンなどのパンの自動成形機を主力商品とする、食品の加工機械の製造・開発を行っています。

　クロワッサンやデニッシュなどのパンをつくるときは、生地を薄く平らに伸ばしてから何層にも重ね

179

たり、くるくると巻いたりしますよね。

　レオン自動機にヒアリングに行ったときに教えてもらったのですが、生地を薄く伸ばすのって、パンづくりの中では結構重要なファクターらしいんです。厚みを均等にしないとうまく焼けなかったり、最悪の場合、生地がムダになったりするんだそうです。

　地味だけどすごい技術を持っていて、あまり知られていないのに実はダントツ企業。僕はそういう企業が大好きです。

　以前、「日経CNBC」に出演したときにも、レオン自動機の技術のすごさを特許情報を使って紹介させていただきました。それぐらい好きな企業です。

　そんなすごい技術、すごい装置を、いったい誰がつくっているんでしょうか。

　キーパーソンはどういう人で、いつ頃から活躍しているのか？
　これまで他に何を手掛けてきた人なのか？

　いろいろ興味が湧いてきますよね。
　ここでまず、パンの生地づくりでレオン自動機が日本一なのかどうか、特許で確認してみましょう。

　Google Patentsでの調べ方と、検索結果の例を次頁からの図17、図18に示します。

図17 ▶ 「A21C3/00」（生地の延展）で日本一の企業は？（1）

CPCを入れる

Google Patents

(A21C3/00) country:JP

SEARCH TERMS ⑦

(A21C3/00)

Search terms

SEARCH FIELDS

✕　About 227 results

Sort by ・ Newest ▾　Group by

Results / page ・ 10 ▾

「新しい順」にする

📅 Date ・ Priority ▾

YYYY-MM-DD　—
YYYY-MM-DD

👥 + Inventor

🏢 + Assignee

「日本」にする

Patent Office ・ JP ▾

Language ▾

及び生地
・JP2023046324A
ーエムベーハー デ
Priority 2021-09-2
【課題】コンパク
装置を提供する。
展ステーション 1
ドラムと、生地と
するサテライトロ
能であり、ローラ
延展ステーション
さらに備え、延展
を延展するように

Patent JPWO2022230 5
WO EP CN JP *KR* TW ・ JPWO20

出典：Google Patentsによる検索結果に筆者が加筆

図18 ▶ 「A21C3/00」(生地の延展) で日本一の企業は？ (2)

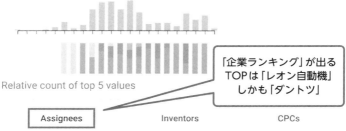

Top 1000 results by filing date

Relative count of top 5 values

「企業ランキング」が出る
TOPは「レオン自動機」
しかも「ダントツ」

| Assignees | Inventors | CPCs |

- レオン自動機株式会社　　32.5%
- Rheon Autom Mach Co Ltd　　12.7%
- Rheon Automatic Machinery Co　　3.9%
- ハース・フード・イクイップメント・ゲゼルシャフト・ミト・ベシュレンクテル・ハフツング　　2.6%
- ソシエテ デ プロデュイ ネツスル ソシエテ アノニム　　2.6%

Expand

出典：Google Patentsによる検索結果に筆者が加筆　※データは調査当時のもの

「A21C3/00」というのが生地づくりに関する特許分類（CPC）なのですが、この特許分類の特許を調べてみると日本一の企業はやはりレオン自動機でした。

　もうダントツなんです。Google Patents上では、特許の32.5%がレオン自動機から出願されていました。

　「A21C3/00」の分類が付与されているレオン自動機の特許を見てみると、食品生地延展装置と記載されています。パンやピザなどの生地を製造する装置のことです。特許を手軽に調べられるのがGoogle Patentsの良いところですね。スマホでも簡単に調べられるので、電車に乗っているときや、トイレに行ったときにも特許を調べてみてください。

　僕はこういう簡単な調査は、基本的に全部スマホでやっています。

　面白くなっちゃって電車を乗り過ごしたり、駅で調べていて電車に乗り忘れたりします（笑）。それぐらい特許を調べるハードルは下がっているので、あそこの会社、今日決算だけど、特許もついでに見ておくか、くらいの感じで軽く調べてほしいですね。

ダントツ技術の開発を担当しているのは誰？

　さて、本題のキーパーソンを見てみましょう。

　生地の延展技術のキーパーソンが知りたいので、Google Patentsの検索結果画面で「Inventors」をクリッ

クします。すると森川道男さんという人がトップに出てきました(図19)。

　森川さんの名前をクリックすると、森川さんの特許が出てきます。森川さんがいつ頃、どんな発明をしたか、これですべてわかります。

　さらに、特許出願が何年から始まって何年に終わっているかを見れば、その人がいつ頃入社して、いつ頃一線を退いたか、推測できます。

　そこそこの規模の企業なら入社して2、3年で特許

図19▶「レオン自動機」のダントツ技術「生地の延展」のキーパーソンは？

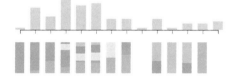

Top 1000 results by filing date

Relative count of top 5 values

	Assignees	Inventors	CPCs

- 道男 森川　　　　　　　　　　　　　　　　　　　　32%
- 虎彦 林　　　　　　　　　　　　　　　　　　　　30.8%
- Michio Morikawa　　　　　　　　　　　　　　　18.5%
- 貞男 上野　　　　　　　　　　　　　　　　　　　17.2%
- 斉 桑原　　　　　　　　　　　　　　　　　　　　13.5%
  勝道 樋口　　　　　　　　　　　　　　　　　　　12.3%
  Torahiko Hayashi　　　　　　　　　　　　　　　11.1%

出典：Google Patents　※データは調査当時のもの

を出し始めるところが多いので、入社何年目ぐらいだろうということもなんとなくわかりますね。珍しい名前の場合、この方は転職したんじゃないかとか、そういうこともわかりますね。

技術者の地位や技術継承から、会社の本気度が……

実はこうやって特許を調べた後に、投資家の方々と一緒にレオン自動機に取材に行きました。

そこで、「森川さんという方は、重要な特許をたくさん出されていますね」と、僕が話題を振ってみたんですね。

するとIR担当の方から、森川さんは技術のトップを務められた方で、レオン自動機の功労者だと教えていただけました。後任をちゃんと育てた上で、すでに退職されているとのことでした。

森川さんは、今のレオン自動機の基礎になる重要な技術を開発して、改良もずっと担当された方だったんですね。

その後、技術開発に関する特許マップみたいなものを、知財部の方に見せていただきました。

それを見ると、改良して改良して改良して、もう徹底的に差別化され続けていることがわかりました。まさにダントツと呼ぶにふさわしい感じです。かなり説得力のある資料だったようで、同席した投資家

の方もとても驚いておられました。

　取材の中では、「特許が競争力の一つの要因になっている」と明確におっしゃっていました。その言葉で、多数の分割出願を含め、巧みな特許戦略で技術を守り抜いている素晴らしい企業だと、その場にいた全員が納得しました。

　特許を調べた上で訪問した結果、非常に貴重な資料まで見せていただくことができ、充実したヒアリングになりました。
　会社の技術開発の歴史も見えてきましたし、レオン自動機の本気度みたいなものが感じ取れました。

　技術のキーパーソンはすでに退職されているけれど、技術はちゃんと守られ、受け継がれているし、後輩も育っている。同行した投資家の方々とも「この企業は安泰ですね」と、意見が一致しましたね。

　実際、レオン自動機は現在、包餡機の国内シェア9割、海外売上比率67％で世界125カ国以上に装置を販売しており、業績は好調です。
　包餡機の国内シェアが9割ということは、競合が存在していない、独占状態だといえますね。
　こんなふうに、ヒアリングに行く前の下準備として、単に技術を知るだけでなく、特許を発明者に注目して読み解き、その企業の技術開発の系譜を深く

知ることは、非常に大きな価値があるんですね。

技術者の情報は、会社が今後発展するかどうかを判断するためのファンダメンタルズ分析の重要な視点の一つで、投資の判断に大きな影響を与える要素だと僕は考えています。

まずはキーパーソンに注目するのですが、キーパーソンの周りには、当然それを手伝う技術者もいます。

周りの技術者の数が増えていれば、それだけ会社がその技術開発に経営資源を投入している、つまり、本気で開発しているという証拠になりますね。

逆に、まだ1人でコツコツやっている段階のようであれば、まだまだ実になるのは先かな？ という感じになります。

その上で、キーパーソンのインタビュー記事が、社内報や雑誌などに掲載されていることもあるので、併せて探して読んでみるのもよいと思います。

インタビューに出ている人以外に、どれぐらい開発チームの人材に厚みがあるか、なんかを特許で見てみるといいでしょうね。

楽しいですよ。

06

競合優位をチェック
～ハーモニック・ドライブ・
システムズの事例から……

▼

競合企業との
取り組みや戦略の違いは？

　自分が注目している企業が、コア技術領域で他社に負けていたら、ちょっとがっかりしますよね。むしろそっちに投資したほうがいいんじゃないか、という話になりかねません。ここでは、競合企業を確認する方法を紹介します。例として、先ほど「固め出し」の特許群の説明で登場した、ハーモニック・ドライブ・システムズ（以下、ハーモニック・ドライブ）の競合調査をしてみましょう。

　ハーモニック・ドライブの主力事業の一つであるロボット用減速機の市場は現在、世界的に急拡大しています。直近ではコロナ禍や中国の景気減速の影響を受けていますが、同社のギア（歯車）の仕組みには独特のものがあって、小型の精密減速機のマーケットでは圧倒的な競争力を持っているんですよね。

　一方で、この市場への新規参入も出てきており、例えば日本電産シンポ（現：ニデックドライブテクノロジー）や中国のリーダードライブの動向が気になります。どんなに強い技術を持っていても、競合が誰もいな

くて自分だけですよ、100%のシェアを持っていますよ、他社は特許も出ていませんよ、みたいな事業はまずありえません。事業規模が大きくなってくれば必ず誰か参入してきますので、競合にどれぐらい勝っているかが重要になりますよね。

そういう意味で、特許から技術の中身を知って、「近いプレイヤーがいるけど、戦略的にうまく差別化されているみたいだ」とか、特許の数や取り方などから特許戦略や他社排除力を評価して「競争力のある独自の製品を今後もつくり続けられそうだな」のような分析をしていくのが良いんじゃないかなと僕は思っています。では今から、「競合企業との取り組みの違いや戦略の違い」を特許から読み解く方法をハーモニック・ドライブの例でご紹介します。

コア技術領域での競合企業との違いを見る

まずは、そのコア技術分野における他社との競合状況を、特許で調べてみましょう。今回もGoogle Patentsを使い、社名を入れて検索してみましょう。正式な社名はハーモニック・ドライブ・システムズですね。2次元コードから検索結果のURLが読み取れますので、興味のある方は見てください。

ハーモニック・ドライブ・システムズの
特許（Google Patents）

Google Patentsの場合、特許分類は「CPC」と呼ばれる国際的に統一されたものが使われていますので、そのランキングを見てみます（図20）。

　CPCのランキングのトップには「F16H」とあります。「F16H」が何かはこの時点ではわからないのですが、とりあえずハーモニック・ドライブのコア技術領域が「F16H」らしいということがわかります。本来は、ハーモニック・ドライブの「F16H」の特許をいくつか読むべきなのですが、「固め出し」を確認して、「高減速比化」つまり「減速比を大きくする」というのがトピックのようだ、という結論を出していますので、今

図20 ▶ ハーモニック・ドライブが注力している技術領域は「F16H」

	CPCs
F16H	37.9%
Y10T	13.7%
F16C	11.2%
H02K	6.7%
G01D	4.3%

出典：Google Patents　※データは調査当時のもの

回はそれ以上のところは割愛します。

次は競合の状況です。

競合として、日本電産シンポの名前を挙げていますので、「日本電産シンポ　F16H」で検索してみます。結果は次頁の図21のような感じですね。

頁下の2次元コードから最新の検索結果のURLにアクセスできます、興味のある方は見てください。

僕が Google Patents が便利だなぁと感じるのは、検索結果としてキーワードが含まれている文章が5行ほど出てくるところなんですね。

ここを見れば、技術の概要がだいたいわかります。要するに、関連特許のサマリーリストみたいな感じで使えるんですね。

ハーモニック・ドライブとの違いが知りたければ、ハーモニック・ドライブの検索結果と見比べてみればいいんです。

リストに目を通してみると、日本電産シンポの場合は、キーワードとしては「薄型」という言葉が目につきます。ハーモニック・ドライブは「高減速比化」で、日本電産シンポは「薄型化」。まずは、それぐらいでいいんですね。慣れるまでは、トピックとして「薄

日本電産シンポ「F16H」の
検索結果（Google Patents）

図21 ▶ 日本電産シンポの「F16H」特許群を読み、ハーモニック・ドライブと比較する

出典：Google Patentsによる検索結果に著者が加筆
※データは調査当時のもの
※2023年4月1日に、日本電産シンポ株式会社はニデックドライブテクノロジー株式会社に社名変更しています

型」があるんだな、今度IR担当者に聞いてみようかな、くらいの読み方で大丈夫です。ハーモニック・ドライブが「高減速比化」ですから、高減速比化についてはどう考えておられますか？ という質問もできますね。

「技術のことは、あんまりよくわからないんです」という方も、特許の中で何がトピックになっているのか意識して検索結果を眺めるだけでも、競合とどこが違いそうか、手がかりが得られると思います。

何がどう薄型になるのか、もっと知りたければ、検索キーワードに「薄型」を追加すれば関連特許が表示されます。

このように、あたりをつけながら深掘りしていけば、技術に詳しくなくても、コア技術や注力分野を特許から読み解くことができるんですね。

次に、中国のリーダードライブの特許を調べてみましょう。わかりやすく言うと、中国のハーモニック・ドライブみたいな企業で、ハーモニック・ドライブのものと同タイプの減速機をつくっています。

Google Patentsで「assignee」に、「苏州绿的谐波传动科技有限公司」と入れてみましょう。面倒くさいですね（笑）。

次頁の2次元コードから最新の検索結果のURLを

読み取れるようにしましたので、ぜひ覗いてみてください。

　検索結果にざっと目を通すと、「振動の減衰」が直近の重要なトピックのようだな、とわかりました（データは調査当時のもの）。

　「中国の特許だから中国語で書いてあって、読むのが面倒くさいんじゃないですか？」と思われるかもしれません。でも、検索結果を見ていただくと、英語でも表示されていると思います。
　皆さんのPCや携帯電話の設定によって自動的に英語翻訳が表示されている場合もありますが、米国特許の文章が表示されている場合もあります。もちろん、ブラウザの翻訳機能で英語や日本語にすることもできます。
　だから、中国企業の特許調査も、全然問題ないですよね。

　余談ですが、今はもう中国の特許を読まずに技術調査はできない時代なんですね。分野にもよりますが、多くの最先端技術の中心がアメリカと中国ですから、中国の特許調査は避けて通れない。

リーダードライブ（苏州绿的谐波传动科技有限公司）の特許（Google Patents）

もちろん日本にも重要な技術はたくさんあります
が、やっぱりマーケットが大きいので、中国に出てい
る特許とか、中国企業が出した特許って無視できな
いんですよね。

企業内で開催している発明塾(企業内発明塾)でも、
中国特許も読まないとダメだよね、といつも言って
います。

中国の動向が無視できない、というお話で思い出
しましたが、2020年の「塩野義製薬が中国の平安保
険と提携し合弁会社を設立」というニュースには驚
きました。

日本の保険会社とは組まないの? とも思いまし
たが、今後は中国と中国企業が熱くなるなと、改めて
感じた瞬間でした。

平安保険は、平安科技(平安テクノロジー)というAI
やビッグデータの子会社を持っていて、平安グルー
プの技術の中核は平安テクノロジーだといわれてい
るんですよね。

日本の製薬会社が、医療AIや医療ビッグデータの
会社と組もうと思ったら中国の平安と組まざるを得
なかったっていうのが、実際のところなんだろうと
僕は考えています。

平安テクノロジーは、AI分野の特許ランキングで
中国第3位とされています。

特に医療の分野は、アメリカと中国が最先端になっているといわれていますが、それ以外の分野でも、もはや日本語の特許しか読まないとか、英語じゃないと読めないとか言っていられない時代ですね。幸運なことにAIの進歩のおかげで、読むだけなら語学力はほとんど要らなくなりました。

　脱線しつつ戻ってきましたけども（笑）、中国の特許にもあまりアレルギーを持つ必要はないということです。
　例えば、日本の会社が中国の企業と提携したというニュースを見たら、
　相手の会社はどんな技術を持っているの？
　何のために提供したの？
　社長はこういうシナジーがあるって言っているけどホントなの？
　と特許を調べてみたらいいわけです。便利な時代になりましたね。

07

"ヒアリング"によって
対象企業の本質を
〜日進工具の事例から……

▼

もっと企業と
対話しよう

IR資料などで、企業が知財情報や知財戦略を開示する例は、最近特に増えています。ということは、投資家も特許情報をもとにヒアリングにいっても、おかしくはないわけです。企業側が、特許や知財に関する情報や戦略を積極的に開示しようという「流れ」になっているわけですからね。

ここでは、僕が日進工具に取材に行ってヒアリングしたときの様子を紹介します。特許のどこに注目して、どんなヒアリングをするのかなど、投資家の方がヒアリングをする際の参考にしていただけたら嬉しいです。同時にIR担当の方には、こういう質問がくるんだなということで準備をしておいていただけると、これもまた嬉しいですね。

日進工具は、金型や部品を削る工具であるエンドミルのメーカーで、超小型エンドミルを得意とするメーカーです。

取材を行ったのは、2019年のことです。

ヒアリング前に
特許で調べておきたいことは？

　ヒアリング前に特許で調べておきたい点は、主に2つあります。一つは、コア技術と思われるものが何で、具体的にどんな製品のどこに適用されているのか。もう一つは、キーパーソンですね。

　それらを踏まえて「特許を調べたら、XXさんという技術者の方が結構重要な発明に関わられているんじゃないかなと思ったのですが、実際どうなんでしょうか？」みたいなことを、まず聞いてみるんです。これで、いろいろなことが一瞬で見えてきます。

　日々のプレスリリースとかニュースもチェックしておけば、「先日のプレスリリースにあった製品には、御社のキーパーソンのXXさんが携わられていて、コア技術がZZのように活かされていると思うのですが、どうなんですか？」みたいな質問も可能ですね。

　また、ヒアリングの際に工場を見学させていただける場合があります。その場合は、製品だけでなく、製造プロセスや製造装置についても、その場で現物を目の前に具体的なヒアリングができますから、大チャンスです。こういうチャンスは絶対に逃したくないですよね。あらかじめ工場見学を想定して、こういう現場なんじゃないかとか、こういう工夫をしているみたいだけど実際どうか、のようにある程度調べて仮説を立てて、現場に現物を確認しにいけるようにしておきます。そうすると、企業の方から説明を受ける前に「やっぱりこうやってるんか」「特許は

出願してるけど、現場では（まだ）やってないんやな」
のように、大事なことがわかったりします。

　特許を読んでもわからない部分もあるでしょう。
もちろん僕にもあります。でも、安心してください。
「調べたけどわからなかった」ということも一つの質
問材料になるので、恥ずかしがらず、正直にそう聞
けばいいんです。「XXについて特許で勉強しようと
思ったんですけど、難しくて理解できませんでした、
ちょっとわかりやすく説明していただけませんか」
でいいんです。

　それだけ関心があるんだ、ということを示すのも
大事です。これも一つのコミュニケーションのやり
方で、他の人が得ていない、より深い情報を得るた
めのよい方法じゃないでしょうか。

日進工具の強みは エンドミルでの鏡面加工技術

　このときの取材では、日進工具の工場の一つを見
学させていただけることになっていました。普通は
精密工具の工場みたいなノウハウの塊になっている
工場って、なかなか見学させてもらえないものなん
です。もし見せてくれるとしたら、投資家とお得意
様だけでしょう。だから工場を見学させていただけ
る機会があったら、僕はちゃんと下調べしてからに
したいんです。めったにないチャンスですからね。

　僕は、ヒアリング前に工作機械の展示会に参加し
て、日進工具のブースで製品を一通り見ていたので、

製品の現物がどんなものかっていうのは、だいたいわかっていました。

　精密金型をつくるときに、従来はエンドミルという工具でまず削って、そのあと「磨く」という工程が必要でした。しかし日進工具は、エンドミルだけで鏡面加工ができるようにして、「磨く」を不要にしたすごい会社です。鏡面加工専用の、これまでにない特殊なエンドミルを開発したんですね。現物を見て、今後もおそらく、これを強みにしてどんどん伸びていくんだろうな、と感じました。

　精密金型の需要は膨大だ、とされています。現在は携帯電話、今後はウェアラブルデバイスなどで、要になるからです。これを支える特殊エンドミルの製造技術や工作機械について、現場を見てみっちりヒアリングしたいなと思いました。

特許を見て特に気になった「振動及び傾き検知計」

　そこで、まずはどんな特許が出ているのか、さらっと見てみました。頁下の2次元コードから、Google Patentsで「日進工具」を出願人に指定した場合の最新の検索結果のURLにアクセスできます。興味がある方は見てください。

日進工具の特許（Google Patents）

ざっと調べると、工具業界は電機業界などに比べると特許の件数は多くないようです。日進工具も、特許件数はそんなに多くはありませんね。

多くは出せない、あるいは出さない中で、それでも出しているものには何か意味があるわけですね。例えば、工場内の工夫に関する特許が出ています。製品（工具）自体ではなく、工場内、つまり、精密工具の製造現場の工夫に関する特許が出ているので、僕はちょっと驚いたんですね。

こういう特許を出すのには、良い点と悪い点があります。工場内の工夫なんて黙っとけばわからないというのもありますので、出さない企業が多いかもしれません。でも、日進工具は特徴的な工夫をされていて、それを権利化して守っておきたいんだろうな、と思いました。そして、こういった工場内の工夫の積み重ねが自社の競争力の源泉の一つだと判断しているのかもしれないな、とも思いました。でも、ぶっちゃけて言うと、「振動及び傾き検知計」（特開2017-120190）という特許を見たときには、さすがにこの会社は特許のことわかってないかもしれないな、ってちょっと思ったんですね。だって、これは見学させなきゃ絶対にわからないし、見学しても多分見えないところについているだろうから、言わなければ誰にもわからない。正直なところ、これは特許出す意味ないんとちゃうか？　って思ったんですよね。後ほど、これが僕の浅知恵であったことがわかりますので、ぜひ最後までお読みください（笑）。

「振動及び傾き検知計」特許の技術内容と目的は？

僕が注目した「振動及び傾き検知計」の特許をGoogle Patentsで表示させたものが、次頁の図22です。

日進工具が出した特許の中では、あまりにも毛色が違う特許だったので、これは絶対ヒアリングしようと目をつけました。

先ほども言いましたが、これ、別に出さなくていいんじゃない？ 何でわざわざ出しているんやろ？ と思ったんですよね。

でもそれと同時に、これは結構すごい発明だから技術屋としては特許取りたくもなるね、とも思いました。だから僕は、これが日進工具にとってどれぐらいすごい発明で、工場や生産に対してどれぐらいインパクトがあるのか、実際のところを技術屋として純粋に知りたかったんです。

この特許は、よく見ると日進工具単独の発明ではなく、アドテックスという会社との共同発明になっています。図22の「2015-12-28 Application filed by」のあとに日進工具の他に「株式会社アドテックス」と書いてあるからです。

これはあくまで僕の想像ですが、困っていたときに相談できる会社がアドテックスで、アドテックスと一緒にこの技術をつくり上げた、だから技術的成果として一旦明確にしておく必要があるので特許出願してある、といったところかなと思いました。ノウ

図22 ▶ 注目した「振動及び傾き検知計」の特許　07

"ヒアリング"によって対象企業の本質を～日進工具の事例から……

振動及び傾き検知計

Abstract

【課題】外部要因による生産設備等の振動や傾きの到来をいち早く感知して、生産設備等に電気信号を送ることができる振動及び傾き検知計の提供。【解決手段】三軸の加速度センサと、三軸の地震センサと、三軸の角速度を計測するジャイロセンサと、前記合計9つのセンサの合成値が予めの条件を充足したときにリレー接点信号を出力するよう構成された電気回路とを備え、リレー接点信号がラッチングリレー接点信号であり、さらに好ましくは、緊急地震速報の受信装置をさらに備え、予め定めた条件を充足する緊急地震速報を受信したときにもリレー接点信号を出力するよう構成されてなる、振動及び傾き検知計。【選択図】図1

Images (1)

Landscapes

日進工具とアドテックスの共同出願

JP2017120190A
Japan

🔷 Download PDF　🔍 Find Prior Art　Ｍ Similar

Current Assignee : NS Tool Co Ltd, Adlex Inc

Inventor: 弘男 佐藤, Hiroo Sato, 弘男 佐藤
Takashi Goto, 隆司 後藤

Other languages: English

Worldwide applications

2015 JP

Application JP2015255979A events ⑤

2015 JP

Application JP2015255979A events ⑤

2015-12-28 • Application filed by NS Tool Co Ltd, Adlex Inc

2015-12-28 • Priority to JP2015255979A

出典：Google Patents（特開2017-120190）に筆者が加筆

203

ハウって管理がなかなか難しいんですよね。だから権利化して保有したかったのかなと思いました。厳密には、ヒアリング時点では権利化の途中でした。

　そんなことを踏まえてこの特許発明について質問してみたところ、意外なエピソードが聞けました。聞いてみるもんですね(笑)。
　東日本大震災で、日進工具の工場はかなりのダメージを受けたそうです。単にモノが壊れるとか落ちるとかのレベルではなくて、高価で貴重な製造設備が多数壊れたとのことでした。

　例えば、工具の刃をきれいに磨き上げる研削盤という製造設備があって、これは工具工場の命なんですね。工具の刃を磨き上げる際、研削盤には何十トンもの力がかかるんです。
　なので、研削盤にはすごく太い軸がついていて、そこに砥石をつけて工具の刃を磨きます。その加工中に地震が起きると、主軸ごとゆがんでしまって研削盤は使い物にならなくなるわけです。日進工具の工場にある研削盤って、普通に買うと一台10億円ぐらいする設備だと思います。それが壊れるのは痛いですよね。

　高価な設備なので壊れたら困る、というのはもちろんなのですが、壊れたら修理に何カ月もかかるので生産がストップしてしまう、これがまた困るわけ

です。

顧客にも迷惑がかかるし、もちろん自分たちもすごく困るので、研削盤の主軸が絶対に壊れないように、と「振動及び傾き検知計」を開発したとのことでした。

「振動及び傾き検知計」が具体的にどういう原理のものか、簡単に説明しましょう。

地震の際、揺れが一定の大きさになったら、あるいは、緊急地震速報を受信したら、工具の刃を磨く作業を止めちゃうというものです。原理的にはシンプルなんですね。

だから良い発明だと思います。本格的な揺れの前に機械を止めて、磨いている工具と主軸を離しちゃうんですね。そうすれば、どれだけ揺れても主軸に大きな力はかからないので、研削盤は壊れない。

だから地震があっても、すぐにリカバリーができる。大きな地震が起きても、すぐに生産を再開できる仕組みをつくったということです。これはすごく競争力に貢献するはずだから、権利化しておこうということだったようです。

顧客にとっても、こういう独自技術で工夫されている工場で工具がつくられていれば、安心ですよね。お客様から信頼を得る、という意味でも、こういう特許を出しておいてしっかり説明するのは、正しい姿勢だと感じます。

経営哲学
「地震でも工場を止めない」を特許化

　この特許の発明は、工場を訪問した際にかなり強調して説明しておられたので、やっぱり地震対策は、工具工場のような超精密加工を行う工場にとって、とても重要な技術なんだろうと思いました。

　これ以外にも、工場全体の地震対策や、揺れの影響を排除して工作精度を維持する仕組みについて、丁寧に説明いただきました。そして、地震があっても生産を止めない工場づくりにすごく力を入れていることを、繰り返し説明してくださったんですね。

　僕が最初に「これ必要なんかな？」「出さんでもええんとちゃうかな？」と思っていたこの特許ですが、やはり特許だけ読んでいてもわからないことが多かったな、というのが工場見学とヒアリングを終えた後の正直な感想でした。

　実は、この特許に書かれた発明にはすごく深い意味があって、めちゃくちゃすごい「こだわり」が「ぎっしり」詰まっていた。振動が工具づくりにどれほど悪影響を及ぼすか、彼らは東日本大震災という極限状態で身をもって体験しているので、この発明は絶対に特許を出しておきたい、そういうことだったんですよね。

　そういう思いというか、背景や「地震でも絶対に工場を止めない」という思想や企業としての決意は、取材しないとわからないことでした。

僕はまだまだ特許の読み方が甘いなぁと、帰り道に何度も思いました。

キーパーソンについてヒアリングしてみた

また、日進工具のキーパーソンについても、事前に特許を調べた上で、工場見学のときにヒアリングをしました。

次頁の図23はGoogle Patentsの検索結果画面で発明者リストを表示させたものです。当時の特許調査結果では、渡辺健志さんという方がトップ発明者になっていました。

実は渡辺さんは工場見学のときに案内してくださった技術者の方の上司だったんです。案内してくださった方の名前は伏せておきますが、その方は非常に誠実な技術者っていう感じの方で、日進工具のさまざまな技術について熟知されていました。おそらく渡辺さんのお弟子さんのような立場の方なんだろうと感じました。

そういう人間関係も見えてきて、日進工具にも技術者の方々にも、すごく好感を持ちました。

帰り際に、「さっきの特許みたいに、こういう工夫をいろいろ考えるアイデアマンの方って、社内におられたりするんですか？ ひょっとしてそういう方は、偉くなっておられたりするんですかね？」と質問したところ、「副社長になっています！」と返事が返っ

てきました。

　副社長の後藤さんという方は、発明者リスト（図23）で、2番目に出てきます。前述の地震対策の特許でも発明者に入っていました。

　その後いろいろ調べてみたところ、トップ発明者の渡辺さんの上司だったんじゃないかなという印象を持ちました。

　こんなふうに、「人のつながり」「組織の風土」みたいなのも、特許とヒアリングからちゃんとわかるんですよね。

　今回のヒアリングで、日進工具はちゃんと後継者育成をしていることがわかりました。

　こういう企業なら安心して投資できそうだな、という感じですね。もちろん、取引先としても安心ですよね。だって地震でも止まらない工場と、信頼できる技術者がいるんだから、文句なしです。

図23▶ 日進工具の「キーパーソン」を見る

Assignees	Inventors	CPCs
➤ 健志 渡辺		28%
➤ 隆司 後藤		26.3%
➤ 浩志 渡辺		26.3%
➤ Kenji Watanabe		21%
➤ Hiroshi Watanabe		19.2%
Expand		

出典：Google Patents（assignee: 日進工具 での検索結果）より
※データは、その後再調査したもの

さらに、後藤さんは実は今でもキーパーソンのようだ、ということもヒアリングでわかりました。多忙な中でも、いろいろなアイデアを出しておられるようでした。

こういうことは、やはり実際にヒアリングしないとわからないですね。

もちろん、手ぶらでヒアリングしてもそんな深い話にはならないので、キーパーソンを突き止めておいて、いいタイミングで質問する、というのが大事だなと改めて痛感しました。

これはヒアリング事例の一つでしかないのですが、こうやって事前に特許をきちんと調べていったことで、やはりなかなか普通は聞けない話が聞けたかなという気がしますし、日進工具の技術や組織、経営思想についてすごく理解が深まりました。

そもそも「特許を調べました」と言っただけでも、IRの方はとても喜んでおられました。

自分の会社に興味を持ってもらえるのは、誰であっても嬉しいことじゃないかなと思います。

08

「強い特許」を知ることで、特許自体に明るくなる ～3Mの事例から……

▼

特許に明るくなるには「強い特許」を読んでみる

スポーツがうまくなりたいと思ったら、一流選手の一流の試合を見るのがよいといわれていますよね。それと同じように、特許に明るくなろうと思ったら、強い特許として定評があるものを読むのが近道だと思います。ここでは、3Mのめちゃくちゃ強い特許を取りあげます。強い特許というのは、多くの場合、企業が戦略的につくっているものです。

特許業界では、特許のことを「玉」「弾」（たま：弾丸のこと）と言ったりします。知財戦略とか特許戦略というぐらいですから、特許の現場は戦争です。だから相手と戦うための「玉」が必要なんですね。そして、いい玉をつくるのは知財部の重要な仕事の一つなんですね。

もちろん、知財部だけでつくれるわけではなく、発明者になる技術者の協力が欠かせないのですが、どう協力してもらうかまで含め、「玉づくり」は知財部の腕の見せ所なんですね。発明塾では、玉づくりのことを「戦略的知財活動」と呼んでいます。

発明塾の参加者に「この３Ｍの特許網を突破できたら、金一封差しあげますよ」と冗談交じりによく話すのですが、ここで紹介する３Ｍの特許網は、それぐらい巧みにできています。

何十年も増配を続けているだけのことはあるなと思わせます。

なので僕は、特に技術者の方には、教材やセミナーで取りあげている３Ｍの特許は絶対読んでよね！って言っています。とても勉強になるし、常にマークしておきたい企業であり特許なんですね。

世界シェア90％以上！３Ｍのすごさとは？

僕がいつも紹介している「３Ｍの強い特許」って、いったいどんなものか、簡単に説明すると、クルマの傷つき防止などのために貼る保護フィルムに関する特許で、発明としては非常にシンプルなものです。繰り返しですが、シンプルなものが特許になると強いんですよね。

例えば携帯電話やタブレットに保護フィルムを貼るときって、気泡が入って残ってしまうなんてことがありますよね。でも、３Ｍのフィルムだと、なんとなく空気が抜けていって、気泡が残らない。これが特許技術で、３Ｍの気泡が残らない保護フィルムは、世界シェア90％以上のダントツ製品なんです。繰り返しですが、技術的には非常にシンプルなものです。なので、つくり方がわかれば、多くの企業が製造販

売できるんじゃないかなぁと思うのですが、特許網が圧倒的すぎて誰も参入できないんです。

実は、この「気泡が残らない保護フィルム」の特徴は、フィルムの粘着面に「空気を抜くための溝を入れた」、という部分にあります（図24参照）。

要するに、ただ溝をいれただけなんです。え？ それだけ？ って思いますよね。それって誰でも思いつくよね、そんな感じの印象を持つ方が多いでしょうか。実は、過去には似たような特許はたくさん出ているんですけど、ドンピシャで同じものがなかったんですね。３Ｍがそれをうまく製品化して、非常にうまく権利化したということです。

３Ｍの知財部の人は、やっぱり優秀なんだろうと思いました。僕はこの特許に出会って以来、３Ｍと３Ｍの知財部の方を、とても尊敬するようになりました（笑）。まぁ、とにかくすごいんですよね。エグいというべきかもしれません。その「すごさ」というか「エグさ」を、今から紹介します。

図24▶ ３Ｍの「気泡が残らない保護フィルム」とは？

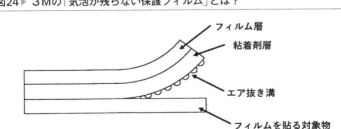

出典：US10773490B2の図に追記して作成

分割出願を繰り返し、
強固な特許網をつくる

　実は３Ｍは、この「溝」に関して、日本で400件、グローバルだと800件以上の特許を出しています。そして、徹底的に分割出願を活用しています。ただでさえ多い特許を、さらに分けて、どんどん数を増やす。数を増やすだけじゃなくて、権利の範囲も広げていく。分割出願は、強固な特許網をつくり上げたいときに非常によく使われる手法の一つでしたね。そのお手本のような例です。

　実際、僕はこの３Ｍの特許網を読み解いて、特許網構築の手法について詳細を分析し、レポートとして販売しており、これは発明塾における特許戦略のテキストになっています。分割出願を多用している理由には、ひょっとしたら費用的なものもあるかもしれません。多くの企業は、世界各国に特許を出す前に、その基になる出願として国際特許出願をします。国際特許出願をしておけば、一定の猶予期間を経て、世界中の国に順次出願できる仕組みになっているんですね。

　３Ｍは、一旦国際出願をしておいて、そこから例えば日本に出願し、分割していく方法を多用しています。詳細な意図はわかりませんが、初期の手続きや費用を抑えながら、必要なタイミングで特許を一気に増やすという戦略なのかなと、僕は考えています。彼らなりに、「コスパ」よく、強烈な特許網をつく

る方法をいろいろ試した上で、一つの戦略としてつくり上げているのかもしれませんね。

シンプルな製品を特許で徹底的に守って……

「気泡が残らない保護フィルム」は、技術的にはシンプルなものです、と先ほど説明しました。そうは言っても、粘着剤に溝をつけるってどうやるんでしょうか？ ベタベタして難しそうですね（笑）。

３Ｍは、最初に凸が付いたツルツルした紙（剥離紙）を準備して、そこに粘着剤を塗っておくことにしました。そこにフィルムを貼り合わせて完成です。剥離紙をペロッと剥がすと、溝のついた粘着テープができ上がるわけですね。これなら簡単です。製造コストも従来とあまり変わらないにもかかわらず、空気がきれいに抜ける。コストは上がらないけど、すごく効果がある。これはいい発明ですね。

簡単ですから、当然みんな真似してくる、３Ｍはそう考えたんでしょう。だから、非常にうまく考えられた強い特許を、徹底的に、これでもかというぐらい取っています。３Ｍは多種多様な製品を開発販売していますので、これが３Ｍの定番の戦略だとは言いませんが、他の製品でも似たような特許戦略になっている例を見たことがあります。だから、ある程度定石として確立しているのかなと思います。

シンプルな製品というのは、売れたときにものすごく儲かる可能性がありますよね。原価があまりか

からないからです。それを特許で徹底的に守る方法を３Ｍは知っている、つまり、シンプルな製品と特許で高収益を長く続ける術を３Ｍは持っている、ということになりますね。

第1章でお話ししましたが、３Ｍは米国を代表する配当貴族の企業です。３Ｍが配当貴族であり続けている理由は、特許以外にもたくさんあると思います。でも理由の一つに、シンプルな製品を特許でしっかり守って高収益を持続させている、そういう「勝利の方程式」を持っているというのはありそうですよね。シンプルな製品はみんなが真似したがりますから、いい発明を守り抜いて高収益事業を続けるには、やはり特許戦略や知財戦略が大事なわけです。そういう例の一つとして、投資家の方はもちろんですが、知財部門や新規事業部門、技術部門の方にも参考にしてもらえれば嬉しいです。

もちろん３Ｍも、この製品を特許だけで守っているわけじゃないでしょう。営業とかアフターサービスとか、事業の参入障壁にはいろいろな要素があります。そしてそもそも、そのアイデアを思いついた技術者の存在も重要です。でも、知財の人がいい仕事をしたから、３Ｍの気泡が残らない保護フィルムはすごく儲かった。これは事実でしょうね。あの特許網がなかったら、と考えてみると、僕は３Ｍの特許網の威力を明確にイメージできます。これぞ特許の威力、これぞ特許戦略、という感じでしょうか。

特許を取らずに
競合を牽制し続ける

　ちなみに「気泡が残らない保護フィルム」には、もう一つすごい特許戦略があったんです。

　実は３Ｍは、特許の審査を意図的に引き延ばすことで競合他社を牽制するという方法を最大限に利用しています。

　このフィルムに関する特許の一つは、1996年に最初に出願されてから、長期にわたって分割出願が繰り返されているんですね。気になったので分割出願された特許を全部調べてみたら、その後たった1件しか権利化できていないんですよね。

　1件を権利化した後、さらに何度も分割を繰り返しているんです。そういうことはよくあるのですが、これについては、単なる引き延ばし工作にしか見えないんです。

　例えば、すぐに審査請求をかけず、審査官との対応もギリギリまで引き延ばす。その上で、分割して出願し直すということを何度も繰り返しています。ある発明に関する特許が、永久に審査中の状態になっているんですね。そうやって引き延ばして、なんと20年の間、審査中にしたんです。

　特許が有効なのは出願してから20年なので、審査もそこで終了です。参考までにその過程を整理した表の一部を掲載しておきます（図25）。多分彼らは、元

の出願がそのままでは権利にならないことは、わかっていたと思うんですよね。もしくは、そもそも権利化するつもりがなかった。

それをわかっていて20年引き延ばしたんです。

だって、本当に権利化したければ、権利範囲を狭めていけば、部分的に権利は取れるわけです。３Ｍの他の特許では、そういう例もあります。でも今回はそうしないで、分割する際に言葉や表現を絶妙に変えたりして、競合他社に「これ、もしかしたら特許になるかも？」と思わせるような、モヤッとした状態を永久につくり続けていたんです。

競合他社からすると、３Ｍを超える商品を開発したくても、３Ｍの特許を侵害しないように慎重に進めないといけないので、思い切って攻められないんですね。それが1件だけでなく何十件もあると、「これから先、どういう特許になるかわからない、危ないからやめておこう」ってなるわけです。

セミナーで知財部の方に特許を読んでもらったら、「面倒くさすぎて、特許網をくぐり抜けるのは諦めようって思います」という声が出た、というお話を第1章でしましたね。

実際に「気泡が残らない保護フィルム」では３Ｍが圧倒的シェアを誇っているわけですから、見事な戦略勝ちだといえるでしょう。

図25 ▶「分割出願」を使って審査を引き延ばした？

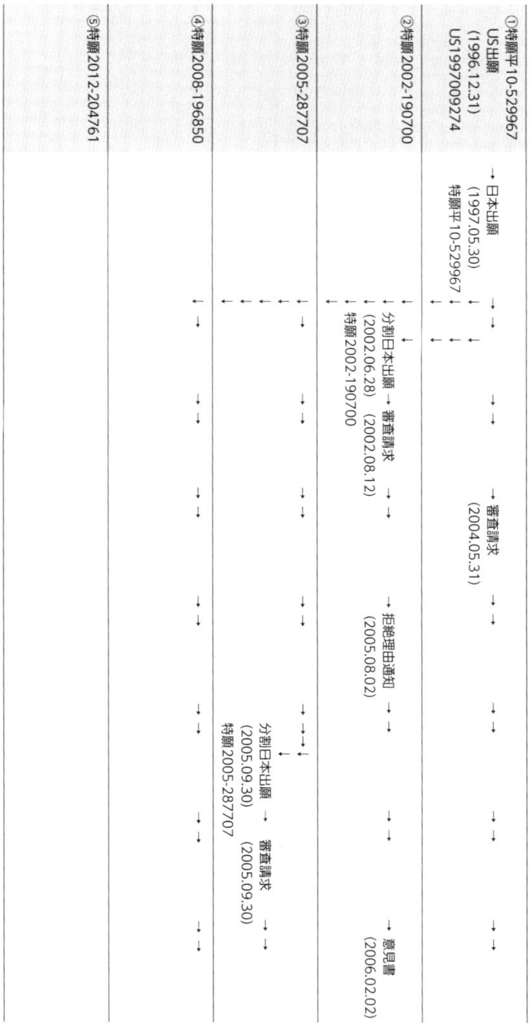

分割出願の経緯

〈特許A群の経過情報〉　2014.04.15　現在

①特願平10-529967
US出願
(1996.12.31)
US1997009274
→ 日本出願
(1997.05.30)
特願平10-529967

②特願2002-190700
審査請求
(2004.05.31)

③特願2005-287707
分割日本出願 → 審査請求
(2002.06.28)　(2002.08.12)
特願2002-190700
拒絶理由通知
(2005.08.02)

④特願2008-196850
分割日本出願　　審査請求
(2005.09.30)　(2005.09.30)
特願2005-287707
意見書
(2006.02.02)

⑤特願2012-204761

出典：TechnoProducer

09

特許件数が少ない
企業の評価法
～グレイステクノロジーの事例から……

▼

■ マニュアルをDXする
グレイステクノロジー

ここまで読んだ方は「結局、特許数が多い企業がまずは安心なのかな」と思われたかもしれません。

基本的には、特許数は多いほうが評価もしやすいですし、いろいろ安心かもしれません。でも、特許数は少ないけれど急成長している企業を評価したい場合はどうすれば良いのでしょうか。これも実は、投資家の方からよくある質問なんですよね。数が出るまで待っていたら投資機会を逃しちゃう、ということのようです。

少しシビアに見る必要はありますが、たとえ数件しか出てなくても、特許から技術や企業の評価はできるんですよね。

ここでは、グレイステクノロジーという企業の例[※]で、特許件数が少ないときの分析法をお話しします。

※資料と調査内容は2020年7月時点のものです。同社は現在上場廃止になっています。

グレイステクノロジーは、一般の方にはなじみが薄い企業かもしれません。実は僕も、投資家の方か

219

ら「この企業、特許が数件出ていますが、楠浦さんどう思います？」と質問されて初めて知りました。

この会社は、僕が調査を行った後、2021年に不正会計が発覚して、その後上場廃止になっています。ただ、経営問題とは切り離して、ここでは「特許」の観点から同社の強みや独自性を見ていきます。

HPには「企業のDX推進を支援する」とあります。簡単に紹介すると、電子マニュアルの作成支援から管理までをワンストップで行っている企業ですね。

彼らのサービスである「電子マニュアル」に、いったいどんな技術が使われているのか。何が強みなのか。HPやIR資料を見てもよくわからなかったのですが、特許を丁寧に読んでみて、かなりピンときたんです。少ない特許しかなかったんだけど、そこからとてもうまい具合に「技術」と「強み」が把握できた。その辺の「感触」を、皆さんと共有できたらと思っています。

以下の文は、同社の第21期第1四半期の有価証券報告書の抜粋です。

先行きには予断を許さない状況となっております。国内大手メーカーでは、先進技術に対応するための研究開発投資、及び人手不足に対応するための省力化投資、並びに老朽化した設備の更新等を積極化しており、『マニュアルを「本当に使えるもの」にし、「ムダな経費・工数のかからない」品質の

高いマニュアルの普及に努める』という当社の使命と市場ニーズとの適合性が高まっております。

　このような経済環境の下、当社では、付加価値の高い製品・サービスの提供に積極的に取り組み、受注・売上・収益の拡大に努めてまいりました。

　経営戦略につきましては、当社の主力サービスである「e-manual」の導入促進を積極的に図った結果、「e-manual」の導入者数は52社となりました。今後もより一層、「e-manual」「GRACE VISION®」の普及に努めてまいります。

　2019年11月に設立した米国子会社GraceVision Inc.につきましては、米国内での新型コロナウイルスの感染拡大により、現在、稼働を停止しておりますが、引き続き、今度の感染拡大状況の把握に努めてまいります。

　また、成長のスピードを速めるために、シナジー効果が期待できる企業へのM&Aや事業提携等を引き続き積極的に検討してまいります。

　技術面につきましては、「e-manual」及び「完全誘導型AIマニュアル」である「GRACE VISION®」の機能向上に引き続き取り組んでおります。

　営業面につきましては、クライアントからの「高品質なマニュアル」への要求の高まりから、コンサルティング案件及び「e-manual」の導入社数が増加いたしました。

※網掛けは筆者による

「e-manual」とあるのは、要するに「電子マニュアル」

09

特許件数が少ない企業の評価法～グレイステクノロジーの事例から……

のことですね。ここだけ読んだら、まあイマドキだからマニュアルは電子化する時代だよね、で終わってしまうでしょう。いくら業績が伸びているといっても、製品や技術にどれぐらいの独自性があるのか、競争に勝ち残れる将来性がある会社なのかは、また全然別の議論です。ちゃんと読み解かないと、一過性のブームで終わってしまう会社なのか、その先もしっかり企業価値向上を続けていける会社なのか、判断を誤ることになります。

　ここでは「e-manual」と「GRACE VISION」というキーワードをとりあえず拾っておきます。マニュアルを電子化すると紙を持ち歩かなくていい、とかそういうレベルの話だったら僕はあまり興味がなかったんですけども、特許を調べてみたら、紙マニュアルの単なる電子化の話ではなかったんです。電子マニュアルって、結構奥が深いことがわかりました。

▍特許件数は8件、 「強みは何か」どう読み解く？

　図26はグレイステクノロジーのIR資料を基にサービスの特徴を整理したものです。自社のクラウド型マニュアル管理サービスにはこんな特徴がありますよ、という説明が細かくされています。
　まさにこのあたりの内容が特許として権利化されているので、特許と照らし合わせて読んでいただくための資料として作成しました。

図26 ▶「e-manual」の3つの特徴

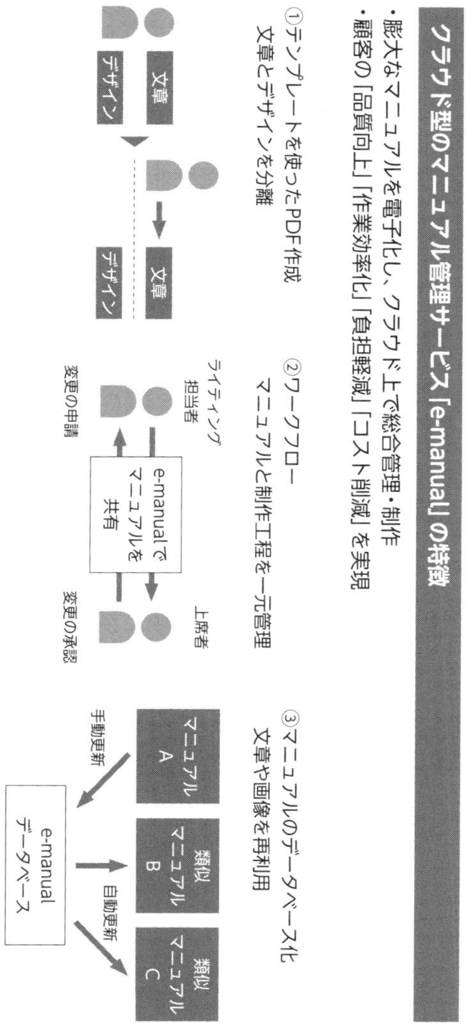

クラウド型のマニュアル管理サービス「e-manual」の特徴

- 膨大なマニュアルを電子化し、クラウド上で総合管理・制作
- 顧客の「品質向上」「作業効率化」「負担軽減」「コスト削減」を実現

①テンプレートを使ったPDF作成
文章とデザインを分離

文章　デザイン

↓

文章　デザイン

②ワークフロー
マニュアルと制作工程を一元管理

ライティング担当

e-manualでマニュアルを共有

上席者

変更の申請　→　変更の承認

③マニュアルのデータベース化
文章や画像を再利用

マニュアルA　類似マニュアルB　類似マニュアルC

手動更新　自動更新

e-manualデータベース

出典：グレイステクノロジー BUSINESS REPORT2020年3月期 2019.4.1-2020.3.31の図を基に作成

例えば製品のマニュアルを改訂する場合、変更したい部分についてその製品のマニュアル管理者の承認を得て、改訂するんですね。一つ変更して終わりならそれでいいんですけど、実際には、似たような製品のマニュアルが他にもたくさんあって、そっちも変更しないといけないことが、意外によくあります。例えば、法律が変わったとか、部品が変わってその部品を共用しているすべての製品に影響があるとか、そんな場合です。そういうときに一つひとつ、変更が必要か、変更して大丈夫か確認して改訂していくのは、結構面倒くさいんですね。

　同じようなことが、例えば、翻訳版についてもいえます。日本語版と英語版とドイツ語版など数カ国版があったりすると、全部変えないといけない。これ、意外と大変なんです。変更した部分を翻訳版で一つひとつ確認して、改訂しないといけない。変更した翻訳版の翻訳チェックは誰がやるねん、とか、もういちいち面倒くさいんですよね。

　実はこの辺の課題は、図26の③にある「マニュアルのデータベース化」「文章や画像を再利用」で解決されているわけですが、これは後で特許の内容を解説しながら詳しく説明します。

　僕が以前、川崎重工業でオートバイの開発を担当していたときは、開発したオートバイのいろんなマニュアルの原本を設計者がつくっていました。基本的に、設計者が製造法や内部構造や使い方について

一番詳しいので、当時は設計者自らマニュアルづくりまでやっていたんですね。

　なので僕は、マニュアル作成の仕事がいろんな意味でかなり面倒な作業だってことはよくわかっています。本当のところ、マニュアルづくりはできたらやりたくないなって、いつも思っていました（笑）。

　でも、誰かが「やりたくない」と思うところにニーズがあるわけで、グレイステクノロジーは、技術を使ってそこにうまく入っていった企業なんですね。

　肝心の「グレイステクノロジーの技術や強みは何か？」ということなんですが、当初、IR資料を見ても、ピンとこなかったんです。でも、IR資料と特許を照らし合わせて読むと、電子マニュアルの業界に明るくない素人の僕でも、結構いろいろなことがわかってきました。

▌特許を深く読むために、 ▌まず分類する

　グレイステクノロジーの特許は、たった8件しかないんです。件数が少ないときは、やはりじっくり読むしかないですよね。でも、ここでもやはり読み方というのがあります。やみくもに、一字一句丁寧に読めばいいということではないんです。以降、読み方を紹介します。

※調査を行った2020年時点の件数、2024年6月現在は11件。調査当時の8件の特許
　については図27、図28、図31を参照。

8件の大まかな内容と基本的な情報を、まずGoogle Patentsで確認します（頁下の2次元コードから最新の検索結果のURLが読み取れます）。

　なおGoogle Patentsは、遅い場合は1カ月以上前の情報になっている可能性がありますので、本当に最新の情報が知りたい場合はJ-PlatPatで確認してください。

　今回は、まずGoogle Patentsで確認して、必要があればJ-PlatPatを見る、ということにします。

　8件ですから読めますし、読めば内容はわかります。焦る必要はまったくありません。

　まず、対象になっている製品や技術で、特許をグループ分けします。IR資料やホームページの情報と特許に書かれている発明の内容を照らし合わせて、分けていきます。

　さらに細かく分けたい場合は、製品や技術で分けた後に、課題で分けていきます。

　最後に、出願日で並べ替えます。そうやって作成したリストが図27と図28です。

　まず製品や技術で分けてみると、電子マニュアルや、マニュアル作成技術に関する特許が6件ありま

グレイステクノロジーの特許（Google Patents）

図27 ▶「マニュアル作成技術」の特許で、「用語の統一」に関する3件

① **ドキュメント作成支援システム　JP2020016945A**
　JP 幸治 松村 グレイステクノロジー株式会社
　Priority 2018-07-23・Filed 2018-07-23・Published 2020-01-30
　最初の出願であり、JP6454440B1で登録 (日本出願のみ)。

② **ドキュメント作成支援システム　WO2020116014A1**
　WO JP 幸治 松村 グレイステクノロジー株式会社
　Priority 2018-12-05・Filed 2019-10-03・Published 2020-06-11
　用語統一関連の2つ目の出願であり、最初の出願 (7月) から約半年。
　この間、「翻訳」についての発明が出願されている。
　用語統一と翻訳は、セットで進められている。
　日本は、JP6638053B1で登録になっている。

③ **ドキュメント作成支援システム　JP6710881B1**
　JP 幸治 松村 グレイステクノロジー株式会社
　Priority 2019-09-04・Filed 2019-09-04・Granted 2020-06-17・
　Published 2020-06-17これも登録 (日本出願のみ)。

出典：TechnoProducer (※調査当時のデータ)

図28 ▶「マニュアル作成技術」の特許で、「翻訳」に関する3件

④ **ドキュメント作成支援システム　WO2020039729A1**
　WO JP 幸治 松村 グレイステクノロジー株式会社
　Priority 2018-08-24・Filed 2019-06-24・Published 2020-02-27
　日本は JP6517414B1で登録、WO (国際出願) も出している。
　最初の出願 (用語統一) のちょうど1か月後 (7月23日に対して8月24日)。
　最初から、両方出すつもりであったと考えるのが正しい、つまり、両方の特許は
　セットで考えるべきもの。

⑤ **ドキュメント作成支援システム　JP6602993B1**
　JP 幸治 松村 グレイステクノロジー株式会社
　Priority 2019-02-06・Filed 2019-02-06・Granted 2019-11-06・
　Published 2019-11-06　これも登録 (日本出願のみ)。ちなみに、⑤と⑥は同日出願。

⑥ **ドキュメント作成支援システム　JP6602994B1**
　JP 幸治 松村 グレイステクノロジー株式会社
　Priority 2019-02-06・Filed 2019-02-06・Granted 2019-11-06・
　Published 2019-11-06　これも登録 (日本出願のみ)。

出典：TechnoProducer (※調査当時のデータ)

した。残りの2件はウェアラブルデバイス関連です
が、これは後で取りあげます。グレイステクノロジー
のコア技術はマニュアル作成技術なので、まずこの6
件の内容をしっかり理解すればいいんです。2件減り
ましたね、ラッキーです(笑)。

　さらに課題で分けてみると、6件のうち、用語統
一の課題に関するものが3件(図27特許①〜③)で、翻
訳の課題に関するものが3件(図28特許④〜⑥)でした。
先ほどお話ししたように、翻訳版に関する課題の解
決も重要なんじゃないかということが、特許からも
なんとなく見えてきましたね。

　出願された日付にも注目し、用語統一に関して
こういう順番で出ているな、ドキュメントの翻訳に
関するものがこの順番で出てるな、と見ていきます。
特許が出願された日付を追っていくと、開発や発明
の流れや、発明の思考の流れ、仕事の流れがわかる
んです。発明が出たら、できるだけ早く特許を出す
のが普通ですから、いつ誰が何を考えたかが、特許
出願の日付と内容でわかる。これって結構大事なん
ですよね。

　準備段階として、まずは分類できる程度に読む。
それだけで、少ないながらも情報は確実に取れます
し、理解が深まります。準備は終わりましたので、さ
らに深く理解するために特許を一つひとつ読んでい
きます。

「用語統一」技術の特許を読む

まずは電子マニュアルの用語統一に関する3件の特許を読みます。電子マニュアルに関する特許6件のうちの3件を占めていますし、マニュアルのようなドキュメントにおいて用語統一が重要なのは当たり前ですから、グレイステクノロジーの「強み」を理解する上でここが一丁目一番地です。発明塾では、発明を理解するには技術の流れを理解する必要がある、と教えています。

発明の連続が技術であり、技術は多数の発明からでき上がっているんですね。

図29 ▶「用語の統一」に関する特許
　　　～①「ドキュメント作成支援システム」（JP2020016945A）

ドキュメント作成支援システム

Abstract

【課題】文書の品質又は機密を保持するのに好適なドキュメント作成支援システムを提供する。【解決手段】マニュアル作成支援サーバは、パーツ管理テーブルからパーツを選択し、選択したパーツに関する記述をマップ情報に組み込む。これにより、複数のマニュアルでパーツを活用できる。また、パーツ管理テーブルのパーツを更新すると、更新対象となるパーツを使用している複数のマニュアルにおいて、更新内容が共通に反映される。また、アクセス権限及びアクセス許可に基づいて、複数のマニュアルで共用されるパーツ又は要素に対するアクセス（作成、閲覧、編集又は管理）を制御する。【選択図】図4

**複数のマニュアルで使っている
文章や図面を、共有パーツとして
一元管理する、という発明**

出典：特開2020-016945（特許6454440として登録）より著者が加筆（Google Patents使用）

バラバラの人がバラバラにいろいろなことをやっていても、技術や製品にはならない。誰かコアになるメンバーがみっちり発明を続けることで、発明の束が技術になり、それがコア技術になって製品になり、さらに会社の中核になる事業になって、何億、何十億、何百億と売れるようになっていく。だから特許に書いてある発明を、連続したものとして読むのがポイントです。

会社で技術や製品を開発している過程を想像しながら特許を読むといいですね。すごい発明が一つポーンと出てくる、というイメージではなく、「他の発明とつながっているんじゃないかな」と「技術の流れ」を意識して特許を読んでいくことが大事です。

用語統一に関する特許の一つである「ドキュメント作成支援システム」という特許には、マニュアルの文言や図面がモジュール化されパーツになっていて、パーツごとに管理して、共通するパーツは他のところでも使えるようにする、という発明が書かれています。これ、なかなか面白い発明なんです。

例えばマニュアルのあるパーツ（ある部分）を変えたい場合、他のマニュアルのどこかで同じパーツが使われていたら「ここでも使われているぞ」という情報を教えてもらえるんです。さらに、自分が担当しているマニュアルのあるパーツの文言を変えたいけど、そのパーツを他のマニュアルでも使っている、ということがあります。この場合、本当に変更していいかどうかを、他のマニュアルの担当者に確認しないと

いけない。普通であれば非常に面倒な作業が発生するのですが、それもこのシステムが自動でやってくれるわけです。

なかなか気が利いているな、と思いましたね。世の中進歩しているんやな、っていうのを肌で感じた瞬間でした。

課題、目的、解決手段を書き出せば上級者

特許を読む際は、要約部分から概要を理解するだけでなく、自分で「課題」「目的」「解決手段」を「抜き書き」して整理すると、さらに一歩進んで、特許情報活用の上級者になれます。

これが、上級者になるための「フォーマット」ですね。今回、グレイステクノロジーはたった8件ですから、ぜひやってほしいんです。

例えばこんな感じです。こういう整理をしてみてはどうですか？ という参考例として、読んでみてください。

以下の2次元コードから、特開2020-016945（特許6454440として登録）のURLにアクセスできます。

特開2020-016945（特許6454440として登録）
(Google Patents)

● 課題

【0004】より

"複数の文書に同一の文章要素片を埋め込む場合、一の文書に埋め込まれた文章要素片を編集すると、他の文書に埋め込まれた文章要素片も変更されてしまう。文章要素片の編集を自由に行い得ると、文書の内容が保証されず文書の品質を保持することが難しいという問題があった。また、機密に係る文章要素片を文書に埋め込む場合、文書の閲覧を自由に行い得ると、文書の機密を保持することが難しいという問題もあった。"

● 目的

【0005】より

"そこで、本発明は、このような従来の技術の有する未解決の課題に着目してなされたものであって、文書の品質又は機密を保持するのに好適なドキュメント作成支援システムを提供することを目的としている。"

● 解決手段

【要約】より

"マニュアル作成支援サーバは、パーツ管理テーブルからパーツを選択し、選択したパーツに関する記述をマップ情報に組み込む。これにより、複数のマニュアルでパーツを流用できる。また、パーツ管理テーブルのパーツを更新すると、更新対象となるパーツを使用している複数のマニュアルにおいて、更新対象となるパーツに対し更新内容が共通に反映される。また、アクセス権限及びアクセス許可に基づいて、複数のマニュアルで共用されるパーツ又は要素に対するアクセス（作成、閲覧、編集又は管理）を制御する。"

明細書内には、先ほど取りあげた「他でも使われて

いるパーツ」の変更を具体的にどうやって管理しているか、さらに具体的な解決手段がいろいろ書いてあります。

　例えば、書き換えようとしたら、「書き換えたらあっちも変わるから注意してね」みたいなメッセージや、「書き換えていいかどうか、別の担当者とやり取りしてください」みたいなメッセージが表示される、など、マニュアルの管理改訂を効率化する、さまざまな工夫が凝らされているのだろうと感じました。
　これって、言われてみれば当たり前、なんやそれだけか、というシンプルな発明なんですよね。でも、シンプルなものほど、特許になると強いので、この特許はなかなかいい特許かもしれませんね。

　僕も川崎重工業時代、自分が設計したオートバイだけでなく、他のいろんなオートバイでも使われている「共通部品」の設計変更を数多くやりました。面倒くさいんですよ、これがまた。関連するエンジンの担当者全員と、いちいち交渉していました。でも、マニュアルではそういうことはやったことなかった、と思い出しました。

　そもそも「共通する文言をモジュールにして使いまわす」みたいなのは、電子マニュアルだから出てくるわけですし。なので、僕個人としては「あーなるほど、そういう発明もあり得るのか」と、完全に盲点

09
特許件数が少ない企業の評価法 〜 グレイステクノロジーの事例から……

233

を突かれた感じでした。まさにこの点について特許
が認められたんだなと思いました。

　繰り返しですが、これは結構シンプルな発明なの
で、うまく権利化されていたら回避するのが難しい
だろうな、というのが「請求項」を読む前の僕の印象
です。

┃「請求項」から技術を理解し、┃「強さ」を評価

　ここまできたら、権利化された「特許6454440」が
強いのか、うまく権利が取れているのか、気になり
ますね（笑）。では、権利の範囲を定めている登録後の
「請求項」を読んでみましょう。

　請求項1を以下に抜粋引用します。わかりやすい
ように、構成要素ごとに改行を入れておきます。

【特許6454440の請求項より】
【請求項1】
1又は複数の要素からなるパーツを記憶するパーツ
記憶手段と、
ドキュメントごとに、前記パーツの配列順序又は階層関係を
規定したマップ情報を記憶するマップ情報記憶手段と、
前記パーツ記憶手段のパーツ及び前記マップ情報記憶手段の
マップ情報に基づいて、前記パーツを構造化した構造化デー
タを生成する構造化データ生成手段と、
前記パーツのレイアウトを規定したレイアウトテンプレート

を記憶するテンプレート記憶手段と、

前記構造化データ生成手段で生成した構造化データ及び前記テンプレート記憶手段のレイアウトテンプレートに基づいて前記ドキュメントを生成するドキュメント生成手段と、

アクセス制御情報を記憶するアクセス制御情報記憶手段と、

前記アクセス制御情報記憶手段のアクセス制御情報に基づいて、複数の前記ドキュメントで共用される前記パーツ又は前記要素に対するアクセスを制御するアクセス制御手段とを備え、

前記アクセス制御手段は、複数の前記ドキュメントで前記パーツが共用される場合、当該複数のドキュメントのすべてに対して出力、更新又は作成を含むアクセスの許可が設定されることを条件に、当該パーツに対する当該アクセスを許可することを特徴とするドキュメント作成支援システム。

　とにかく、めちゃめちゃ長い（笑）。長いのでわかりづらいのですが、重要なところは先ほどお話しした「補正」が行われたことを示す下線部分です。ドキュメントでパーツが共有されていたら、アクセス許可を得る。

　つまり、その共有パーツを改訂するときは他のドキュメント管理者の人と調整しないとだめ、という仕組みになっているってことですね。当たり前のことなんですけど、よくできた発明です。

　ある特許が強いかどうか、特に権利の範囲が広いかどうかは、回避や迂回ができるかどうかを考えて

みるとわかりやすいんです。例えば「要素を抜く」「要素を（他の何かと）入れ替える」のいずれかで、同等の「性能」「機能」「目的」が達成されれば回避できたということになります。頭の中でいろいろ考えてやってみると面白いでしょう。

僕は意外と回避できないんじゃないかと思ったのですが、皆さんどう思いますか？

さらに特許②（特許6638053）を読むと、システムが「共通で使っているところありますよね」と他のマニュアルと文言を照合して、共通のパーツを自動生成してくれることがわかりました。

これもめちゃくちゃ便利ですよね。

いろいろ考えて、一つずつ特許化しているんだなと感じた部分です。

考え方としてはアタリマエのように思えますが、これまでなかったものなんですよね。発明同士のつながりや開発の様子がなんとなく見えて、とても面白いです。

特許③については、僕がぱっと見たところ、発明としては特許②とほぼ同じ内容です。ある程度重要な発明に関しては、権利化する観点を変えて特許を取っていくのは大事なことです。

少ない件数ではあるけれど、同じ発明について観点を変えて権利を取るとか、割と手が込んでいるし、特許取得について念入りにやっているな、と感じま

した。

　今回、3件の特許は①②③と出願された日付順に並べていて、その順で読んでいます。

　僕がなんで特許を出願された順に読むのかというと、前の発明と比べて次の発明がどう発展してどういう発明になったか「流れ」が見たいからなんです。

　並べて順に読んでいくと、「マニュアルの標準化」という考え方が背後にあるとわかってきます。同じような製品のマニュアルのはずなのに、共通部分（共通のパーツ）が少ないのはおかしい、とか、こんなふうにしたらもっと共通化できるんちゃうか、とか、システムに考えさせるわけです。

　このようにマニュアルの管理を合理化できる仕組みまで考えています。

　なかなか素晴らしいですね。

　本当はこっちが本丸なんじゃないかなって、僕は思いました。共通のパーツをつくり出すっていうのは、本当はこの部分とこの部分は一緒でいいんじゃない、というのを探し当てることです。ちょっとした表現の揺らぎで別のものとして管理されていると、ムダが多いですよね。そこを集約したいのかなと思いました。

　ここまでじっくり読むと、いろいろなことがわかりますね。

重要特許の証拠が
競合のアクションから……

　実は、グレイステクノロジーが出している8件の特許のうち、なんと2件の特許が異議申し立てをされていました。

　さすがに8件中2件は多いですね。気になるので見ていきます。
　ここまで見た特許では、特許①が異議申し立てされていました。

　異議申し立てとは、要するに第三者が「特許になりませんよね」とイチャモンをつけてきたというものです(笑)。
　基本的に、特許にされたら困る人が、異議申し立て(特許異議の申立て)をしてきます。
　特許①について、J-PlatPatで「審査経過情報」(J-PlatPatでは「経過情報」と表記)を見ると、異議申し立てしているのは個人の方です。こういう場合、本当はどこかの企業のはずなんだけど、代理でその個人の方に頼んでいる、という可能性が高いと僕は考えています。邪魔なのでなんとかしたいけれど、自分の名前は明かしたくない。

　そうだとしたら、この特許はめちゃくちゃ邪魔な特許で、「すごくいい特許」「強い特許」だっていうことになりますね(笑)。

もう1件は、まだ紹介していない翻訳関係の特許への異議申し立てなのですが、異議申し立てしているのは競合企業のようです。やはりこれも大事な特許なのだな、という感じがしますね。要するに異議申し立ての有無や件数は、「競合他社視点」での評価の一つなんです。

保有する8件の特許のうち2件も異議申し立てされているなんて珍しいので、そもそも電子マニュアルは、かなり熱い分野なのかもしれませんね。

特許を読んで発明の内容を把握したら、「審査経過情報」をぜひ読んでみてください。J-PlatPatで調査できます。

面倒くさいと思われるでしょうが、読んでいただくと、このような「非常にお得」な情報を得られる可能性がありますからオススメです(笑)。

ちなみに「審査経過情報」では、文字通り特許の審査に関するさまざまな書類が見られます。今回のような異議申し立てだけでなく、審査官とのやり取りも見られますので、特許の強さを評価する際に、僕はよくチェックしています。

┃「翻訳」関連の特許
～「固め出し」も評価の基準～

異議申し立てされていることがわかったので、俄然やる気が出てきましたね(笑)。

次は翻訳関係の特許を読んでいきましょう。

特許④（WO2020039729A1）は、特許①の改良版のような感じで、「共通するパーツ」（共用部分）の管理についての考え方を「翻訳版」に適用したものですね。出願時期が特許①の１カ月後ぐらいなので、当初から多分、両方のアイデアがあって、どちらから出すかとか一緒に出せないかとかいろんな議論があった上で、特許①を出して直後に特許④を出すということになったのかなと推測します。

　おそらくマニュアルを管理するときの大きな課題は、共用部分の管理と、翻訳版の管理の２つで、この２つはセットなんでしょう。
　日本語版を書き換えたら、英語版も中国語版も書き換えないとだめですからね。
　そしてこの場合もおそらく、担当者はそれぞれ別でしょう。
　だから、共用部分の書き換えをしたい場合と、課題も解決手段もほぼ同じなんですね。

　僕なんか、むしろ翻訳版のほうが面倒くさそうだなという感じがしたので、この特許も大事だなと思いました。実は、この特許に書かれているのは、マニュアルの翻訳版の管理と言うよりは、各国の言語でつくられたマニュアルの管理を自動化する発明なんですよね。
　各国の法制度や文化などに合わせて、マニュアルは微妙に内容が変わるものだからです。

図30 ▶「翻訳」に関する特許
~④「ドキュメント作成支援システム」(WO2020039729A1)

ドキュメント作成支援システム

Abstract

翻訳作業が必要となるドキュメント作成支援システムを提供する。マニュアル作成支援サーバは、第1言語のドキュメントのノード情報を第2言語のドキュメントのノード情報として登録するとともに、そのノード情報に規定される他のパーツを第2言語のパーツとして対応づけてコピーする。また、パーツが更新された場合、そのパーツに対応する他の言語のパーツについて更新に関する通知を行う。そして、パーツを構造化したXMLデータ及びマニュアル管理テーブル420のノード情報に基づいて、パーツ管理テーブル440のノード情報及びマニュアル管理テーブルに基づいたレイアウトテンプレートに基づいてマニュアルを生成する。

images (19)

WO2020039729A1
WIPO (PCT)

📥 Download PDF　🔍 Find Prior Art　✉ Similar

Other languages: English French
Inventor: 零名 松村

Worldwide applications
2018 JP　2019 US WO

Application PCT/JP2019/024897 events ⓘ
2019-06-24　・First worldwide family litigation filed ⓘ
　　　・Application filed by グレイステクノロジー株式会社
2019-06-24　・Priority to US16/496,747

特許①について、「共用部分」の考え方を「翻訳」に置き換えた発明

出典：Google Patents（WO2020039729A1）より筆者が加筆

特許⑤・特許⑥は、特許④から派生した特許ですね。④⑤⑥は基本的にほぼ同じ内容の発明で、特許としての取り方が少し違う感じでした。

　似たような特許が出ている場合、だいたい意図があります。今後、固めていきたい領域がそこにあるのだろうと思います。発明塾では「固め出し」と呼びます。ただ、特許の登録時には権利を表す「請求項」が違う形になっていることが多いんですよね。だから出願時点で同じだと判断しても、登録されるまでに「請求項」がどう変化しているか、変化したか、しっかり見るのがよいと思います。

　グレイステクノロジーの特許は全部で8件しかないわけですから、ここまできたら残り2件の「GRACE VISION」ウェアラブルデバイス関連の特許も気になりますよね。ここからグレイステクノロジーの事業の将来性や未来が見えてくるのかどうか。

　読んでみましょう。

▎会長キモ入りの「新規事業」を読む

　グレイステクノロジーの残り2件の特許は、GRACE VISIONという製品に関するものです。

　GRACE VISIONとは、AIを搭載した専用メガネにAR（拡張現実）を表示し、音声とともに誘導する「完全誘導型AIマニュアル」だとHPに書かれています。未来型のマニュアルですね。

図31 ▶ 「GRACE VISION」に関する2件の特許

⑦ **作業支援システム及び作業支援プログラム　WO2019123861A1**
WO US JP 幸治 松村 グレイステクノロジー株式会社
Priority 2017-12-20・Filed 2018-11-05・Published 2019-06-27
日本は JP6321879 で登録。
今見ている8件の特許の中で、この特許が最も出願日が早い。

⑧ **作業支援システム、作業支援サーバ、作業状況判定装置、作業者用デバイス及び作業対象機器　JP6543430B1**
JP 幸治 松村 グレイステクノロジー株式会社
Priority 2019-03-08・Filed 2019-03-08・Granted 2019-07-10・Published 2019-07-10

出典：TechnoProducer（※調査当時のデータ）

図32 ▶ 「完全誘導型AIマニュアル」とは？

AIがすべてを導いてくれるマニュアル

・メンテナンスの現場では、作業員の教育に時間がかかり、不明点があればその都度マニュアルを確認したり、メーカーに問い合わせを行ったりといった手間が発生

・グレイステクノロジーの長年のノウハウに最新技術を合体させ、生み出したのがGRACE VISION

・AIを搭載した専用メガネに、AR（拡張現実）を表示し、音声とともに誘導する"完全誘導型AIマニュアル"

出典：グレイステクノロジー HP（調査当時）を基に作成

プラントや機械装置のメンテナンスを想定してみましょう。新任の作業員はもちろんですが、経験者であっても初めて担当する装置であれば、教育や事前の準備が必要になるでしょう。

また、作業途中にマニュアルを読んだり、メーカーに問い合わせをするなど、それなりの手間も発生しますね。そういった、工場やプラントのメンテナンス現場で起きるさまざまな「不」「負」「非」を解消するためのものだ、としています。

メガネにマニュアルが表示され、AIと会話しながら作業を進めることが可能になるので、紙のマニュアルが不要なのはもちろんですが、手を止めてマニュアルを見たり、作業前にマニュアルを読んで覚えたりしなくてもメンテナンスが可能になるというわけです。

つまり「ウェアラブルデバイス（スマートグラス）」＋「AI」＋「マニュアル」のサービスですね。

特許の一つ（特許⑦）は、日本での特許取得後にアメリカで出願されていますね。アメリカに出願するということは、本気度が高いですよね。

だからこの発明は、会長さんが次にやりたいことなんじゃないかな、という気がします。

次の飯のタネであり、次の事業、つまり、新規事業の特許ですね。

「ウェアラブルAIマニュアル」普及の課題は？

グレイスビジョン関連の特許を今から読んでいくのですが、請求項は例によって長々と書いてあって何がすごいかわかりづらいので、まず「課題」「解決手段」を見ていきましょう。

特に、課題を先に理解したいですね。

今回は、特許⑧（特許6543430）の「要約」の「課題」に記載されている「通信負荷」という言葉に注目します。

メンテナンス作業員にスマートグラスをつけて作業してもらうとなると「通信負荷」「処理負荷」が増大する、これが課題だ、と書かれています。

以下に要約を引用しておきます。注目記載を太字にしておきますので、一緒に読んでいきましょう。

以下に、特許6543430のURLが読み取れる2次元コードを付けましたので、興味がある方は見てください。

最初の一文にある「通信負荷及び処理負荷（を低減）」が、課題に言及した部分ですね。

特許6543430（Google Patents）

【特許6543430の要約より】

【要約】

通信負荷及び処理負荷を低減し、確実性及び汎用性を向上するのに好適な作業支援システムを提供する。AIマニュアルサーバ100は、マニュアルに基づいて、作業の状況の判定条件を記述したルールを生成し、スマートデバイス300にルールを送信する。作業状況判定装置220は、作業の状況を示す**作業状況情報を機器信号情報と対応づけ**て記憶する記憶部を備え、対象機器210の**PLCから機器信号を入力**し、入力した**機器信号に対応する作業状況情報**を記憶部から読み出し、読み出した作業状況情報を**スマートデバイス300に送信**する。スマートデバイス300は、ルールを受信し記憶部58に記憶し、作業状況判定装置220から作業状況情報を受信し、記憶部58のルール及び受信した**作業状況情報に基づいて作業支援情報を通知部52に表示**する。

　作業の進捗に合わせてマニュアルを表示したりするので、作業中に作業員がつけているスマートグラスのカメラで、画像や動画を撮影して送ることになりますよね。通信のインフラの状況にもよりますが、現場に入っている作業員が何十人も一斉に画像や動画を送り始めたら、通信回線やサーバにかかる負荷が大変なことになりそうです。

　プラントや工場ですから、オフィスほど通信環境はよくないかもしれません。アンテナから離れたり、装置や建屋の陰になることもあるはずで、送受信

ができないこともあるでしょう。設計や開発段階で、現場での実際の運用を想定するとこれが課題になると考えたのか、もしくは、いろいろ試してみたところ実際これが大変だった、ということなのか、どちらかはわかりません。勝手に後者だろうと僕は思っています。5G回線が普及すれば、またその辺は変わってくるかもしれませんね。

でも、大規模なプラントや工場では、5G回線環境を全域にわたってすぐに構築するのが難しいところもあります。だからシステムとしては、できるだけ通信するデータ量を少なくすることが重要になるのでしょう。

特許に書かれる内容って、いろいろな理由で必ずしも現場の実態を反映していない可能性もあります。だから本当のところは、「実際どうなの？」と聞きにいかないとわからない。

もちろん、聞いても、その特許の審査状況との兼ね合いや秘密情報の関係で教えてくれないこともあります。書きたくないことがあって、それをうまくオブラートに包んで表現するとこういう文言になった、という可能性もあります。

僕も、要約や明細書をざっと読んだ時点では、これが本当に現場の課題なのか、少し疑問が残る感じでした。でも、とにかくこういう権利が取りたいんだな、そして新しいAIマニュアル事業がやりたいんだろうな、ということはわかりました。

請求項から
「発明の本質」を掴む

「課題」はおおよそ理解できましたので、次は請求項を読んでみます。例によって少し読みづらいのですが、頑張りましょう（笑）。課題に対して「どうするか」つまり「解決手段」が明確に記載されている部分ですので、特許における発明の本質部分を把握するには、請求項を読むことは避けて通れないんです。

以下に、特許6543430の請求項1を引用しておきます。この特許では、構成要素ごとの改行がもともと入っています。注目記載は太字にしておきますね。

【特許6543430の請求項より】

【請求項1】

作業者が装着又は携帯するデバイスと、サーバと、作業状況判定装置とを通信可能に接続し、前記作業者の作業を支援する作業支援システムであって、

前記サーバは、作業の手順、内容、留意点又はその他の事項を記述したマニュアルに基づいて、作業の状況の判定条件を記述したルールを生成するルール生成手段と、

前記ルール生成手段で生成したルールを前記デバイスに送信するルール送信手段とを有し、

前記作業状況判定装置は、**作業の対象機器の状態又は動作を示す機器信号を当該作業の対象機器から入力する信号入力手段**と、

前記信号入力手段で**入力した機器信号に基づいて前記作業の状況を判定する作業状況判定手段**と、

前記**作業状況判定手段の判定結果を示す作業状況情報を前記**

デバイスに送信する作業状況情報送信手段とを有し、

前記デバイスは、通知手段と、

前記ルールを受信するルール受信手段と、

前記ルール受信手段で受信したルールを記憶するルール記憶手段と、

前記作業状況情報を受信する作業状況情報受信手段と、

前記ルール記憶手段のルール及び前記作業状況情報受信手段で受信した作業状況情報に基づいて作業支援情報を前記通知手段に出力する作業支援情報出力手段とを有することを特徴とする作業支援システム。

　要約の内容も加味しながら請求項をよく読むと、どうもカメラから送られてくる画像を確認して作業指示を出すのではないようです。例えば、何かの操作をしたら、操作された装置から出てくる信号と、マニュアルや作業記録を突き合わせて「操作が確認できました、OKです。では、次はこれをやってください」と指示するようです。

　確かにそのほうが判断は早いですよね。ウェアラブルカメラから送られてくる画像で何でも判断するという特許は結構出ていますが、操作された機器から出てくる信号と作業記録やマニュアルを突き合わせるというのは、これまでなかったような気がします。

　スマートグラスにはいろいろなパターンがありますが、GRACE VISIONに関しては、表示に特化していて、カメラで画像データを取ることには注力して

いないようです。こんな感じで、特許からある程度の情報が読み取れれば、次は読み取った情報やそこで思いついた仮説に基づいてさらに調べるか、ヒアリングをすればいいんです。

　件数が少なくても、まず特許から情報を拾う。基本は課題と解決手段ですね。よく調べると、異議申し立てのところで紹介したように「この特許を邪魔だと感じている奴がいるな」などと、予想外の観点で深掘りできることもあります。

　それでも最終的に「特許読んだけどよーわからんなぁ」となったら、そのときは仕方がないので、他の情報を調べればいい、というのが僕の考え方です。まぁでも、だいたい何かわかるというか、結構すごいことがわかるんですけどね、よく読めば（笑）。

　もしグレイステクノロジーにインタビューされた方が、皆さんの中にいらっしゃったら、僕の「読み」がどれくらい正しいのか、ぜひ教えてほしいです。

┃「先見の明」を┃ 丁寧に権利化

　ここまで、数は少ないながらも、グレイステクノロジーの特許を隅々まで読んできました。特許とIR情報を読んでみての、グレイステクノロジーに対する僕の結論は「すごくよく考えられた発明を、丁寧に権利化されている会社」だなぁ、ということに尽きます。製品や事業としてはもちろんですが、特許や発明としてもよく練られていると思いました。一言でいう

と、先見の明があります。

　代理人の方の名前は調べていませんが、発明者である会長と、特許出願について結構綿密に調整されているのではないかという印象を持ちました。米国特許も出願していますし、海外進出も視野に入れた開発がされていると思います。

　特許を読んで企業の活動や未来像を読み解く方法を、ここまでお話ししました。特許の強さの点は、どうでしょうか。ここまで、強い特許とは競合が嫌がる特許だ、とお話ししました。2件の特許については異議申し立てがあり、嫌がられているのは間違いなさそうなので、少なくともその2件は強い特許のような気がしますね。

図33 ▶「先見の明がある」発明を丁寧に権利化

● **結論**
件数は少ないながら、それぞれによく考えられた特許発明であり、先見性がある。
(権利範囲の「広さ」や「強さ」などの評価は行っていないので注意)

● **特徴**
✓ 「マニュアルをパーツにして共通部分を抽出し、効率よく管理する」という発明を権利化した最初の特許①は、異議申し立てされている (異議申し立ての主体は不明)。重要な特許になっていると思われる。
✓ ②と③は、パーツの共通部分を変数にして集約する、という発明。マニュアルの標準化を行うために必須の、スマートな発明と感じた。
✓ ④⑤⑥は、①の考え方を「翻訳版の管理」へと落とし込んだもの、④に「アベイズム」という競合他社から、異議申し立てが来ている。これも重要な特許になっていると思われる。同日出願があり、固め出しになっている。今後も固めていく必要があるかもしれない。
✓ ⑦⑧はスマートグラス関連の特許、⑦はUSに移行しているので本気度がうかがえる。

出典：TechnoProducer

他の特許はどうでしょうか？　異議申し立てはない
ので、それほど強くないのでしょうか？　特許の「強
さ」を決める条件として、例えば「権利の範囲の広さ」
や「無効理由がないこと」なども、よくあげられます。
この観点からは、どうでしょうか？

　これ、実は結構難しいというかややこしいんです
よね。なぜややこしいかというと、実は権利範囲が
広いほど無効になる理由というか原因も増えるから
です。権利の範囲が広くなればなるほど、過去のい
ろいろな発明、つまり先行技術がそこに含まれる可
能性が高くなりますよね。

　例えばある特許Aについて、過去に同じ発明が特
許出願されていたら、その特許Aは無効になります。
まったく同じ発明でない場合でも、その権利の一部
が無効になる可能性があります。だから、「権利の範
囲の広さ」と「無効理由がないこと」はトレードオフ
になりがちです。

　「権利が広いから、この特許は強いんだ」と考えた
くなる気持ちはわかるのですが、それはちょっと短
絡的過ぎるかなと思います。その特許は権利が広い
分、潜在的に無効理由をより多く含むはずです。だ
から、逆に潰されやすいかもしれない。そういう論
理も成り立つわけです。

　グレイステクノロジーの特許についても、例外で
はありません。だから僕はいつも「この特許は強いで
す」と安直に断言はしません。

第2章で「特許の数」「ポートフォリオ」の話をしたのは、この辺が関係してくるんですね。

まぁでも、そういう細かい話は置いておくと、グレイステクノロジーの特許は結構良くできていて、僕としては応援したくなる事業をやっているし、やろうとしているな、と思いました。

僕の評価は今も変わっていない

ここまでが、特許件数が少ない企業の評価方法として、グレイステクノロジーを事例に2020年にお話しした内容です。

特許件数が少なくて判断が難しい、という相談は投資家の方からよくあります。

僕は金融機関や投資家からの依頼で、スタートアップの特許評価もずいぶんやりました。特にスタートアップは特許が数件しかない場合もあり、評価が難しいことも多いのですが、こうやって中身をじっくり読み込むと、この企業がやろうとしていることは何か、その企業のコア技術は何か、そのコア技術は守られているのか、見えてきます。

そして、その先の事業展開はどう考えているのか、など先読みをすることもできます。

だから、まったく手掛かりがないわけではないんですよね。

ある情報をどう読むか、読み取った情報をどう解

釈して、次に何を調べるか。

　仮説検証ですね。これを地道に積み重ねていけば、何らかの答えが出せます。まぁ、答えというのはちょっと言い過ぎで、確度の高い仮説、または「蓋然性の高い仮説」にたどり着けますよ、と言うべきかもしれません。

　前述したようにグレイステクノロジーは、現在上場廃止になっています。

　上場廃止になった理由は、営業の方法や会計上の問題とされていますので、技術とは別の要因です。なので、特許情報をもとにした僕の評価は、今も変わっていないんです。

　営業と会計処理が技術開発や事業の足を引っ張るなんて、非常に残念です。少し焦りすぎたのでしょうか。

　僕はこういう事例を「経営のスピード違反」と呼んでいます。

　前職のナノインプリントのスタートアップでCTO兼事業責任者をしていたときに、あるベテラン投資家の方に「経営のスピード違反だけは、絶対にするな」と釘を刺されたことがあり、それ以来この言葉を使っています。

　先見性があり、いい技術とよく練られた特許を持っている企業ですので、今後の巻き返しを期待したいと思います。

実践演習

「オリンパス」の可能性を探ってみる

Chapter **4**

01

STEP 1

現在の主軸事業は何か？
これをしっかりと理解する

▼

「医療機器でトップ」になれる基礎はできている？

特許情報を活用して企業の活動や未来の可能性を評価するにはどうすればよいか、具体的な手法について、第3章までで個別に事例を挙げてお話ししました。

ここではオリンパスについて、それらを総合的に実践した例を紹介します。※

皆さんも資料を見ながら、ぜひご自身で調べたり考えたりしてみてください。

※調査は2019年から2020年にかけて実施

オリンパスといえば、顕微鏡やカメラなどの光学機器で有名な企業でしたが、現在はそれらで培った強みから生まれた内視鏡を中心とした、医療機器の企業になっています。

そして2019年に、オリンパスは医療機器のグローバル企業に脱皮できるかどうかの正念場にきていたと僕は考えており、個人的に非常に注目している企

業です。

実際、同社は「医療機器業界において世界トップレベルのプレイヤーになります」と宣言しているので、この裏付けが特許情報で取れるか、見てみたいと思います。

同社のIR資料（2019年）によると、オリンパスの医療機器事業の柱は、内視鏡事業と治療機器事業の2つです。

内視鏡は、胃カメラとかでご経験があったりして皆さん知っていますよね。治療機器はいろいろあるのですが、ここでは例えば疾患部分を切ったりつないだりするようなものだと思っておいてください。それが彼らの事業です。

僕は、これから医療機器メーカーは低侵襲医療に参入しないと勝ち残れないと思っています。

例えばロボットを使うことを含め、いかに短い時間と小さな傷口で患者に負担がないように手術や治療が終えられるか。

大きな流れがすでにできていて、ここにフォーカスせざるを得ない時代になっているんですね。

これは、第3章で取りあげた朝日インテックがカテーテルで成長していることからもわかると思います。カテーテルは、まさに低侵襲手術時代の申し子というか、新たな低侵襲手術の手法を切り開いてい

るデバイスなんですね。少し脱線しました。

　それでいくと、内視鏡技術も低侵襲手術とめちゃくちゃ相性がいいですよね。

　オリンパスはすでに内視鏡技術を持っているわけですから、ポジショニングとしては非常に良い位置にあるといえるでしょう。

　何せ、胃カメラなどの消化器内視鏡で7割という世界でダントツのシェアを持っており、内視鏡の開発・製造・メンテナンス技術でもトップなんですから、間違いないですよね。

　あとは、それにロボット技術とか、他の周辺技術、手術機器の技術をどう取り込んでいくかがポイントになると、僕は理解しています。

　つまり「オリンパスさん、消化器内視鏡本体以外の開発はどこまでやれてんの？」がポイントだということですね。

　これがオリンパスが今後「医療機器でトップレベルのプレイヤーになれるか」を考える上で、僕が特に注目する部分です。

　ヒアリングすることを想定して、少し調べてみましょうか。

02

STEP 2
ホームページから、
発明者（キーパーソン）情報を入手

▼

┃ キーパーソンの
┃ 名前を見つけて特許へ

　早速特許を見てみたいのですが、いきなり医療機器の特許を読むのは、専門的すぎてちょっとハードルが高いでしょうか。特に権利情報を読むのは大変なので、まずは「人の情報」と「技術の情報」を知るところから、ということでキーパーソンから見ていきましょう。

　最近、採用活動のために製品や技術の開発物語をホームページに載せている企業が増えているので、ホームページからキーパーソンの名前を探したほうが早い場合もあります。まず、オリンパスのホームページを見てみましょう。

　オリンパスのホームページには外科手術用デバイスの開発物語が掲載されており、開発者として岡田光正さんの名前があがっていました。

　では岡田さんはどんなことをやってきたのか、具体的な内容を知るために、特許を見てみます。

　岡田さんの特許をGoogle Patentsで検索し、ずっと

259

遡って見てみると、超音波プローブ、超音波処理装置と、超音波機器に関する特許がいろいろ出てきました。岡田さんが超音波機器のキーパーソンだということがわかりました。おそらく、この道25年のプロフェッショナル、という感じですね。ホームページを読んでもある程度わかることですが、特許で裏付けが取れました（頁下の2次元コードから最新の検索結果のURLにアクセスできます）。

共同発明者もちゃんと見ておきましょう。
例えば、銅（あかがね）さんという方が共同発明者におられます。特許出願の内容から、もともとは光学機器部門のオリンパスイメージングでカメラを開発していた方のようだと判断できます。その後、医療機器のオリンパスメディカルのほうに異動されたのでしょう。

他にも、内視鏡開発のキーパーソンとして内視鏡開発部長の木村英伸さんの名前がホームページにあがっていました。
木村さんの特許を見ると、特に2009年以降の出願は非常に少なく、最近は現場から遠ざかっておられるのかなという気はしますが、新しい特許もたまに出ていますね。

岡田光正さんの特許（Google Patents）

図34▶ 2009年以降は、現場から遠ざかっておられるように見えるが……

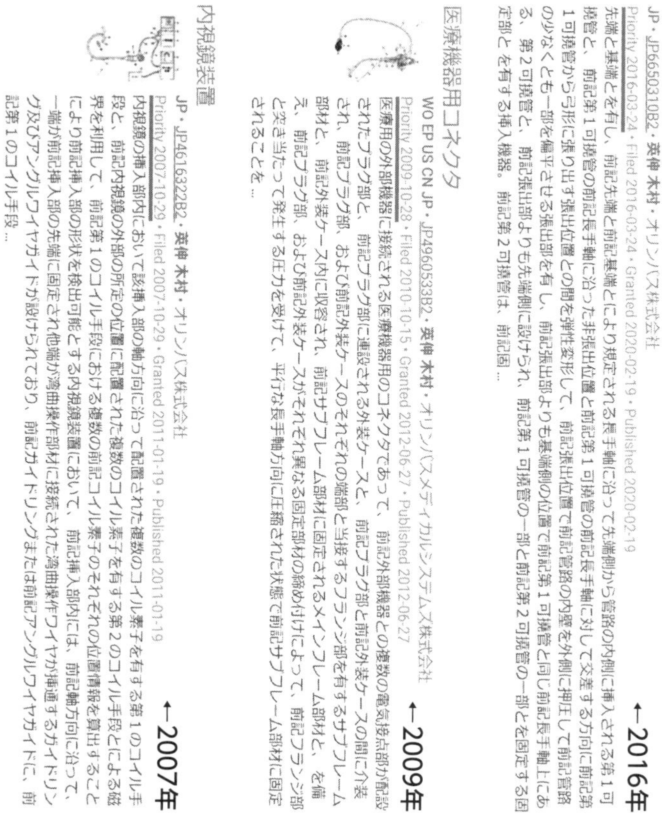

挿入機器

JP・JP6650310B2・英伸 木村・オリンパス株式会社

Priority 2016-03-24・Filed 2016-03-24・Granted 2020-02-19・Published 2020-02-19　←2016年

先端と基端とを有し、前記先端と前記基端とにより規定される長手軸に沿って先端側から管路の内側に挿入される第１可撓管と、前記第１可撓管の前記長手軸に沿った非張出位置と前記第１可撓管の前記長手軸に対して交差する方向に前記第１可撓管から弓形に張り出す張出位置との間を弾性変形して、前記張出位置で前記管路の内壁を外側に押圧して前記管路の少なくとも一部を偏平させる張出部を有 し、前記張出部よりも基端側の位置で前記第１可撓管と同じ前記長手軸上にある、第２可撓管と、前記張出部よりも先端側に設けられ、前記第１可撓管の一部と前記第２可撓管の一部とを固定する固定部と を有する挿入機器。前記第２可撓管は、前記固 ...

医療機器用コネクタ

WO EP US CN JP・JP4960533B2・英伸 木村・オリンパスメディカルシステムズ株式会社

Priority 2009-10-28・Filed 2010-10-15・Granted 2012-06-27・Published 2012-06-27　←2009年

医療用の外部機器に接続される医療機器用のコネクタであって、前記外部機器との複数の電気接点部が配設されたプラグ部と、前記プラグ部に連設される外装ケースと、前記プラグ部と前記外装ケースの間に介装され、前記プラグ部、および前記外装ケースのそれぞれの端部と当接するフランジ部を有するサブフレーム部材と、前記外装ケース内に収容され、前記サブフレーム部材に固定されるメインフレーム部材と、を備え、前記プラグ部、および前記外装ケースがそれぞれ異なる固定部材の締め付けによって、前記フランジ部と突き当たって発生する圧力を受けて、平行な長手軸方向に圧縮された状態で前記サブフレーム部材に固定されることを ...

内視鏡装置

JP・JP4616322B2・英伸 木村・オリンパス株式会社

Priority 2007-10-29・Filed 2007-10-29・Granted 2011-01-19・Published 2011-01-19　←2007年

内視鏡の挿入部内において該挿入部の軸方向に沿って配置された複数のコイル素子を有する第１のコイル手段と、前記内視鏡の外部の所定の位置に配置された複数のコイル素子を有する第２のコイル手段とによる磁界を利用して、前記第１のコイル手段における複数の前記コイル素子のそれぞれの位置情報を算出することにより前記挿入部の形状を検出可能とする内視鏡装置において、前記挿入部内には、前記軸方向に沿って、一端が前記挿入部の先端に固定され他端が湾曲操作部材に接続された湾曲操作ワイヤが挿通するガイドリング及びアングルワイヤガイドが設けられており、前記ガイドリングまたは前記アングルワイヤガイドに、前記第１のコイル手段 ...

出典：Google Patentsによる検索結果に筆者が加筆

木村さんの最新の特許は、心臓のカテーテルアブレーション手術に用いる器具の特許です。

　カテーテルアブレーション手術とは、心臓表面の一部を焼いて不整脈の原因をなくすというものです。その際、心臓と近い位置にある食道にも熱が伝わって、火傷をしてしまう可能性があるんですね。その火傷を防止するための工夫がこの特許に書かれています。具体的には、内視鏡を使って食道にチューブを入れ、そのチューブを使って食道を変形させ、心臓から遠ざけて食道に熱が伝わらないようにする、というものです。

　これまでは食道の温度をモニタリングするデバイスを使って、計測しながら注意してゆっくり行うという方法だったのを、最初に食道を変形させて心臓から離しておく方法にしたんですね。
　これで手術時間が短くなり、安全性も高まるというわけです。
　これも結局、患者に負担なく、短時間で手術を行うための工夫ですね。

　内視鏡って実はこういうふうに使えるよね、と閃いたのでしょうか。
　開発部長で特許を書く人は少ないように思いますので、木村さんはアイデアマンタイプなのかもしれませんね。

03

STEP 3

キーワード検索を入口に、製品・技術を調べる

▼

┃ 製品・技術の開発動向を特許で把握する

　キーパーソンに関しては、ホームページ上の情報と組み合わせると効率よく調べられること、特許を読むことでキーパーソンのバックグラウンドや最新のアイデアまで把握できることが、わかりましたね。

　次は、製品・技術について調べていきます。ここでは、キーワードや特許分類を使うので、少し難度が高くなるかもしれません。

　特許を調べたことがない、という方は「人の情報」から入って、特許に少し慣れてからやっていただくのがよいでしょう。

　Google Patentsの検索ワードは、最初は「内視鏡　オリンパス」でよいでしょう。できれば「オリンパス」は出願人（Assignee）のところに入力してください。そうすると、Google Patentsの検索窓には「（内視鏡）assignee:オリンパス」と表記されているはずです。雑だと思われるかもしれませんが、最初はこれでいいんです。内視鏡の特許分類は何番だろう、とか調べ始めたのはいいけど、そこで混乱して終わりになる方が結構

263

図35 ▶ 「内視鏡」で検索してCPCのランキングを見れば、
「A61B」が内視鏡だろうとわかる

CPCs	Ratio
A61B	83.4%
G02B	20%
H04N	10.1%
A61M	2.8%
A61L	2.4%

出典：Google Patentsによる検索結果を基に作成（※データは調査当時のもの）

いらっしゃいます。よくわからないから最初はキーワードでいいんだと割り切ってください。何事も割り切りが大事です。まず、始めてみましょう。

検索結果の画面には、図35のようなCPCのランキングが表示されます。これを見ると「A61B」が一番上にきていますので「A61B」あたりが内視鏡の特許分類なんだろう、とわかってきます。そこまでわかれば、あとは「CPC A61B」でWeb上を検索してみればよいと思います。特許分類について解説しているWebサイトは結構あって、それらがヒットします。いくつか見てみれば、「A61B1/00」が内視鏡だと確認できます。オリンパスが、内視鏡関連でどんな特許を出しているか知りたい、という場合は、新しいほうから読むのが良いでしょう。

Google Patentsの検索結果画面で、表示順を「Sort by」で「Newest」に設定して、少し読んでみましょう。気になるキーワードが含まれているものでもよいですし、一番新しいものでもよいでしょう。皆さんが「これなんやろ？」と思うものを、まずは自由に読んでみればよいのです。

　僕が注目したのは、やはり手術支援ロボット関連の特許です（図36）。

　オリンパスは今後ロボティクスに力を入れていくだろうし、すでにやっているはずだ、と思っていたので、気になったんですね。こういう感じで、仮説があれば調べやすいですね。

図36 ▶ ソニー・オリンパスメディカルソリューションズの「気合が入った」手術支援ロボット特許

こういう気合が入った特許は、読む価値があるし、いろいろなことがわかる

出典：Google Patents（特開2018-057934）に筆者が加筆

特許を見てみると、手術支援ロボット関連はソニー・オリンパスメディカルソリューションズでやっているみたいだ、とわかります。

2016年3月30日付の「技術開発機能戦略」資料を見ると「アライアンス」領域としてロボティクス技術が挙がっているので、単独ではなくソニーと協力して、知財も含めて戦略的にやっていくんでしょう。この特許は、アメリカですでに4つに分割されていて、日本でも2つに分割されています。それなりに気合が入っていて、これは読むべき特許だろうという感じがします。まずはこの特許に書かれている発明の内容を理解しながら、関連する特許も読んでいく、という感じですね。

手術ロボットは熱い分野ですので、この特許に関連する記事やプレスリリースが必ずあるだろうと思って、少し調べてみました。

2019年の秋の日経電子版に「オリンパス、AIとロボットで手術支援へ」という記事が掲載されていました。この辺のことを言っている特許の一つだろうなという感じですね。

関連特許がどれぐらい出ているかなと思って被引用特許のリストを見ると（図37）、ソニー単独で手術ロボットの特許をいくつも出していますね。

ソニーが中心になってロボット技術を開発し、オリンパスが医療機器技術を提供する形の役割分担ですね。

図37 ▶「被引用」を見るとソニーでも出願していることがわかる

公開番号	優先日	出願人	タイトル
JP6704255B2	2016/1/19	ソニー・オリンパスメディカルソリューションズ株式会社	医療用観察装置、医療用観察システム及び画揺れ補正方法
DE112016006299T5	2016/1/25	Sony Corporation	Medizinische Sicherheitssteuerungsvorrichtung, medizinisches Sicherheitssteuerungsverfahren und medizinisches Unterstützungssystem
US11160633B2	2016/3/28	Sony Olympus Medical Solutions Inc.	Medical observation apparatus, driving control method, medical observation system, and support arm apparatus
JP2017176318A	2016/3/29	ソニー・オリンパスメディカルソリューションズ株式会社	医療用立体観察装置、医療用立体観察方法、プログラム及び医療用立体観察システム
JP2017176307A	2016/3/29	ソニー株式会社	医療用支持アームの制御装置、医療用支持アーム装置の制御方法及び医療用支持システム
JP2017177255A	2016/3/29	ソニー株式会社	制御装置及び制御方法

出典：Google Patentsの特開2018-057934の被引用リストの一部を基に作成

ソニー・オリンパスメディカルソリューションズ、という社名ですし、内視鏡の会社というよりは、内視鏡を使ったソリューション提供の会社という位置づけなんでしょう。両社のIR資料などを読めば、もっと見えてくると思いますが、まずは特許とニュースを軽く検索するだけで、これぐらいは把握できます。調べてみて、ソニー単独で手術ロボットの特許をそれなりに出しているのが、ちょっと意外だったというか、一つのポイントかなと思いました。

　ソニーは、本当にいろいろな技術と事業をやってますね。

　このような感じで、最初はキーワードで検索してみて、該当する特許分類を割り出すなどして、少しずつ精度を高めながら調べていくとよいでしょう。

　当たり前ですが、注力製品には多くの特許が出願されていますので、読むのも大変です。

　すべて読むというよりは、最新の特許から直近の動向を把握して、IR資料やニュースで裏付けになる情報を探して、実際の動きを確認しながら徐々に理解を深めていくのがよいと思います。

　もちろん、プレスリリースやインタビュー記事に書かれていることについて、特許で裏付けをとっていく形でもよいと思います。

　IRやニュースと特許、どちらが先でも問題ありません。まったく別のソースや観点の情報を、突き合わせて見ていくことが重要なんです。

04

STEP 4

特許から、発明者（キーパーソン）情報を深掘りしていく

▼

誰が何の担当で、総勢何名かを推測する

先ほどはホームページでキーパーソンの名前を見つけてから特許を調べましたが、今度は、特許からキーパーソンを探ってみましょう。

「A61B1 or 内視鏡　オリンパス」で検索した後、新しいものから順に表示させて「Inventors」をクリックすると、直近の特許について発明者のランキングが出ます（図38）。これを見ると、直近の内視鏡に関する特許のトップ発明者は伊藤毅さんになっています。つまりここ最近は、伊藤さんが内視鏡部門で特許出願件数がトップだ、ということですね。

伊藤さんは、どんな技術開発をやっているんでしょうか。内視鏡はさまざまな技術の組み合わせですので、カメラの部分をつくっている人もいれば、画像処理のエンジニアもいるでしょう。

誰がどんなことをやっていて、総勢何名ぐらいか、ということも実は特許からおおよそわかります。

伊藤さんの特許を見ていて気になったのは、「WO

269

図38 ▶ オリンパスの内視鏡関連特許の発明者ランキング

Inventors	Ratio
伊藤 毅	3.1%
矢部 雄亮	2.8%
藤森 紀幸	2.5%
亀江 宏幸	2.5%
五十嵐 考俊	2.5%

出典：Google Patentsによる検索結果【(A61B1) or (内視鏡) assignee：オリンパス】を基に作成
※データは調査当時のもの

2018138839」に書かれている、内視鏡の光源に関する発明です。どうやら、光源の波長をいろいろ変えながら観察するのがトレンドのようで、光源に関する技術的課題として「熱」のマネジメントを挙げています。特に「レーザー」光源なんかは、非常に熱くなりますからね。

頁下の2次元コードから特許公報のURLにアクセスできます、興味がある方は読んでみてください。

実は、照射する光の波長を変えると、見えるものは変わります。

WO2018138839 (Google Patents)

例えばドラマなんかでよく、ブラックライトと呼ばれる紫外線のライトを当てて指紋を見る、というのがありますよね。ああいう感じです。

同じような原理で、波長を変えることで病変部を浮き出させて、識別しやすくするわけですね。

この分野が熱くなっているのかなと思って特許を調べてみると、光の波長を規定した特許がいくつも出ていて、各社で波長の奪い合いをやっているような感じです。

使いたい波長が他社に取られていて内視鏡で使えない、というのは困りますね。

オリンパスの内視鏡関連の特許をさらに調べるなら、波長を指定した特許をどこまで取っているかは、一つ調べておきたい観点だといえそうです。

キーパーソンに注目して、最新の出願を見てみるだけでも、こんなふうにいろいろなことが見えてきますので、ぜひ試していただきたいと思います。

05

STEP 5

「被引用」情報によって、重要な特許を見つけて評価

▼

引用が多い特許で「流れ」「最先端」を見る

　今度はオリンパスの重要な特許がどれか、調べてみます。今回は「被引用」の情報を使っています。論文の場合と同様に、多くの特許に引用されている特許は、重要な特許である可能性が高いんです。特許分析ツール「Lens」（https://www.lens.org）を使用して、調べてみましょう。

　「出願人」のところにオリンパス（olympus）と入力して分析をクリックすると、Google Patentsと同様に発明者と特許分類のランキングが出ます（図39）。発明者のランキングがGoogle Patentsと違いますが、これはどの年次までを対象にしてランキングを取るかなどが異なるからです。特許分類のほうは、やはり「A61B1」（内視鏡）がランキング上位にきています。

　一応、次に「A61B1」に絞り込んで見ていきますが、絞らなくても多分結果は大きく変わらないでしょう。オリンパス全体で見るとデジカメの特許が少し入ってくるようですが、大きな影響はないと思います。

　図40に示すバブルチャートが、被引用数の多い特

図39 ▶ 出願人「olympus」での特許分析結果(発明者・特許分類ランキング)

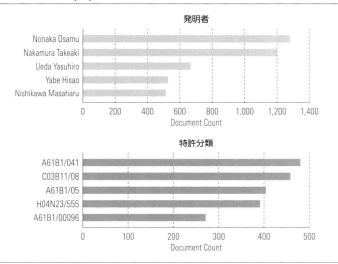

出典：Lensによる検索結果を基に作成（※調査当時）

許を示したものです。縦軸が被引用件数を示しています。矢印で示しているもの含め、被引用件数が500件超という特許がいくつもありますね。

さすがに数百件の被引用がある特許は、少し珍しいのですが、オリンパスの特許にはそういうものがいくつかあるとわかりました。この分野で圧倒的に先行しているようだ、ということが、このあたりからもなんとなくわかりますね。

比較的新しいものが見たいので、矢印で示した2005年ごろの特許を見てみましょう。発明の内容を示す非常にわかりやすい図があったので、一枚引用しておきます（図41）。

図40 ▶「被引用」が多い特許をチェックする

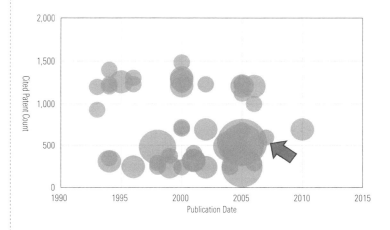

出典：Lensによる検索結果を基に作成（※調査当時のデータ）

図41 ▶「内視鏡」などを束ねて手術器具にする

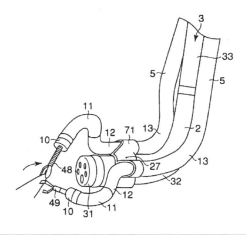

出典：特許US20050228224A1

図を見ると、なかなか面白いですよね。内視鏡にアダプターみたいなものをつけて、ハサミ型の手術器具をつけて一緒に体内に挿入し、手術をしましょう、というものです。これ、どっかで見たことがあるような気がするな、と思っていろいろ調べたら、インテュイティブサージカルが最近開発したダビンチSP（シングルポート）に近いものを感じました（図42）。まあ、今後の手術ロボットはこういう方向ですよね。だから被引用が500件以上ついているわけですね。

　インテュイティブサージカルは手術支援ロボットのパイオニアで、世界で初めて内視鏡型の手術支援

図42▶ インテュイティブサージカル社の特許に記載されたシングルポート手術用ユニット

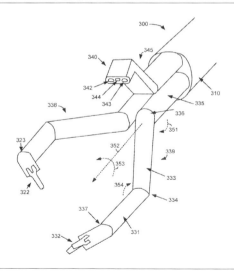

出典：特許US20070283970A1

ロボットを事業化した会社です。最初は、アームと呼ばれる手術器具が複数あって、体に複数の穴（ポート）をあけて手術をするものから始まりました。

現在は、図42で紹介した「シングルポート」と呼ばれる、ポート（穴）が一つで済むタイプに進化しています。当然オリンパスも、こういうのはかなり以前から考えていてもおかしくないですよね。

まっとうに考えれば、多分こういう方向性に行くはずだ、というのはわかるわけです。いろいろなアイデアが世界中の関係者から出てくる中で、インテュイティブサージカルがいち早く実用化した、そういう流れだと思います。さて、この特許にどんな被引用特許がついているか、気になりますよね。ここもなかなか面白いんですがさすがに500件もあるとキリがないので、一つだけ紹介します。

こちらも発明の内容を示す非常にわかりやすい図があったので、引用しておきますね（図43）。

図43▶ 内視鏡と手術器具をくっつけられるようにしたもの

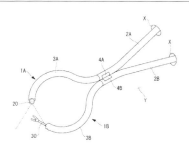

出典：特許US20170165455A1

これは内視鏡と手術器具をあるところでくっつけて、手術する、ということのようです。

図を見ると、穴が2つ開いているので、体に2つ穴を開けて手術器具と内視鏡を別々に体内に挿入した上で、体内でくっつけるようですね。これはポンチ絵なので、いわゆるアイデア特許だと思います。

構想段階で出たアイデアを出願したものですね。

さらにその後どのような特許が出ているかを調べれば、こういったアイデアがどこまで具現化しているか、見極めることができます。

他に被引用が多いものとして、エネルギーデバイス関連の特許がありました。エネルギーデバイスとは、電気や振動などを加えて体内の組織を切ったりくっつけたりするものですね。被引用が多かった特許は、滅菌中に一緒に充電しましょう、というものです。なかなか賢いですね。

充電時間って完全に待ち時間ですので、滅菌作業中に充電できるようなシステムだと手術器具の稼働率が向上しますよね。いい発明です。これは被引用が300件以上ついているもので、被引用特許にはジョンソン・エンド・ジョンソンの手術器具部門であるエチコンの特許が多数ありました。エチコンも似たようなことを考えている、ということでしょう。

こんなふうに調べていくと、最先端領域での技術開発競争の様子が何となく見えてきて、楽しいですよね。特許は「早いもの勝ち」ですから、「先陣争い」の様子がわかるメディアなんです。

06

STEP 6

「特許分類検索」での調査で、 競合企業と比較する

▼

競合状況と ポジショニングを把握していく

特許からは、競合企業を洗い出すこともできます。先ほどのように、被引用特許からでもある程度わかりますが、ここでは特許分類を使って調べてみましょう。特許分類を用いると、その分野が今どれぐらい「熱い」か、そして、オリンパスが競争の中でどんなポジションにいるか、俯瞰して把握できます。

Google Patentsを用いて「A61B1 or 内視鏡」で調べると、出願人ランキングからオリンパスがダントツだとわかります。CPCを使った検索で競合が確認できることは、レオン自動機の例で見ましたね。ここでは、Lensを使って、別の視点で確認してみましょう。

特許分類で「A61B」というのが手術・診断で、「A61B1」というのが内視鏡でした。まず「A61B」をLensの検索窓に入力して見てみると、手術・診断分野の中で内視鏡分野は特許の激戦区なんだ、というのがわかりました（図44）。

「A61B」の中で出願件数が多い分類トップ9に、内視鏡関連が3つ入っていますよね。

278

内視鏡って、めちゃくちゃ熱いんですね。この特許網をかいくぐって新規参入するのは大変そうです。

オリンパスはその激戦区で先行していて特許出願件数トップの位置にいるわけですから、少なくとも特許の面ではポジションはよさそうですね。

Lensは被引用情報を活用したい場合にも、便利なツールです。今回の場合で言うと、図44と同ページ内に被引用件数が多い特許を示すチャートが出てきます（図45）。

この図にある円をいくつかクリックすれば、手術・診断分野（特許分類「A61B」）におけるホットトピックをつまみ読みできます。

特許を読むと他では得られない情報が得られる、とはいうものの、やはりそれなりに時間がかかる作業ですので、多くの方はつまみ読みにならざるを得ませんよね。

その分野の特許を隅から隅まで全部読む人は、まずいないわけです。

もちろん仕事として読む人はいて、例えば僕は、ある分野の特許を2万件、隅々まで読んだことがあります。でも、それはあくまでも「2万件の特許を、隅々まで全部読んで情報を整理し、分類してレポートにしてほしい」という依頼を受けて行ったもので、自身の発明や投資のために2万件の特許を読む人はいないでしょう。

だから、つまみ読みで十分なんです。

図44 ▶「A61B」(手術・診断)の中で「A61B1」(内視鏡)は特許激戦区

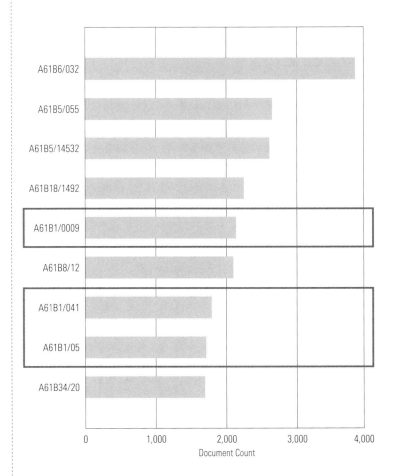

出典:Lensによる検索結果を基に作成(※調査当時のデータ)

図45 ▶ 被引用件数が多い特許を素早く読むことができる

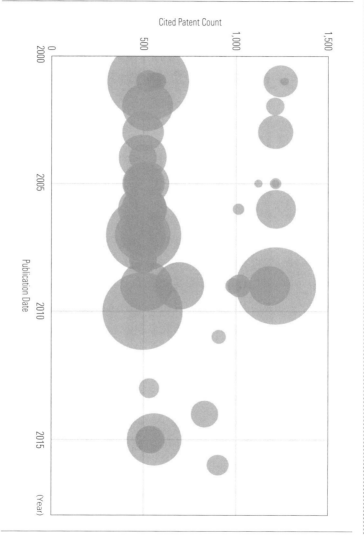

出典:Lensによる検索結果を基に作成(※調査当時のデータ)

07

STEP 7

手に入れた情報から、
オリンパスの将来性を考える

▼

特許から、
技術開発競争のドラマが

まずは手術・診断分野で熱そうなところを、少し
つまみ読みしてみましょうか。

ステップ⑥の最後で紹介した図45の結果を利用し
て、被引用が多い特許で比較的新しいものをいくつ
か見てみたら、やはり内視鏡関連が出てきました。

例えば、タイコ（現：メドトロニック）という企業の内
視鏡に関する特許を見てみると、被引用は先ほども
出てきたエチコンばかりでした。こうなると、エチコ
ンとの競合状況が気になります。

これだけの数の類似の特許が出ていると、訴訟が
起こってもおかしくないですよね。

そう思って調べたら、タイコはエチコンに対して
特許権侵害訴訟を起こしていました。案の定ですね。

また、「A61B」出願2位のフィリップスが内視鏡ロ
ボットの特許を出しているのですが、こちらは引用
にインテュイティブサージカルが出てきました。

282

オリンパスは、超音波内視鏡というちょっと変わった内視鏡もやっているのですが、関連特許を見ると、その被引用にカールストルツとか、ボストン・サイエンティフィックに買収されたエンドチョイスという医療機器企業が出てきます。

オリンパスは消化器用内視鏡でトップシェアで、カールストルツは外科用の内視鏡で有名な企業です。ただ、技術的には非常に近い部分があるわけで、それが特許の引用・被引用関係として現れるわけです。

オリンパスが内視鏡で世界シェア7割を維持できるか否かはもちろんですが、特に今後重要な「他の外科手術器具の分野に参入していけるかどうか」については、これらのメーカーとの戦いで決まるかなと思います。近い技術を持っているわけですから、事業を拡大していくと衝突は必至ですね。

こんな感じで特許情報から企業分析をしていくと、企業の技術開発競争のドラマまで見えてくるんです。すごく面白いですよね。そういうドラマを楽しみつつ、強い特許が取れているか、特許戦略の視点でも評価して、投資の判断に役立てていただければと思います。オリンパスは、経営面では不正会計が問題になったことがありますが、技術面ではすごくいいものを持っている会社だと思います。

経営再建が進み、医療機器企業としてかなりいいポジショニングになってきたなというのが、僕の現時点での印象です。

特別対談
①

特許や知財から、
企業の何がわかるのか？

──金融業界アナリスト×楠浦崇央

▼

　Aさん（匿名）は、金融業界でアナリストとして活躍
されている方です。発明塾のOBであり、日々の業務
で特許情報を活用した企業分析を行っておられます。
今回、投資アナリストとしての業務の中で、ここまで
説明したような発明塾式の特許分析がどのように活
かされているのか、お話しいただきました。

企業のポテンシャルを
特許情報で評価

楠浦：Aさんは金融アナリストとして、投資先選定の
ために、この企業の株価が高いのか低いのか、とか、
将来どれくらい成長しそうか、などを分析し評価す
るお仕事をしてらっしゃいますよね。そういった投
資に向けた企業評価の際に特許情報を積極的に活用
されていると伺っておりますが、具体的なところを
少しご紹介いただけないでしょうか？

A氏：私は、お客様から預かった資産を日本の企業
に投資するという仕事に関わっており、基本的には、
中長期で企業価値が成長していくような企業を入念

に選んでいっています。その中で特に、どういう企業がいい技術を持っていて、中長期で伸びていくポテンシャルがあるのかを見るときに、特許情報が使えると感じています。

例えば脱炭素や半導体関連の技術など、今後伸びることがわかっている技術領域があれば、Google Patentsにそのキーワードを打ちこんでみます。すると、「Assignees」の箇所に、キーワードに関する特許を出願している企業のリストが出てきますよね。まずはそれを見れば、どの企業が有望そうかおおよそ把握できますし、この企業はこんなことをやっているのか、みたいな意外な企業も見つけることができます。投資アイデアを具体化するフェーズでは、一つはそういう活用をしています。

楠浦：実際の投資現場での活用法として、キーワード検索が使えるということですね。

特許情報って、基本的には出願されてからしばらく時間が経っている情報ではありますし、一つ二つ見たところでわかるものじゃないですよね。だから僕も特許情報の活用は、長期投資の視点で、本気度などを評価するために使っていくのが王道だと思っています。だから実際にAさんが、中長期的な投資の対象になる企業を探すために特許情報を活用されていることに、僕はとても励まされるんです。「知財の情報なんか、投資には使えへんやろ」って言われることが、今でもよくありますからね（笑）。

他に、これは投資家の方だけではないんですが、本当によく聞かれるのが「この特許の権利は強いのか」とか「この特許を持っているから大丈夫なのか」みたいな質問です。興味を持っていただくのは非常にありがたいのですが、特に一般の投資家の方にとっては、その権利の「強さ」を評価するのはちょっとハードルが高いかなという気がしています。どちらかというと、Aさんがおっしゃったみたいに、今後のトレンドになりそうな技術分野についてちょっと調べてみる、みたいなところから入るのがいいのかなと思っているんですね。実際にAさんは、他にどんな形で特許情報を活用しておられますか？

技術や製品が解決する課題を
リストアップ

A氏：他には例えば、企業が「どのような課題を解決する技術を持っているのか」を、大まかに把握することに使っています。

　特許情報って、ほぼお約束のようにその技術で解決しようとしている課題が必ずどこかに書かれているんですよね。なので、自分の専門外の結構難しい技術領域であっても、まず日本で出願されている特許を読んで、そこで把握しています。外国語で出願された特許を機械的に和訳して日本で出願しているケースもあって、そういう特許はすごくわかりづらいんですが、それも根気よく眺めていると、これが課題なんじゃないかというのが大抵は見つかります。

例えば、ある企業の特定の技術領域に絞って特許を読み、解決しようとしている課題が何なのかをエクセルでリストにしてみます。すると、そもそも半導体の特定の作業工程をすごく細分化して特許化しているとか、工程ごとにどういう課題があってどう解決しようとしているのか、などがわかってくるんです。そうすると、その企業がどういう課題を解決しうる技術を持っていて、それぞれの技術がどの製品やサービスに結びついているのか理解できるんですよね。ここが、特許を読む上で一番重要なポイントじゃないかと考えています。

　特許に書かれていることを100%理解しようとするのは難しいので、こんなふうにハードルを下げながら、わからないなりにうまく活用するコツを自分の中で整理しています。こういう調査のときも、やはりGoogle Patentsが便利です。

楠浦：すごいですね。課題にもいろんなレイヤーがあるのですが、割と細かいところまで書いてあるのが特許の特徴でしょうか。しかし、各工程にどんな課題があって、それのどこにアプローチしているのか、みたいなところまでをエクセルで整理されているなんて、かなり気合が入っていますね。Aさんがおっしゃるような特許情報の分析は、企業の研究開発の現場では、専用の特許マップツールで行っている場合が多いと思います。でも、それが投資にも大いに役立つというのは、貴重なお話です。

研究開発担当の方で日常的に特許を読んで分析している方でも、同じ手法が投資に使えるとか、企業の理解につながるというのは、まだまだピンとこない方もいるかもしれません。逆に特許情報を活用しない場合、投資家やアナリストの方は、企業の製品に含まれる技術や製品が解決している課題を、どうやって把握しているんでしょうか。

A氏：普段は、IR部門と呼ばれる、投資家対応をしてくださる方々と面談の機会をいただいて、ヒアリングを通じて企業の強みを把握しています。

　でもそれだと、企業側としての主張になってしまいますので、本当のところはどうなのか、なかなか見えづらい部分があるんです。

特許分類は他社比較に便利
～殺虫剤業界の事例～

楠浦：IR部門の方にヒアリングすることは必須だと思いますが、確かにそれだと基本的に企業側の主張を聞くことになります。だからヒアリング情報だけでなく、特許情報の活用や他社との比較を通じて、客観的に見ることが大事なんですね。

A氏：そうなんです。他社比較でいくと、すごく便利なのが特許のCPC（特許分類）を活用した分析ですね。特許にはそれぞれ特許分類（CPC）が付与されているわけですが、Google Patentsの場合、Assigneesの欄に

企業名を入れると、出願している特許に付与されているCPCの比率が一覧で表示される機能があります。これが便利ですね。狭い領域で他社と競合しているように見える企業でも、CPCを見ていくと、実は他社とは異なる技術分野でたくさん特許を出していることがわかったりします。この辺をチェックしておくことが、取材のときにも役立っています。

楠浦：なるほど。特許から見てA社はここが強くて、競合しているように見えるB社は実は別のところが強くてA社にないものを持っている。だからそこを深くヒアリングしてみよう。そういう使い方をされているんですね。すごく面白い視点です。僕は以前、投資ファンドのアナリストやファンドマネージャーの方にヒアリング前の企業調査資料を提供していたのですが、競合他社との比較はある程度されているだろうと思って、そういう資料はあんまりつくってこなかったですね。大変勉強になりました。

A氏：例えば殺虫剤業界だと、アース製薬さん、フマキラーさん、それと非上場ですが、KINCHOブランドで知られる大日本除虫菊さんの3社の製品が、ドラッグストアによく並んでいますよね。

　この中で、各社の特許に付与されたCPCの上位を見ていくと、アース製薬さんとフマキラーさんのトップ5のCPCがだいたい同じなんです。

　両社ともトップ5は「殺生物剤」のカテゴリー（特許

分類)と、「動物の捕獲・わな」のカテゴリー、あとは
それを噴霧するための装置のカテゴリーで、大まか
には、虫を殺すための成分の特許と、それをうまく
噴霧するためのハードの部分の特許を、アース製薬
さんとフマキラーさんは積極的に出しているわけで
すね。

　一方、大日本除虫菊さんの場合、前の2社にはない
カテゴリーがトップ5に入っていて、それが「殺微生
物剤」です。これは「殺カビ剤」のカテゴリーになる
んですけれども、そのカテゴリーがトップ5に入る形
で特許を持っているんです。

　だから殺虫剤に絞っている2社に比べて、ちょっ
と特色のある構成になっていることが見えてきます。
こういうのがわかると、それぞれの企業が今後どう
いう方向で研究開発を行うつもりなのか、把握する
ヒントにもなるんです。

楠浦：それってすごく面白いですね。アース製薬、フ
マキラー、大日本除虫菊っていうと、どれも殺虫剤
メーカーだよね、って、イメージ的にはもう完全に
競合しているように思えます。でも、特許を見ると違
うんですね。

　確かに、特に商品数が多い企業なんかは、他社と
の違いや、強みになっているコア技術がHPを見ただ
けではわからんってことが結構ありますよね。僕も
そうなります。でも実はそういうときこそ、特許の出
番だ！ってことですね（笑）。

特許分類で比べると、注力しているところの違いが明確になってわかりやすい。

　ちなみにちょっと余談になるのですが、今のAさんのお話で「噴霧装置」というカテゴリーが上位に上がってくるというのが、なかなか興味深いですね。殺虫剤だけつくっていてもなかなか虫は殺せないわけで、どう拡散をさせるかっていうのも一つのアイデア、技術であり、差別化（差異化）の要素っていうことですよね。

　こういうところで、企業の強みや差別化要素とか、その業界を構成する技術要素みたいなのが見えてくるのが、面白いなぁと思いました。

A氏：ありがとうございます（笑）。調べる前は私も、基本的に殺虫剤って成分勝負なのかなと思っていたんですが、そうではなくって、ハードの部分もかなり工夫されていることが、CPCを比較するだけでわかりました。これだけでも、コア技術がどこにありそうか把握できるんですね。そういう手軽さも、特許分析のポイントだと思っています。

　それによって投資判断がすぐに変わるという話ではないんですけれども、まず、企業を理解するための第一歩として特許情報は気軽に活用できるものだと、日々調べながら感じています。

事前に調べると、
ヒアリングで取れる情報量が違う

楠浦：Aさんは、特許を調べた上でIRの方にヒアリングに行かれてみて、何か影響や効果を感じたことはありますか？

A氏：はい。実は、特許を事前に調査してからヒアリングに行けるときと、そうでないときがあって、その違いを日々肌身で感じているんです。

　しっかり調査して行ったときは、IRの人も積極的に前のめりで話してくれるようになりますね。また、前提になる技術的な知識をインプットした上でヒアリングすると、一回の取材で聞けることの深さが変わる、情報量が多くなる、というのが結構あります。

　CPCのランキングを見てみるとか、それを競合他社と比較して、違いがありそうだと感じた部分をさらに調べる、という作業は、やろうと思えば5分か10分あればできるんですよね。こういうちょっとしたことで、ヒアリングで取れる情報が大きく変わってくるのを実感しています。

楠浦：素晴らしいですね。確かに5分か10分あれば、とりあえず同業他社と比べてどこに力を入れているか調べて、「だったらこういうこと聞いてみよう」というヒアリングのアイデアをいくつか準備する、みたいなことはできますね。Google Patentsは、手軽に使える便利なツールだと僕も思います。

特許って、中身を細かく読んでいくとやっぱり難しい部分もあるので、今おっしゃっていただいたように、特許分類に注目するのは入口として非常に良いですね。特許分類は記号なので、ここに苦手意識を持つ人もいらっしゃいますが、Google Patentsなら特許公報の画面に特許分類の説明も書いてあって、便利なんですよね。企業が保有している技術や特徴的な技術を知るという点ではタイパもいいですし、夢のツールというのはちょっと言い過ぎなんですが、ヒアリング時の効果含め、勉強すればしただけの価値があるということですね。

A氏：そうですね。

楠浦：僕は一応専門家なので、どうしても細かいことを知りたくなって逆に時間を使っちゃうことも多いんですが（笑）、今のAさんの話を聞くと、「なんや、そういう使い方でええんか」っていう感じで、気軽に使えそうな印象を多くの投資家に持ってもらえそうです。

A氏：そうですね。特許は、権利の範囲が書いてある請求項を完全に理解しようと思うと、本当に難しいです。特に、知財に力を入れている企業ほどわかりづらく書くって、楠浦さんがおっしゃっていたんですけど、まったくその通りです。請求項を理解しにいこうとすると、かなりエネルギーが必要です。だか

ら一旦、請求項の理解に関しては目をつぶって、ま
ずCPCで力を入れている技術分野を把握するとか、
マクロな分析から入るのが良いと思います。時間が
あるときは、特定の技術領域に関する特許を読んで、
課題をリストアップする。これだけでも、十分投資に
使えるものにはなるのかなと思っています。

楠浦：特許を読もうと思うんだけど、ハードルが高そ
うと感じて躊躇している方には、励みになる実践者
の感想ですね。実感のこもったお声を聞けて嬉しい
です。Aさんが難しいっておっしゃっている請求項
なんですが、法律文書なので仕方ない部分もありま
すが、多分、書き方がいかんのですよね（笑）。

A氏：そうかもしれないですね。

楠浦：請求項にとらわれそうになるけど、ちょっと一
旦置いといて、CPCと課題をなんとなく頭に入れて、
それらをヒントにヒアリングしていけば、IRの方が
しっかり答えてくれるわけですからね。

A氏：はい。自分の中で少し大まかな仮説が持てるっ
ていうのが、結局いいのかなと思っています。その仮
説を踏まえて、「御社って特にこういうところに力を
入れられていますよね」みたいな形で聞くと、そうな
んです！って会話が弾むんですね。
　特に、製造業やライフサイエンス系の企業で、技

術に詳しいIRの方だと、それがきっかけでいろいろ話してくれることもあります。そういう突っ込んだ話を引き出すための仮説づくりに、特許を活用している感じです。

進歩の早い最先端技術の理解には、特許情報が最適

楠浦：最後にもう一つお聞きしたいんですが、投資に関連する特許情報の活用の可能性について、実はこういうケースで活用できるんじゃないかなとか、もっとこうしていきたいとか、今後の展望みたいなものはありますか？

A氏：やはり個人的には、もっと特許に慣れて、専門知識を蓄積していきたいなっていうのが一番大きいですね。半導体もバイオも、今は技術がどんどん先鋭化していて、ニッチかつ高度化しているっていうのを感じているんです。特にバイオの世界は、医薬品の設計をする人と、それをつくる人が企業として分かれていく、というトレンドにあり専門化と分業化が進んでいます。だから長期で企業を評価しようと思うと、その企業が力を入れている技術領域について、最先端の技術動向を把握するのが大事なのかなと考えます。まだ、請求項に書かれている内容の理解まで踏み込めていない部分があるのですが、しっかりと技術を勉強していくことで、請求項まで含めた理解ができるようになりたいと思っています。

295

楠浦：本当にお話の通りで、最先端のバイオや半導体の分野は技術の進歩が早いですよね。僕が以前研究していた細胞培養の分野でも、細胞の塊という段階のスフェロイドから、組織や臓器を模擬したオルガノイドへ、そしてさらに複数のオルガノイドを一つのバイオチップにのせたヒューマン・オン・チップへと、技術がどんどん進化しています。

　そういう最先端の動向って、最先端を突っ走っているプレイヤーの特許にまず断片的に現れてきて、ある程度トレンドが落ち着いてから、解説書みたいなのがでてきますからね。特許は、まだ誰も解説してくれない本当の最先端のところの理解に、かなり役立つと僕も実感しています。

A氏：そうですね。繰り返しになってしまうんですけど、特定の技術領域について特許に書かれている課題を整理するだけでも、具体的に何に困っているのかがわかりますね。

　一つでも2つでも深く調べたいテーマを決めて、特許に書かれている課題をひたすら列挙していく作業をするだけでいいんですよね。

　楠浦さんに教わってまだ2年ですが、そうやって今まで取り組んだいくつかのテーマに関しては、理解がかなり深まったという実感があります。

楠浦：やっぱりそこですか。特許には本当の課題が書いてない場合もあるよ、という話もしているので、

矛盾するかもしれませんが、複数の特許を見ていくと何となくわかりますよね。課題を列挙して並べていくと見えてくるものがある。その課題を整理するとその会社が何に取り組んでいるのかわかってくる。

これに取り組んでいるんだったら、その企業が乗ろうとしているトレンドは正しそうだ。だから投資しよう。そういう感じですね。そこまで俯瞰して理解できると、特許は本当に投資に役立ちますよね。

A氏：そうですね。一つひとつの特許を正確に理解するのは難しいんです。でも、例えば半導体なら、各企業が特許を1件しか出していない、ということはなくて、たくさんの特許を出しています。それらを企業ごとに並べてみるだけでも、ある程度の方向性が理解できます。

またそのためのツールとしてGoogle Patentsは、誰でも手軽に活用できるものだと思いますね。

楠浦：皆さん本当に忙しいので、手軽さは大事ですね。Aさんも一日に何社にも取材されたり、すごく忙しい日々を送ってらっしゃるので、どうやって効率よく情報を収集するかは重要ですよね。また同時に、皆さんからお預かりしたお金を運用するという責任の重い仕事ですので、投資先選定に確信が持てるかも大事ですよね。

確信につながる情報は、特許だけではないのは重々承知しています。ただ、効率よく確信を持てる

投資先を選ぶ、そしてその投資先を評価していく、という作業において、特に製造業を中心とした技術系の企業では、例えば保有特許のCPCを見ていくような作業にすごく意味があるわけですね。

A氏：そうですね、投資先企業について勉強をする場合、特許情報はとても効率がよいツールだと思っています。

楠浦：こういう、特許情報を投資に活用しておられる現場の方のお話を直接聞ける機会って、そんなにないんですよね。そもそも特許情報を使って投資先の研究をしている方が、あまり周りにいらっしゃらないんです。だから今回のお話は、投資家の方にとっても貴重だし、知財業界の方にとっても貴重だし、おそらく経営者の方にとっても、いろいろヒントになるんじゃないかなと思います。もちろん技術者の方でも、特許ってそういう読み方、使い方があるのかって思う方も多いでしょう。

今回お話しいただいた内容は、どなたにとっても大変価値がある情報だったんじゃないかなと思います。

貴重なお話をありがとうございました。

A氏：ありがとうございます。今後も引き続き特許情報を活用して、成果を出していきたいと思います。

投資センスを磨く
～役立つ情報の見つけ方～

Chapter **5**

01

他人が気づかないネタに 素早く当たる思考を ～「紙業界」を事例に

▼

知られざる熱い分野や、 有望企業を見つける

ここまで、特許の読み方や強い特許の見つけ方、特許から企業を分析する方法など、目を付けた企業や特許についての分析方法を、いろいろお話ししてきました。この特許強いんですか、とか、この企業の知財や技術は大丈夫ですか、とか、そういうお話ですね。しかし、そもそも目をつけるべき企業を見つけるにはどうしたらいいんですか？ という質問もよくいただきます。ここでは、普段目にするニュース、IR情報や特許情報などから、知られざる「熱い」分野や有望企業を見つけるにはどうしたらよいのか、という疑問にお答えします。具体的には、僕が過去に調べた事例をいくつか取りあげて、情報の探し方や深掘りの仕方、「目の付けどころ」のポイントをお話ししますね。

皆さんは、ちょっと面白そうだなと感じたニュースや情報があったら、そのあと何をどうしますか？ 僕の場合、気になるニュースや情報について「そう言われているけど、実は……」というものを何か一つ突

き止めるべく、特許やIR情報、投資家のコメントなどを調べます。これは結構意識していて、「もっと詳しく知りたい」みたいなフワッとした動機で始めると、時間がいくらあっても足りないんですよね。「他の人がおそらく気づいてない、"実は"にたどり着く」と決めると、何をどこまで調べるか明確になります。

　僕は普段、新規事業や知財の創出支援をしているので、他の人はまだ気づいてないんだけど、実はこれに今後チャンスがあるんじゃないか、を常に探しています。これは、投資においても同じことで、実は手法としては同じものが使えるんですよね。ここでは、〇〇業界とか、〇〇産業のトレンド、みたいなアバウトなくくりの中で議論せず、「その中で"実はこの製品／企業は"」を見つけることが大切ですよ、というお話を事例ベースで紹介します。

紙業界は
低成長なのか？

　金融機関や調査会社などから産業ごとの今後の動向、みたいなレポートが定期的に発表されていますよね。あれがいろんな意味で結構面白いんです。例えば、2019年に調査した時の話ですが、紙業界は、ペーパーレス化が謳われてからもう30年ほど経っていることもあって、業界全体としても低成長だといわれていたんですね。みずほ銀行が2015年に発行した業界分析レポートにも、紙業界は先進国では停滞、アジアでも低成長、国内の紙産業も成長しない、と書

いてありました。みずほ銀行のレポートだけでなく、他のレポートでもだいたい同じような感じでした。

　本当に「紙・パルプ」は停滞市場なんだろうか？ こう思うところが第一歩です。「やっぱり停滞市場だよね、ペーパーレスだし」では、そこで終わりですからね。僕は、世界最大手企業のインターナショナル・ペーパー（International Paper：米国）の実態はどうだろうと気になり、決算資料を見てみました。すると、業績は意外にも堅調でした。

　なぜ堅調かというと、彼らの製品の出荷数量が増えているとともに、価格も上昇したからです。「ペーパーレス」などのトレンドから、マクロ的に停滞業種だと思われていた紙業界は、実は以前より儲かる産業になっていたんですね。これは、インターナショナル・ペーパーを筆頭に上位3社で7割ぐらいのシェアを占めている寡占業界だということも、大きな要因でしょう。「ペーパーレス」でつまらない業種、という印象から、俄然「面白そう」な業界になってきました(笑)。これこそまさに僕にとって「調べる」ということで、調査の醍醐味なんですね。

紙の価格も 原料価格も上がっている

　図46は、インターナショナル・ペーパーの2019年の投資家向け資料を基に作成したグラフです。
　これによれば、ダンボールの出荷数量は2009年以

降、着実に伸びています。また、ダンボールの価格が上がっていることも、同じ投資家向け資料に記載されています。

　ダンボールの価格が上がる理由は、大きなものとしては2つありそうです。

　一つには、そもそもダンボールの原料になるパルプ材の供給が限られていることがあります。パルプは木材からつくられるのですが、パルプの原料になる木の本数が減り続けているんですね。地球上では1分間に東京ドーム約2個分の面積の森林が消失しているといわれています。よほど植林などにお金をかけない限り、今後、森林面積が増えることはないと思います。

　そしてよく考えたら、ダンボール市場って確実に伸びているんですよ。

　ネット通販の増加などが理由だ、と言えば皆さんもピンとくるでしょう。中国では、ネット通販各社による大規模なセールが行われることで有名な「独身の日」に、なんと10億点の商品が出荷されている。要するに、一日にダンボールが10億箱必要になるわけです。これではダンボールがいくらあっても足りないですよね。

　これが2つ目の理由です。

　つまり、大元の原料は減少し需要は増えている。需給のバランスで価格って決まりますから、このギャップが価格に反映されているわけですね。

図46 ▶ ダンボールの出荷量は確実に伸びている

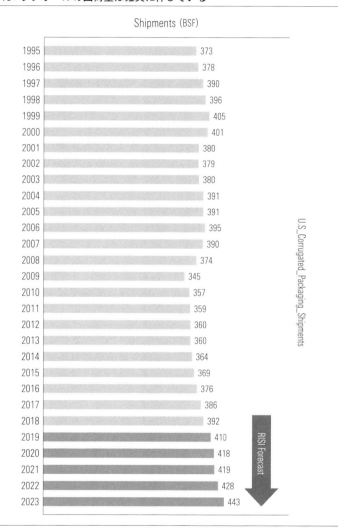

出典：International Paper　Investor Roadshow I August 14, 2019を基に作成
※ BSF：billion square feet

二次情報で満足せず、具体的な一次情報にあたる

投資に限らず、チャンスを見つけるときに役立つのは、このような具体的な情報です。

停滞市場といわれる紙業界の中に、実はダンボールという成長市場が存在するんだ、というところまで読み解くことが大事で、レポートを読んで「銀行が言っているんだから、もう紙パルプ業界は終わりなんやな」ではダメなんです。

見落とされているものの中に、実は光るものがあるはずだ、と意識して探すんですね。

「紙業界がどうのこうの」とか十把一絡げに言っていてはダメ、ってことなんです。

せめて「実は、紙は低迷業界と言われながら、意外なことにインターナショナル・ペーパーがちゃんと儲かっていまして……」ぐらいから、入ってほしいんですよね。

ちなみに、僕が日頃やり取りしている投資家は、皆さん一次情報を非常に丁寧に分析しています。

例えばインターナショナル・ペーパーの例だと、

「どこに売ってんの？」

「アリババに売っているのか、じゃあ、Amazonにも売っているの？」

「Amazonからは今後どれくらいのダンボールの引き合いがあるんだろう」

のように、バリューチェーンに沿って情報を集め、分析しています。

業界分析レポートのような二次情報は、ヒントやきっかけとしては活用しても、それを読んで終わり、にすることはありません。

もちろん、そういった投資家に聞いても、どこまで具体的な情報を取っているのか、正確なところはわかりません。

それが彼らの収益の源泉になりますから、それは言えないわけですね（笑）。

誰かに聞くことはあっても、それで終わりにはしない。

個別具体的な一次情報に自らあたって、検証していく。

それでこそ、投資に必要な「実は……」というインサイトにたどり着けるのだと僕は考えます。

そしてこれは、技術開発でも新規事業開発でも、同じですね。それらもすべて「投資」だからです。

02

一つの情報から
大きな流れを見ていく
～「ドラッグストア」を事例に

▼

クリエイトSDが
「独占」を狙うのはどこか

ダンボールの次は、ドラッグストアの話をしましょう。身近なテーマや企業について調べてみるだけでも、意外なトレンドや「儲けの方程式」が見えてくることがありますからね。

僕は神奈川県に住んでいるのですが、地元でどこか面白い会社はないかなと思って、クリエイトSDという神奈川県でよく見かけるドラッグストアについて、調べたことがあります。2015年ごろの話です。

調べてみてわかったことなので本当に偶然なのですが、意外に興味深い企業でした。

クリエイトSDは神奈川県に集中して当時で250店舗ほど出店していた、いわゆるエリア独占の戦略を取っている企業です。そのおかげなのか、ドラッグストアとしては比較的高い利益率で、安定成長していました。

※2015年時点の神奈川県内の店舗数、2024年6月時点で445店舗

307

企業の成長戦略は、どこかを独占して利益を出し、それを次に投じていく、というパターンが基本ですよね。薄く広くまんべんなくやっていても、競合との競争ばかりで儲からないので、どこかで独占して収益を上げて、その資金を投じて次の領域を独占していく。

　僕が企業を分析する際には、企業はそうやってお金を回していくものだという前提で、まずどこを独占して儲けようとしているのか、を意識して見るようにしています。

　各種資料を見ると、クリエイトSDは、薬で儲けるドラッグストアになる、と言っていたんですね。よく考えたらドラッグストアなんだから当たり前だと思うのですが、どういうことなのか、興味が湧いたのでさらに調べてみました。

　具体的には、診療報酬が改定された「訪問服薬指導」に彼らは注目したんです。

　これは、処方箋に基づいて薬を自宅や施設まで届けてあげて、服用するところまで指導する、というものです。

　このビジネスモデルにすると、エリアを独占している強みが活かせますし、薬剤師もある程度人員を確保できているため、事業がやりやすいですよね。同時に日用品まで届けてあげれば、ドラッグストアという形態の強みも活かせるわけです。高齢者や要

介護者の方の窓口になろう、というのが「薬で儲ける」の真意なんだと理解しました。訪問服薬指導を入口に、市場を深耕するわけです。

これは面白いですよね。高齢化社会の「ユーザーインターフェース」を独占する戦略です。※

Amazonともまた異なる、オモロい戦略だと感じました。

もちろんこれは、他のドラッグストアも同様の戦略でしょう。神奈川県に重点的に出店している、エリア独占戦略のクリエイトSDが今後どうなるか、要注目ですね。

また、クリエイトSDの例をイメージしつつ、「今だったら、ドラッグストアや薬剤師業界は、何に注目すれば儲かるんだろう？」と考えて、医療や介護業界の情報を見ると、面白そうですね。

ヒントとしては、診療報酬の変更が一つのポイントになりそうかな、という感じでしょうか。

※調べてみると、2024年6月時点で、介護サービスとドラッグストアを組み合わせた業態を「株式会社千葉薬品」が開始していました。予想通りの展開です。

なぜ外国人投資家が わざわざ投資するのか考える

ちなみにクリエイトSDは、外国人投資家比率が高い会社なんですね。海外の投資家からどのような点が評価されているのかも、気になります。実は儲かる、とか、安定的に収益が出せるけど、注目されてい

ない企業だ、という可能性もありますよね。株主構成を重視しすぎるのは本末転倒ですが、こういう視点でも深掘りしていくと、意外な気づきがあったりします。

念のため付け加えておくと、僕が言いたいことは「外国人投資家比率が高いほうがいい」ということではなく、「なぜ外国人投資家が、日本のローカルなドラッグストアにわざわざ大量に投資するのか」を考えてみましょう、ということです。

この会社って伸びているよね、この会社面白いよね、特徴あるよね、なんでそんなことしてるんやろ、どこで儲けてんのかな、どこを独占してるのかな、その背景にどんなことあるのかな、っていうように、一つの情報からその背後にある理由や大きな流れを見ていく。

流れがわかれば、他の業界はどうなっているのか、隣の業界はどうなっているのかを見ていけばよいわけです。

Aについて調べてAに投資する、ということではなくて、Aについて調べた結果に基づいて、Bを調べてみたらどうなるか、するとCという投資したい企業が見つかった、という感じです。芋づる式ですね。

これは、発明塾での新規事業の企画でも、同様です。「チャンス発見」「機会発掘」のための調査って、こういうものなんじゃないかな、と僕は考えています。

寡占企業が
次に狙っている分野を見る

　薬の販売方法について調べるだけでも、結構面白かったですね。日本のドラッグストアだけ見ても、一般薬を安く売るとか、クリエイトSDのように、薬を届けて服薬指導して、ついでにいろいろなものを売るとか、いろんなやり方がありえるわけです。

　アメリカでは、どうでしょうか？ 実はアメリカでは、医療機関で処方される新薬の分野でも薬のディスカウンターがあります。

　医薬品メーカーと交渉をして、「うちは100万人の加入者がいて、糖尿病の薬は年間これくらいは出るから、価格を半分にしてほしい」といった交渉をする薬剤給付管理（PBM：Pharmacy Benefit Manager）という業態があるんです。薬局チェーンが経営していたり、保険会社が経営していたりするのですが、上位3社で7割のシェアを占めている寡占市場なんですね。

　PBM企業は、次は遠隔医療に参入しようとしています。薬をディスカウントするだけでなく、それで儲かったお金で遠隔医療もやる。共通点は「医療の効率化」ですね。このように分析すると、彼らの動きは「医療の効率化」がドライビングフォースになっているんだなと見えてきます。

　僕は以前から、PBM企業は寡占でかなり儲かっているな、では、彼らは次にどの業界へ出ていくのか

な、と注目して動向を見ていました。お金があるんだから、どこかを買うなり提携するなりして、新規事業を始めるだろうと。すると彼らは、スタートアップ企業と提携するなどして、次々と遠隔医療へ参入しはじめていたんです。

確かに患者の医療に関する負担を減らしていく意味では、方向性としては正しいなと思います。逆に言えば、遠隔医療にはPBM企業がお金を落としているんだなって、お金の流れが見えてきます。

以前僕に「遠隔医療って、結局なかなか進まないよね」と言っていた人がいるのですが、そのときも、こんなふうに進めたい人がいてお金や販売網を供給してくれているんだから、結局は進むだろうと考えていました。何事も「複眼」で、見ていく必要があるんですよね。

お金と技術が重なる
ホットスポットはどこか

僕は前職のナノインプリントのスタートアップ時代に、技術だけあってもお金がつかないと何もできないことと、逆に技術がないところにお金がつくと、そのお金をただムダに使うだけの「バブル」が起きることの、両方を経験しました。

それ以降、お金と技術がちょうど重なるホットスポットはどこかを探して、その先どうなるのか、どう

して重なっているのか、その社会的背景や法規制は
どうか、のように考えるようにしています。よく、社
会動向などから今後のトレンドを導き出す、みたい
な感じでマクロからミクロへ考えていきましょう、
とかいわれますよね。

でも僕は、そうではなくて、ある種「逆向き」に流
れを解き明かしていくほうが、事業機会や投資機会
に関する結論が早く得られると考えています。

「社会背景」「法規制」などからネタを探すことも
理屈上は可能だと思うのですが、実際問題としては、
そういう「トップダウン」「マクロからミクロへ」のや
り方で調べているとキリがないんです。いろんなト
レンドが次から次へと話題になりますし、それらに
ついて隅々まで調べていると、時間がいくらあって
も足りないんですね。なので、あえて逆から読んで
いく。ミクロな事象からマクロを把握して、あーそ
の背後にはこういうトレンドがあるのか、だから今
ここでこういう「戦争」が起きているのか、みたいな、
そんな感じで、ミクロとマクロを行ったり来たりし
て、全貌を把握するわけです。

例えば、中国とアメリカは今後も覇権争いをす
るはずだ、では次に何が起きるだろうか、みたいに
やっていたらキリがないですよね。解像度が低すぎ
て、何も思いつかない(笑)。

それよりも、今まさに尖閣諸島がこうなっている

のは、海洋資源の取り合いなのかな、だったら近く
で他にこういうことが起きるかも、起きてないとし
たらなんでやろ、みたいな考え方のほうが、現在を
現実的なレベルで解像度高く理解した上で、将来を
推測できるんじゃないかな、ということです。なお、
これは単なる例え話で、他意はありません。

　先の例でいうと、実際のところ遠隔医療は、特に
精神疾患の分野でかなり注目されていることが、そ
の後の調査でわかってきました。例えば、薬と医療
機器が融合しつつあるんですよね。具体的には、薬
を飲んだかどうかセンシングできる非常に小さな半
導体チップを薬の中に埋め込んだ、エビリファイと
いう抗精神病薬が開発されていたりします。これは
デジタルメディスンと呼ばれていて、まさに遠隔医
療を実現するための薬なんですよね。

　繰り返しですが、この会社って伸びているよね、こ
の会社面白いよね、特徴あるよね、なんでそんなこと
してるんやろ、どこで儲けてんのかな、どこを独占し
てるのかな、その背景にどんなことがあるのかな、っ
ていう感じで、一つの情報から大きな流れを見てい
く。そして他の業界はどうなっているのか、隣の業界
はどうなっているのかを見ていくんです。

　複数の情報をつなげていくことで、ストーリーが
見えてきます。そこで、そのストーリーが本当なら、
自分はどうするか、どこにチャンスを見出すのか、と
考えれば、投資機会や事業機会が見えてくると思い
ます。

03

投資が増えれば技術は進歩。
"お金"の流れから
トレンドを予測する

▼

▌「技術」は
▌「お金」がないと進歩しない

　どんな素晴らしい技術でも、お金がつかなければ伸びない、と先ほどお話ししました。

　特許や論文などから見つけた、まだ世間にほとんど知られていない技術、あるいは、それに注力している企業が、今後成長していくのかをどう判断すればよいのか。技術や企業の将来性について確信を得るための重要な判断材料の一つが、ズバリ「お金の流れ」です。前職のナノインプリントのスタートアップで、どんなに素晴らしいアイデアや発明も、お金がなければ残念ながら実現できないことを痛感しました。モノづくりにはお金が必要です。

　新しい技術ほど、だいたいお金がかかります。新しい技術は金食い虫なんです。周辺技術や研究開発のインフラが整っていないので、まず準備段階でお金がかかるんです。専門家もいませんので、人もゼロから育てる必要があり、これもお金がかかります。

　だから、技術の情報だけ見ていても、実は技術の

315

トレンドはわからない。でも、そこにお金がついていることがわかれば、技術開発が確実に前に進みそうだ、だから、この先どうなるか調べてみる価値がありそうだ、となります。技術とお金の交差点からトレンドが生まれるわけですね。

　お金がないと技術は進化しない。だから、アイデアや技術の情報だけ見ていてもダメ。特許情報とお金の情報を組み合わせて見ていくことで初めて、「アイデアのスジは良いし、本気で取り組んでいるようだし、お金もついてきている、これはいけそうだな、じゃあ次はどうなるのかな？」と先読みする価値が出てくるわけです。

　例えば、第1章でお話ししたマジックリープの調査事例を振り返ってみます。VR（バーチャルリアリティ）領域での投資機会を調査する目的で、その用途発明の「先読み」をしていたときに注目した企業ですが、実は特許だけでなく投資情報まで調べています。マジックリープには、アリババ、アンドリーセン・ホロウィッツ、J. P. モルガンなど、さまざまな分野のそうそうたる企業や著名な投資家が投資をしているのがわかったので、この先を調べる必要がありそうだと、確信が持てたんですよね。

最初に投資する人は
だいたい決まっている

　重要なのは、どうやらお金が出始めたみたいだぞっていうタイミングを見逃さないことです。

みんなが投資し終わってからでは、やっぱりちょっと遅いんですね。

現状では、先端技術のスタートアップの多くはアメリカで生まれています。ですから、僕はまずアメリカの特許情報を調べて、エッジが利いたアイデアや発明を探すんですね。発明「群」というべきかもしれません。一つを見てどうのこうのではないんです。技術とは、発明の連続で生まれ、育つもの。だから、発明を「つながり」「束」で見ていく必要があるんですね。そしてそれらを見て、今後こういう技術が出てくるんだろう、というのを予測していく。さらに、数年後に日本にも波及してくるんじゃないか、と考えていきます。

ということで、企業としてはアメリカのスタートアップに注目することが多いんですよね。では、スタートアップのアイデアに最初にお金を出す人って、誰だと思いますか？

それはアメリカの政府関係機関や、アメリカのベンチャーキャピタルです。特に、まだ研究段階のアイデアにお金を出すのがアメリカの政府関係の機関の特徴で、例えばNASA（アメリカ航空宇宙局）、DARPA（アメリカ国防総省国防高等研究計画局）、NIH（アメリカ国立衛生研究所）、EPA（アメリカ環境保護庁）などが挙げられます。それらの補助金リストを調べて、お金の流れを見るんですね。

もちろん、大手企業によるM＆Aや、クラウドファンディングなども調べますけど、アメリカの政府機

関は最先端技術に戦略的に大きな額の補助金をつけますので、特に研究の最先端を知るためには、政府機関の動向は重要な情報源になります。

僕が前職で実用化を手掛けたナノインプリントでも、アメリカのスタートアップにDARPAが補助金で先鞭をつけ、最終的に数十億円の研究開発資金が集まりました。その後、世界中の企業の開発競争に火がついたんですよね。こういう流れは目の前で何度も見ています。補助金情報は政府機関のHPなどに掲載されているので、調べるのはそんなに難しいことではありません。

例えば調査の結果、政府関係の機関がめちゃくちゃお金を落としているんだなとわかると、これって最初は軍事用だけど、そのうち民間用に技術開発が可能なのではないかなという感じで見ていくわけです。実際、軍事用に開発されたものが民間用に転用されることは、よくあります。手術支援ロボットのインテュイティブサージカルも、その一つですね。

投資が増えると同時に増えてくるものとは

また、アメリカのスタートアップは、コンセプトがある程度固まったら、いろいろなアイデアを盛り込んだ特許を仮出願しておいて、それを材料に資金調達と追加の特許出願をしていくことがよくあります。特許ポートフォリオと呼ばれる特許の束を、お金を集めながらつくっていくわけです。

効率的に特許をポートフォリオ化していくために、基本的には最初に出した特許を分割出願していくパターンが多いですね。マジックリープもそうでした。弊社の支援先スタートアップにも、同様の例があります。だから、お金が流れ始めると特許が増えるといったように、お金の流れと特許から見える技術の流れは、ある程度比例するんです。

こういうサイクルを想定しながら情報を見ていくと、投資が増えて、特許も増え始めたぞ、とか、技術開発と特許のポートフォリオ化が進んでさらにお金がつくようになったぞ、などと読めるようになります。特許情報とお金の流れは、一見関係ないように思うかもしれませんが、実は密接に関係があるんですよね。他にも、ある分野でスタートアップがどんどん誕生してきていると感じたら、それはその分野にお金がつき始めているってことですよね。こういう場合、誰が出資しているのかを調べてみて、この投資家がお金を出し始めているのか、だったらこの分野はそろそろイケるんじゃないか、のように推測してみるのもよいでしょう。

新しい技術がほっといても伸びていく、みたいなことはないんです。誰かが目利きをして、最初のお金を出す。それが技術を進化させ、さらにお金を呼ぶ。だから、お金が集まりつつあるところには、何かチャンスが生まれているということだと僕は捉えています。特許・IR・お金の流れは、できるだけセットで見ていくことをオススメします。

04

業界や技術の"課題"は何か？
その解決に
尽力する企業をチェック

▼

注目のドローン、
誰が何を競ってる？

遠隔医療は、コロナ禍の影響もあって導入が加速し、トレンドとして確実なものになったかなと思います。これも、多くのスタートアップや投資家がその分野に知恵と資金を投じた結果なんですね。そこで生まれた利益は、次の分野に投資されて新たな機会を生み出す。だから、儲かっている企業や分野を調べると「次はどこか？」も見えてくるわけですね。

さて、次はドローンを取りあげましょう。近年、ドローン関連の技術はどんどん進化していますよね。ここでは、僕がドローンについて情報収集を行った例を少しご紹介します。情報をどう取捨選択するか、その際の調べ方や考え方など、特許を使った投資先の探し方、の参考になれば幸いです。以下の調査内容は2023年5月時点のものです。

2022年はドローン元年といわれ、日本の航空法の改正により、住宅地の上で目視外でドローンを飛ばす「レベル4」飛行が解禁になりました。「目視外」と

いうのは、ドローンが直接見えない状態、ということですね。これで、住宅地の上を物流ドローンが行き来することが可能になりました。物流への活用が進み、ドローンを要素に組み込んだ新規事業がまだまだ出てくるでしょう。今後どうなるか、気になりますよね？ 単純に僕自身ドローンの今後にすごく興味が湧いたので、なんか面白そうなことやっている企業がないか、調べてみることにしました。

この時点では「2022年がドローン元年」レベルの情報しか持っていなかったので、まずはドローンを製造している有名な企業をいくつかピックアップして、IRや特許を見てみました。もちろん、特許はいろいろ出願されているのですが、内容があんまり面白くない（笑）。多くのドローンメーカーが、例えば「プロペラ」などドローンの機構や構造に関する特許を頑張って出しているんですが、僕は「それも大事だけど、そこじゃないんじゃないの？」という印象を持ちました。僕が重視する、「コレジャナイ感」ですね。

こういう機構の部分の特許は、メーカーとして特許戦略的にはとても重要です。しかし、すでにドローンメーカーが多数あるということは、それだけでは決定的な差別化はできないということを示しているとも考えられますね。例えばあるメーカーが「まったく新しい構造のドローンを作りました」と売り出したとして、重要なことは、「新しい」ということではなく、「顧客がその新しいドローンを使わないといけない理由」なんです。それが何かが知りたい。だ

から僕は、いかに斬新な構造上の工夫に関する特許であったとしても、それでしかできないことは何なの？ が明確でない場合は、あんまり興味が持てないんですね。

その特許は「課題の独占」ができているのか

「それでしかできないこと」が知りたい、というのは、その技術や発明が何の課題を独占的に解決しているのか、解決するつもりなのかを知りたいということです。要するに、僕が技術者や新規事業担当者にいつも言っている、「課題の独占」の話ですね。課題が独占できていない技術や発明の特許を読んでも、そうね、いろんなやり方があるよね、で話が終わってしまいます。事業やビジネスの話にならないんですね。当然、投資の話にもならない。

しかも、たまたまかもしれませんが、僕が調べたドローンメーカーは、どこも出願特許件数が少なすぎるように思えました。例えば、HPやIR資料を見る限りではそれなりに期待が持てる印象のスタートアップがあったのですが、調べてみると特許出願件数は十数件、みたいな感じですね。僕は、興味を少し失いました。

産業としての注目度からすると、その規模のスタートアップだと50〜100件ぐらいの出願があってもおかしくないかなぁと思っていたんですね。営業とマーケティング中心で技術や知財は後回しなのか

な、というのが正直な感想です。もちろん、営業とマーケティングも大事なのでそれを否定しているわけではなく、現時点では「話題づくり」が先行している段階なんだという評価ですね。何らかの課題や顧客価値を「独占」している印象は、残念ながら持てませんでした。

　こうやって、僕がいくつかのドローンメーカーの特許を読んで思ったことは、むしろドローンは何でもいいんじゃないかな、ということです。言い方は悪いですが、別にドローンは飛べばいいんでしょ、と。それよりも、そのドローンを使ってどう安定的にサービスを提供するか、どうやって確実に届くようにするかのほうが課題で、つまり「運用」「サービス」「最終顧客（ドローンで荷物を運んでもらう消費者や商店）の価値」まで、視野を広げて知財化したり、新たな技術を開発していくことのほうが大事なんじゃないの、という気がしたんですね。

　「コレジャナイ」と思うことは、次の気づきへのスタート地点なんです。
　それで、技術より運用やビジネスモデルに関する特許を積極的に出願している企業はないかと思って調べたら、「楽天」に行き当たりました。ざっと特許を読んでみたら、出願している特許には、まさに僕が読みたい特許（笑）が結構あったんですよね。これこれ！　こういうのが知りたかったんよね、という感じですね。

図47 ▶ 楽天のドローンに関する特許を調べてみる

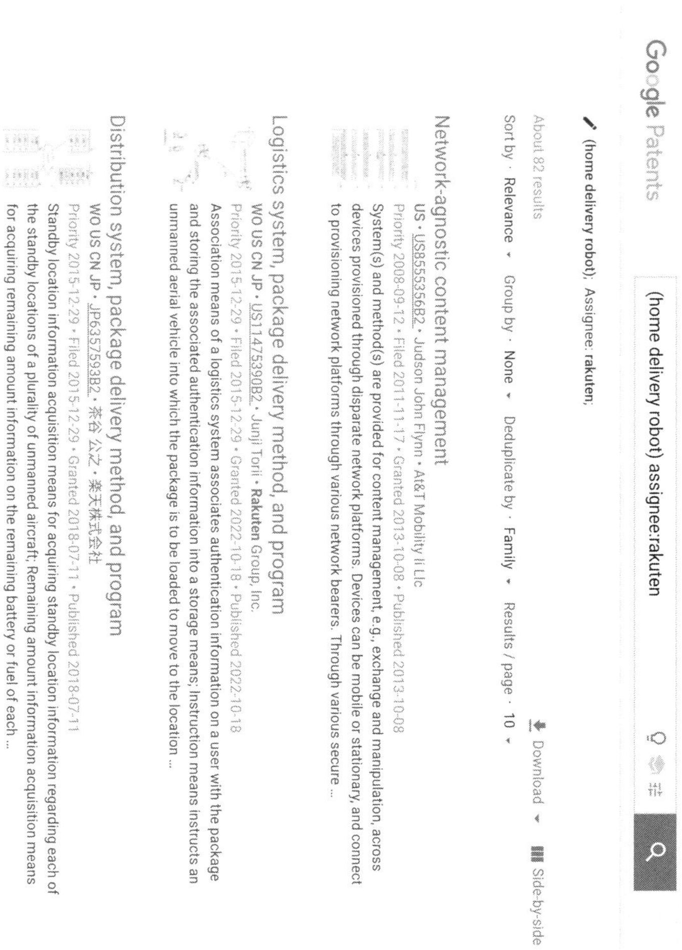

Google Patents

(home delivery robot) assignee:rakuten

🔍

💾 Download ▾   ▦ Side-by-side

(home delivery robot), Assignee: rakuten;

About 82 results

Sort by · **Relevance** ▾   Group by · **None** ▾   Deduplicate by · **Family** ▾   Results / page · **10** ▾

Network-agnostic content management

US · US8585535682 · Judson John Flynn · At&T Mobility Ii Llc

Priority 2008-09-12 · Filed 2011-11-17 · Granted 2013-10-08 · Published 2013-10-08

System(s) and method(s) are provided for content management, e.g., exchange and manipulation, across devices provisioned through disparate network platforms. Devices can be mobile or stationary, and connect to provisioning network platforms through various network bearers. Through various secure ...

Logistics system, package delivery method, and program

WO US CN JP · US11475390B2 · Junji Torii · **Rakuten** Group, Inc.

Priority 2015-12-29 · Filed 2015-12-29 · Granted 2022-10-18 · Published 2022-10-18

Association means of a logistics system associates authentication information on a user with the package and storing the associated authentication information into a storage means; Instruction means instructs an unmanned aerial vehicle into which the package is to be loaded to move to the location ...

Distribution system, package delivery method, and program

WO US CN JP · JP6357593B2 · 茶谷 公之 · 楽天株式会社

Priority 2015-12-29 · Filed 2015-12-29 · Granted 2018-07-11 · Published 2018-07-11

Standby location information acquisition means for acquiring standby location information regarding each of the standby locations of a plurality of unmanned aircraft; Remaining amount information acquisition means for acquiring remaining amount information on the remaining battery or fuel of each ...

出典：Google Patentsによる検索結果（キーワード「home delivery robot」、出願人「rakuten」で検索）。画面は調査当時のもので、ドローンとは無関係な特許も表示されている点に注意

楽天の特許は
「配送現場の課題」を解決するもの

　楽天は、皆さんもご存じの通りオンラインショッピングモール（EC）を運営している企業です。だから彼らは、販売や配達を安定的に行える技術に興味があって当然で、「楽天ドローン」という会社をつくって、ドローンなどを使って配送するところまで自社で行おうとしています。競合のAmazonはすでに自前の流通網を持っていて、「プライム・エア」というドローン配送サービスも始めています。楽天も、それに対抗しようと動いているんでしょう。楽天の特許は読んでいて非常に楽しくなるものでした（笑）。特に、「確実に商品を届けるにはどうすればいいか」「間違えて隣の家にドローンなどが入り込んでしまったらどうするか」など、「言われてみれば、なるほど」という感じの「配送現場の課題」に注目した特許を出願していました。それらの特許には、よく考えてみると確かにそうだな、という感じの課題がいろいろ書かれているんですね。

　例えば、特開2022-099338を読んでみましょう。発明の内容を示す非常にわかりやすい図があったので、紹介します（図48）。図には、配送ロボットが配送先の住人をカメラで撮影している様子が描かれています。

　確かに玄関前まで荷物を送り届ける際には、家や人を撮影し確認することになりますよね。確実に届けるという点ではそれは必要なことですが、個人

情報がデータとして残ってしまいます。それをどうやって安全に管理するか、という別の問題が出てきます。トレードオフですね。今の時代、個人情報の管理は特に重要ですよね。それで誤配送なんかしようものなら「お前、人の家の前でなに撮影しとんねん！」って苦情が殺到して、下手したらプライバシー侵害で訴えられるかもしれないわけです（笑）。

　ドローンなどの配送ロボットは遠隔操縦か自動運転になりますから、カメラは必須ですし、家や人を認識しなければ確実に届けることができません。一般道を走る車のドライブレコーダーなら、家の敷地の中までは入らないので問題なくても、配送ロボットによる宅配だと、玄関先などの敷地内まで行く可能性が高いですよね。

図48▶ 楽天が考える、配送ロボット時代の「配送現場の課題」とは？

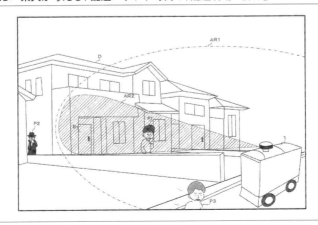

出典：US11893867B2（特開2022-099338と関連する特許）

ドローンなどの配送ロボットを使うからこそ生じる課題に、楽天はしっかり注目していました。さすが楽天だなと思いました。

　宅配において、配達担当者が敷地に入って届けるのは全然OKなんだけど、ロボットだとどうなの？という問題提起でもあるわけで、いろいろオモロいですよね。ロボット時代の課題の先読み、の参考にもなるでしょう。

　楽天の特許をいくつか読んで、配送ロボットによる宅配の大きな課題の一つはセキュリティやプライバシーで、やはりそれに対応できるノウハウと技術と信頼を積み上げた会社が勝つんだろうな、と僕は確信しました。もちろん、楽天以外にもこの課題に取り組んでいる、あるいは、これから取り組む企業はあるでしょう。仮に楽天が先行していたとして、「独占」できるかどうかは、また別ですね。

　そう考えるとこの話は、「クリエイトSD」が薬の配達のついでに日用品を届けてあげる、という話ともつながってくるのですが、長くなるので今回は割愛します。

▌技術・事業・企業の価値は課題で決まる

　特許情報から、事業を運営する上で解決すべき課題がなんとなく見つかったら、改めて、特許が何件出ているのか、誰が出しているのか、を確認し、誰が何をやろうとしているのかを見ていきます。

ドローンの例なら、ドローンが撮影してしまう画像に含まれる個人情報の取り扱いについて、楽天はXX件の特許を出している、を把握します。そして、それがもし実現可能なら、プライバシー侵害の心配なくドローン宅配ができるかもしれないな、などと「先読み」をして、その発明や技術の価値を判断するわけです。繰り返しですが、「課題を独占できそうか」が大事なので、他の企業の動向も考慮する必要があります。

特許に書いてある技術内容については、最初から深く理解する必要はありません。まずは技術内容の理解よりも、それが事業の成功にどう関わってきそうなのか見抜くことのほうが重要です。その特許発明が、事業運営上の何の課題を解決するのかわかることがまず大事で、技術内容はよくわからなくてもよい、と割り切ってください。

技術内容については、事業運営上の課題を解決するための重要な技術だとわかってから、さらに調べればよいですし、その技術に詳しい人に聞いてもよいわけですよね。

だって、技術や発明の価値は、それが解決する「課題」で決まるわけですから、課題が明確になって「重要」な技術だとわかってから調べるほうが、調査の効率がいい。良い技術、というのは、「重要な課題を独占的に解決する技術」であり、重要な課題を独占的に解決している企業が価値の高い企業、だと考えるのが発明塾式です。

特許を開発者単位で見て本気度を知る

今回は詳しく説明しませんが、前述の「誰がやろうとしているのかを見る」、つまり「発明者」単位で見ていくこともオススメです。なぜ「発明者」を見るのかというと、その技術や事業を実現するのは「人」だからです。開発者の〇〇さんはこういう発明をやっていて、こういう事業を考えているんやな、と、最後には人を見る。その人が本気かどうか。あるいはその人の本気が周りに伝わっていて、周りの人もそれを認めているのかどうか。本人が本気で、それを組織や企業としても認めているなら、特許も次から次へと出てくるはずですよね。

楽天ドローンの例では、例えば以下2名の発明者の特許を読むと、どんな事業を考えているのか、課題と解決法が見えてきます。Google Patentsでの最新の検索結果のURLが読み取れる2次元コードを記載しておきますので、ぜひ読んでみてください。

こうやっていろいろ調べて特許を読んで考えてみた結果、これって楽天にしか出せない特許だったのかもしれないな、と僕は思いました。

田爪敏明さんの特許（Google Patents）

井沼孝慈さんの特許（Google Patents）

ドローンをつくって販売しているだけでは、そういう「事業上の課題」には直面しないし、そういう課題が出てくるとはなかなか想像できないんですよね。そういうのを「先読み」して、事業のシミュレーションをしていろいろ考えているからこそ出てくる特許なのかなと、特許を読んでいて感じたんですね。こうやって読むと、特許はとても楽しいですよね。会ったこともない人が何を考えていて、現場で何をやっているのか、なんとなく「透けて」見えるわけです。あとは、解像度をどこまであげられるかが勝負ですね。

空と陸の「宅配ロボット」の未来価値を考える

楽天はネット通販(EC)モールを運営している企業です。従って、自社ですべての商品の保管や配送を行っているわけではありませんが、出店者の利便性向上のために楽天市場で販売する商品を自社倉庫で保管し、配送まで行うサービスも提供しています。

楽天市場で購入された商品を、お客様のところにいち早く、安全安心に届けようというところに責任やこだわりを持っているからこそ、ドローン配送についても他社よりも一段深く考えるわけです。

また、楽天はドローン配送のノウハウと技術を積み上げて、他の運輸運送企業にも提供していくかもしれませんね。なぜそう思うか。ここまでなんとなく「ドローン」という言葉を使用してきましたが、こ

れって要するに「宅配ロボット」なんですよね。宅配ロボットには、空だけではなく陸上もあります。ドローン（空）で今までより早くモノが届くようになる、といった未来に加えて、陸上宅配ロボットが、車が入れない狭い道まで入って玄関前まで自動で届けてくれるようになったりするわけです。

とすると、プライバシーや安全性に配慮する必要性は非常に高くなり、楽天が想定している課題の解決は、ますます必要とされ価値があるものになるのではないでしょうか。楽天はそこまでわかっていて、今後は関連する企業にも広く展開することを狙っているんじゃないだろうか、ということです。

これは、あくまでも僕の推測です（笑）。でも楽天が、多くの運輸運送業者よりも先に「課題」に気づいて特許で先手を打ったのは、どうやら間違いなさそうですね。

このように、対象とする業界や技術について詳しくない場合、まずはその業界や技術についてよく知られているメーカーを調べてみるのがオススメです。そこで見つかった特許をいくつか読むうちに、事業を運営する上で解決すべき本当の「課題」が見えてきます。課題が見えると、その解決に取り組んでいる企業を改めて探せば、投資する価値が高い、面白そうな企業が（もっと）見つかるかもしれない、という感じですね。投資機会の探し方、という意味では、新規事業や新製品のネタ探しでも使える方法ですので、ぜひ仕事でも使ってみてください。

05

未来を知るためには、過去を知ること。危機対応法から企業を判断

▼

IR情報の裏を、特許で取る

　ここまで、特許情報から技術トレンドや企業の将来動向を把握する方法を、例を挙げて紹介しました。これは、企業や事業、技術や発明の価値は、将来生み出されるお金（キャッシュフロー）で評価されるからなんです。だから皆さん、未来が知りたいわけですね。

　一方で、未来を確実に知る方法は存在しません。例えば、ある企業が未来を先取りするアイデアや特許を持っていたとして、それを事業化して儲かるところまで持っていけるかどうか、誰にもわからないわけです。逆説的ですが、未来を知るためには、過去を知ることが重要だと僕は考えています。花王の連続増配についてお話しした際に、「連続増配できるということは、儲ける仕組みができていることの証拠では？」という僕の考えを紹介しました。

　これも、過去というか実績を分析することで、未来の見通しをより確かなものにしよう、という分析の一つでしょう。

　ここではテルモを取りあげ、「過去の危機」をどう

乗り越えてきたかを特許とIR情報で分析しながら、テルモの未来や将来性について考えてみましょう。第1章の花王の事例の続編だと考えていただいても結構です。

　よく考えると、経済危機って定期的にあるんですよね。過去20年の間だけでもリーマンショック、コロナ禍やチャイナショックなど、世界中で金融危機や経済危機がいくつも起こりました。こういった経済危機では、どんな企業でも多少なりとも影響を受けますし、その後業績が低迷してしまうこともよくあります。皆さんも、不況時の投資判断や企業の評価に迷った経験があるのではないでしょうか。

　こういった危機のときこそ、企業内部でどういうことが起きているか、どういう対応をしようとしているか、気になりますね。例えば、企業のIR担当の方は「うちは大丈夫です」「今〇〇に取り組んでいます」と言っているけど、それってホンマなんかな？とか、何かで裏を取れないかな、などと思っている方もいるでしょう。口頭での説明だけでなく、それを裏付けるものがあれば、誰でも知りたいですよね。そんなときには、第2章でお話しした、特許件数や人数などを数字でまとめた「統計データ」が役に立つでしょう。

　ここでは、過去に弊社が独自に作成したテルモについての特許分析レポートを紹介し、皆さんと一緒に見ていきます。テルモは医療機器事業で有名な企業ですね。ちょうどこの分析レポートには2008年のリーマンショック前後のデータが含まれており、

05

未来を知るためには、過去を知ること。危機対応法から企業を判断

333

リーマンショックという「危機」のときにテルモがどうしていたか、わかります。

テルモがリーマンショックのとき、どうしていたのか、すごく気になりますよね? 危機に負けず着々と次の手を打っていたのか、それとも過去の蓄積で危機に堪えていたのか、どちらでしょうか? IR資料からは読み取りにくい企業活動の実態が、特許から見えてきます。

こういう特許の見方を知ると、企業として信頼できそうか、ひいては長期で応援したくなる底力のある企業なのか、自分なりに評価できるようになるでしょう。今回は、特許はこういう見方もできるんだよ、ということをできるだけ多くの投資家の方に知っていただきたいと思っています。

テルモは
何に投資してきたのか?

図49はテルモについての特許分析レポートからの抜粋です。2012年8月に、弊社で独自に特許分析を行って作成したものです。

表内の項目を見ていただくとわかると思いますが、テルモが日本に出願した特許から出願件数や発明者の数、特許分類の数などを調べ、年次ごとにまとめたものですね。

ちなみにこういったデータの整理には、当時はプロ向けの高額なツールを使う必要がありましたが、今はそれこそChatGPT含め無料のツールや安価な

ツールがあり、誰でも簡単に作成可能です。素晴らしい時代ですね。

　まず、発明者数を見ましょう。発明者はコンスタントに増えていますね。そして新規発明者数を見ると、おおよそ毎年70人から90人ほどで、2010年には126人に増えています。新しく発明する人が増えていて、発明者全体の数も増えているという状況って、企業の研究開発の状況としては理想的ですね。

　古い人が辞めていって、その分新しい人が増えているだけだったら単なる新陳代謝ですが、そうではないようです。

図49 ▶ テルモの特許出願に関する数字の年次推移

	2000	2001	2002	2003	2004	2005	2006	2007	2008	2009	2010	2011
出願件数	291	207	233	267	289	349	350	266	320	376	416	14
出願人数	28	27	30	24	20	18	25	26	27	18	15	2
出願人数 (新規)	15	15	13	13	13	9	13	8	11	10	6	0
発明者数	290	236	244	276	279	291	323	265	308	318	372	26
発明者数 (新規)	116	93	81	95	77	89	99	72	90	82	126	1
IPC数	477	359	271	348	297	272	318	265	253	271	288	23
IPC数 (新規)	209	128	66	116	82	67	74	71	64	45	72	1
FI数	624	438	365	456	422	444	506	409	393	434	479	26
FI数 (新規)	309	150	98	170	128	117	119	115	104	87	121	1
Fターム数	3135	2090	1915	2049	2246	2022	2557	1917	2110	2024	2162	110
Fターム数 (新規)	1218	577	361	553	514	377	527	379	519	376	428	1
法人出願件数	1	1	1	3	2	5	8	14	7	2	6	0
共同出願件数	32	35	39	29	48	88	59	41	60	33	43	1
単独出願件数	259	172	194	238	241	261	291	225	260	343	373	13
共同発明件数	179	136	160	163	192	264	219	152	181	239	256	10
単独発明件数	111	70	72	101	95	80	123	100	132	135	154	4

✓ 「リーマンショック」を挟んで、件数は**減ってない**。まずは有望かも
✓ しかも、**新規分野もあまり減ってない**、他企業やIRも調べる必要あり

出典：TechnoProducer　CsvAid（中央光学出版）を利用
※2012年に分析を行っているため、2011年の数字には年度途中までの特許出願しか反映されていません

つまり、研究開発活動や技術開発が活性化しているようだ、ということが、この数字の推移からなんとなく読み取れますよね。あくまで「なんとなく」ですが、期待が持てそうな展開です（笑）。

また、新規のIPC、FIやFターム（特許分類）の数も増えていますよね。特許分類とは、その特許が属する技術分野を表す記号です。つまり、「この特許はどういう技術に関する発明なの？」を示す記号ですね。図書館にいくと「図書分類」というのがありますが、あれと似たようなものです。

特許分類の数が増えているということは、特許出願されている発明の「技術の幅」が広がっていることを意味します。つまりここからは、次の新製品の開発が続々と始まっていて、次世代製品のネタがしっかり仕込まれているようだな、ということが何となく読み取れますね。うーん、楽しみです（笑）。

ここまでの情報から、テルモは成長とともに、しっかりとR&D（研究開発）にもリソースを割いているようだな、ということが実感できますね。事業の拡大とともに、その稼ぎを、「人」と「技術」両方に対して、しっかりと投資していることがある程度見えてくるということです。もちろん、IRで研究開発投資額を見れば、「お金」を増やしていることはわかるわけですが、それが研究開発の成果につながっていることが、特許という一つの「成果」からも見えてくる、という感じですね。「しっかりと」というのはそういうイメージです。

リーマンショックでわかった
「テルモの強み」

　注目すべきは、2009年と2010年の数字です。リーマンショックの直後の動きですね。テルモはリーマンショック後に、出願件数も新規発明者数も増えているんですよね。新規のFターム（特許分類）の数は、リーマンショックが起こった2008年は519で、翌年は多少減っていますが、2010年にまた盛り返しています。

　リーマンショックで世の中が不透明になり、業績が落ち込み、これからどうなるかわからない。多くの企業はそういう状況になりました。そこで、研究開発予算を減らそうとか、研究開発の予算を減らさないけれども、特許出願の費用は削減したいから特許の件数を減らそうとした企業は、多いと思います。実際僕も当時、「知財関連の予算を減らされまして」みたいな声を何度も聞きました。まあ、常識的にはそうするのが普通なんだろうと思うんですが、テルモはむしろ逆だったわけです。

　そういう現場の状況が、1年半たてば特許情報から判明するわけですね。ここで1年半と言っているのは、特許は出願から1年半後に公開されるのが通常だからです。

　言い方がちょっと極端かもしれませんが、プロの投資家って金融危機のときにはワクワクするのだそうです。あるファンドマネージャーの方は、「危機

のときにはダメな企業がふるい落とされる」とおっしゃっていました。口が悪い方は、こういうときに化けの皮が剥がれる、などと表現されます。要するに、ここで脱落する企業は投資先としてはあまりよくないんじゃないか、と投資家は思うようです。危機を乗り越えられる強い企業を選びたい、ということだそうで、その気持ちはわかります。多分、誰だってそうでしょう。

　僕も、企業を分析するときには基本的には同じような見方をしています。ちょっと景気が悪いからってすぐ研究開発や新規事業を止めるのではなく、多少のことにはびくともせずに「うちは粛々とやっていきますよ」という企業が、底力があって安定的に成長できて、結果的に大きく成長する企業なのかな、と思っています。ブレない企業、というイメージでしょうか。成長は「複利」で効いてきますので、「安定的な成長」も重要な要素ですよね。安定的に成長できる素地をつくるための投資ができているか、を特許情報から探ろう、というのが僕の企業分析における特許情報の使い方なんですね。ちょっとややこしいですね（笑）。

　今ブレているのは、過去に「安定成長」のための投資が足りていないからではないか、と経営者は考えるものなんです。これは僕が経営者として20年やってきて学んだことの一つで、最も重要なことかもし

れません。なので、ここでまたブレると、将来もまた
ブレまくるんです。規模が大きくなって、その分ブレ
幅が大きくなると収拾がつかなくなります。どこか
で腹を据えて、安定成長の基盤をつくらないといけ
ないんですね。

　その経営の意志と現場の行動力、そして行動の結
果を、特許情報から読み取りたい、そんなイメージ
です。

▍業績と知財活動には
　どんな関係があるのか

　次に、テルモの業績を振り返ってみます(図50参照)。
こちらは、2023年9月時点での調査結果です。売上は
一貫して右肩上がりですね。リーマンショックのと
きも売上は下がっていません。

　さすがに利益のほうは影響があったようで、直
後に落ち込んだ後、横ばいになっているのですが、
2016、2017年あたりでものすごく伸びています。そ
の辺で、リーマンショック直後の落ち込み分を取り
返した感じですね。

　こうやって現場の企業活動をイメージしながら
データを見ると、やはり業績と知財活動にはそれな
りに相関がありそうだな、という感じがしてきます
ね。リーマンショックの年は残念ながら利益は多少
減っている。しかし特許データをみると、実はその
間も特許出願件数は増えているし、発明者全体の数

図50 ▶ テルモの過去20年の業績（売上高と営業利益）

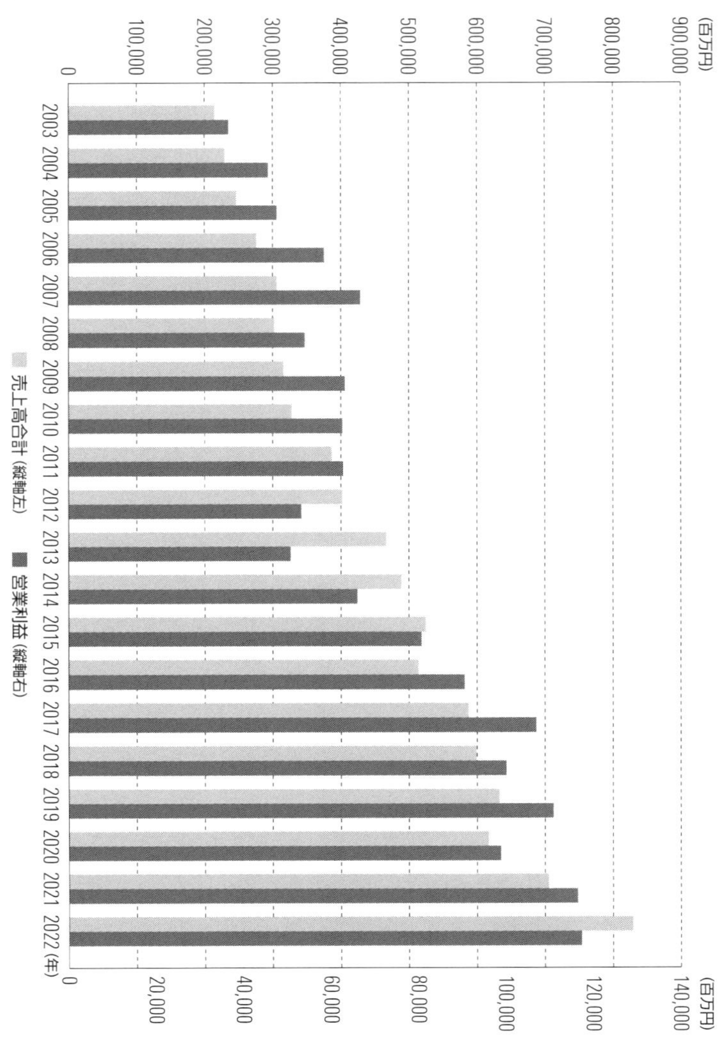

（百万円）

900,000
800,000
700,000
600,000
500,000
400,000
300,000
200,000
100,000
0

2003 2004 2005 2006 2007 2008 2009 2010 2011 2012 2013 2014 2015 2016 2017 2018 2019 2020 2021 2022（年）

売上高合計（縦軸左）
営業利益（縦軸右）

（百万円）

0
20,000
40,000
60,000
80,000
100,000
120,000
140,000

出典：バリューマトリクスのデータを基に作成

はもちろん、新規発明者も増えていて、R&Dのリソースを増やしていることがわかる。

　少なくとも、研究開発投資という視点ではブレない経営をしている、実に頼もしい会社だということが、なんとなくわかりますよね。その後の業績が順調な理由が、この辺にあるんじゃないかと僕は思っています。

　特許件数のデータと業績を見るだけでも、これだけでいろいろなことがわかるんです。これってすごく面白いな、と思うのは僕だけでしょうか？（笑）

「アクセル全開だったテルモ」の財務と知財

　では、リーマンショック直後にも特許件数や売上を伸ばしていたテルモが、実際のところ何をしていたのかを、さらに詳しく見ていきます。

　図51は、2003年から2022年までのテルモのバランスシート（貸借対照表）をグラフにしたものです。この中で目立っているのが2011年からの濃色の部分です。リーマンショック後に、長期借入金が大きく増えています。

　一般論としてこういう場合、リーマンショックの影響で借り入れを増やさざるを得なかったのかなと勘ぐりたくなります。

　しかしテルモの場合、リーマンショック後も財務的には健全で、後で見る通り、これはさらに「攻め

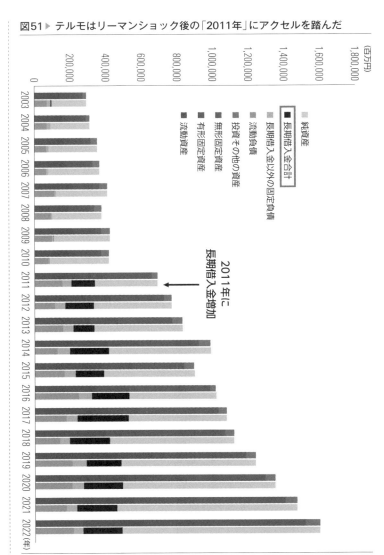

図51▶ テルモはリーマンショック後の「2011年」にアクセルを踏んだ

出典：会社四季報オンラインの、テルモの2004年3月期～2023年3月期のデータを基に作成。長期借入金合計のデータはバリューマトリクスより取得

る」ための長期借入だったようです。

　業績不振が理由ではなく、加速する打ち手のために、攻めの資金調達をしていたわけですね。

　特許情報から見るとどうでしょうか？ 先出の特許に関する数字データ（図49）でも「攻め」の姿勢が見えます。それまで200〜300件台だった出願件数を2010年には400件台にのせてきていますから、リーマンショックの間も研究開発をかなり頑張っていたのではないかと推測できます。研究に力を入れてきて、さらにここで借り入れをして事業拡大のアクセルを踏もう、という感じなのがなんとなくわかりますよね。テルモは、リーマンショック中も、技術投資でも事業投資でもアクセル全開だったわけです。

　2011年のIR資料「2011年3月期決算概要と2012年3月期の取り組み」を見ると、テルモは2011年を「事業構造改革とM&Aの年」だとしています。具体的には、2020年に売上を1兆円にすることを目標にしており、そこに向けて輸血などを扱う血液システム事業を統合・強化する方針を打ち出していたんです（図52）。

　ちょうどこのタイミングでテルモは、アメリカのカリディアンという企業を買収して、輸血関連事業で世界トップになっています。

　また同年、細胞の採取装置などを製造・販売するアメリカのハーベストという企業も買収していまし

た。つまり、借り入れは血液システム事業を強化するための2社の買収資金だったんでしょうね。

　こういうことって、昨日言って今日できる話ではないので、何年も前から準備してきていたはずです。自分たちでも研究開発を行いながら検討し、特許もしっかり出して、足りない部分は買収で補う、そんなイメージでしょうか。要するにテルモは、リーマンショックがあろうが震災があろうが、それを乗り越えて安定的かつ迅速に、次の手をどんどん打ち出してここにこぎつけてきたんだ、ということですね。特許とIR情報を見た結果、そういう姿が浮かび上がってきました。

図52 ▶「売上1兆円」への第一歩を2011年に踏み出し、「Harvest社」を買収

12／3期の取り組み

1兆円軌道への第一歩
▷ 震災からの復興
▷ 血液システム事業の統合
▷ Harvest社買収

出典：テルモ「2011年3月期決算概要と 2012年3月期の取り組み」を基に作成

10年先を見据えた
テルモの先行投資、その結果は？

　さらにIR資料を見ると、「ここまでは、カテーテルなど心臓血管系の事業が成長を引っ張ってきた」「2020年に売上1兆円にするには、血液事業、輸血関連の事業を伸ばすことが必須である」と記載されています。

　いまだったら「ふーん、まあそういう時代だよね」って感じなんですが（笑）、これを10年以上前に言っているところがすごいんです。

　僕は前職のスタートアップで、2006年ごろから細胞培養の研究や事業化のための資金調達を行っていました。そのときの肌感覚として、10年以上前の2011年にこれが言えるなんて、かなり先見の明があると感じます。

　当時「細胞なんか培養して何に使うの？」というのが、医学・医療の専門家を含め多くの人の意見でしたからね。

　現在テルモは、まさにこの血液システム事業の一つである、血液中の細胞を増やしてがんの治療に使う「細胞治療」への取り組みを強化しています。その布石が、2011年に打たれていたんです。長期投資とは、まさにこういうことですよね。

　2011年に細胞治療を見据えて研究開発やR&Dに投資していた企業が、他にどれくらいあったでしょうか？

今、こうして振り返っているから、という部分もありますが、テルモは10年がかりで着実に布石を打って事業展開を行ってきた頼もしい企業だというのが、理解できます。特許情報をうまく活用しながら企業の歴史を紐解くと、こうやっていろんなことがわかるわけです。

　M&Aのようにニュースになって目につく活動、いわゆる「表」の活動もしっかりしていますし、特許を読むと初めてわかる、あまり目につかないR&Dのような活動、ある種「裏方」ともいえる地道な活動もちゃんとやっている。言っていることともつじつまが合っているから、これは長期的に成長する企業なんだろうな、ということが見えてくる。IRと特許を読むと、企業活動の「表と裏」が見えてきて、その整合性を見れば長期的に成長しそうな企業かどうかわかる、そんな感じで僕は捉えています。

　リーマンショックと震災がたて続けに起きて、そこからの復活、復旧や復興で、このとき多くの会社は手一杯だったように僕は記憶しています。弊社の取引先には、残念ながらその後倒産した会社も複数ありました。そんなことが続いた後、僕は経営者として、できるだけ成長力と先見の明がある企業と取引がしたいと考えて特許分析をしていたところ、テルモが確実に業績を伸ばして新規分野にガンガン投資しているとわかりました。ちょっと珍しい企業だな、と思ったことを記憶しています。この時期に長期借り入れを増やしていて、それがリーマンショッ

クからの復活のため、とかではなく成長の布石を打つためだったからです。経営者として、覚悟というかすごみを感じましたね。僕が座右の銘にしている「確信犯」の姿を見た感じです。この特許分析をして以降、ずーっと注目してきた企業であり、尊敬している企業の一つです。

投資家は、潜伏期間中のテルモに気づけなかった

　ここで、テルモに対する投資家の評価がどうだったか、株価の推移などを見てみましょう。

図53▶ テルモの評価は、この10年で4倍に

市場概況 > テルモ

2,653 JPY

+2,299.87 (651.28%) ↑ 全期間

6月28日 15:15 JST・免責条項

| 1日 | 5日 | 1か月 | 6か月 | 年初来 | 1年 | 5年 | 最大 |

2015年から急上昇

始値	2,620	時価総額	3.95兆	CDP スコア	A-
高値	2,653	株価収益率	37.12	52 週高値	3,014
安値	2,595	配当利回り	0.83%	52 週安値	1,856

出典：Googleの検索結果に筆者が加筆

量的緩和による経済回復を目指した、いわゆるアベノミクスの影響もあるでしょうが、2015年から急に株価は伸びていて、この10年で4倍ぐらいになっています。

　しかしそれ以前、特に売上は伸びていたけれど利益が伸び悩んでいたリーマンショック後の数年は、株価が上がっていません。

　2社の企業買収も投資家からはまったく評価されていなかったといえるでしょう。

　ということで、多くの投資家はこのテルモの潜伏期間中の活動というか、発明塾で言うところの「確信犯」の度合いを、見抜けなかったのだろうという感じがしますね。

　この辺が非常に面白いんですよね。世の中の評価が実態に追いついてくるのに、やはり数年はかかるんだなという感じです。

　でも、特許情報を見ていたらどうだったか。テルモは先行投資を確実にコツコツやっている企業だ、リーマンショックでもその姿勢がまったくブレない企業だ、ということがわかる。こういうことやってんのか、この会社結構頑張っているなとか、なかなかスジがいいなとか、ある程度実態というか表に出てこない活動の評価ができる。

　この期間中にテルモにしっかり投資できていた人がいたとしたら、その方々は知財・特許情報までしっかりと見ていたのかもしれません（笑）。

「危機でも先行投資」を
している企業を見抜く

　ここまでの説明は、2012年時点の分析で得たことがベースになっていますが、その後改めて振り返ってわかったこと、つまり「後知恵」も一部含まれています。その点は注意が必要です。

　でも、同じような「危機」って、いつでも起こりうることなんですね。だから後知恵の部分も含め、テルモの例をよく分析してアタマに入れておくことは大事ですよね。

　そうすれば今後また新たな危機が起こった時、IRと特許情報との両輪でちゃんと分析が可能になります。そして一見、同じように低迷している感じに見えている企業でも、危機からの復活に時間とお金を取られている企業なのか、危機に左右されず、むしろ今後のために時間やお金をブレることなく先行投資している企業なのか、正しく見極められるでしょう。特に知財の動向は、両者を峻別する材料の一つになりえる、ということを皆さんにはぜひ覚えておいていただきたいんです。

　ここまでの内容を一旦まとめておきます。2012年に弊社で分析した際のテルモの特許データからは、特許出願が増えている、発明者も増やしている、新規分野も増えている、ということがわかりました。つまり、自社内の研究開発はリーマンショックになってもまったく手を抜いていないし、むしろ、リーマン

ショックをはさんでもっと力を入れてきている。その上で、将来の事業に向け企業買収もしている。組織として、将来の飛躍に向けて抜かりがないことがわかりましたね。

もちろん、特許情報についてはもっと細かく分析していく必要はあるのですが、この時点でもかなりの「証拠」が揃っていて、とってもわかりやすい例ですよね。さすがにこれだけわかりやすい例は、なかなかないかもしれません。特許から何がわかるか、についての、とても良い事例だと思いませんか？

これだけ証拠が揃っているのに「何かある！」「テルモやるじゃん！」と思えなかったら、もう投資には向いてないかもしれないと思うくらいわかりやすい（笑）。

覚えておきやすいですし、とてもキャッチーなので、特許のことをあまり知らない方への説明もしやすいですよね。だから、僕はこのテルモの事例を、特許情報分析の説明によく使います。皆さんも、特許情報がどう役立つか聞かれたら、ぜひこの事例を紹介してあげてください。

先行投資型企業への投資、ベストタイミングは？

ここまで、特許とIR情報を見て、僕なりの理解や意見を紹介してきました。しかし、これはあくまでも僕の意見ですので、やはり「成功している長期投資家の考え方って、実際のところどうなんだろう？」と

いうのが、気になりますよね。例えば、先行投資して
いることを評価するのか、それとも、なんだかんだ
言って結局、今利益が出ていないと評価しないのか、
いったいどっちなんでしょうか？

　ここで、著名な個人投資家で長期投資家でいらっ
しゃる「ろくすけ」さんのX（エックス：旧Twitter）でのコ
メントを、一つご紹介します。

　僕はいつも、ろくすけさんのXでの発言やBlogで
企業分析について勉強させていただいております。
投資家のモノの見方って、すごく参考になるんです
よね。

図54 ▶「先行投資により業績が一時的に停滞」する局面を、どう評価するか

✓　個人投資家「ろくすけさん」のコメントより

　　https://twitter.com/6_suke/status/1685046220232736768
　　"「うまくいっている企業は**5年、6年、7年先を見据えて**おり、彼らが下すいくつ
　　かの決定は、**来年に向けては正しいことではない**かもしれません」
　　（ピーター・リンチ）
　　先行投資により業績が一時的に停滞する局面は、せっかちな株式市場において**優
　　良な投資機会**をもたらしてくれる可能性があります"

✓　目先の利益減を、ほぼ確実に株式市場は「マイナス」評価する（これはこれで、合理性
　　がある、先行投資が実を結ぶとは限らない）

✓　IR情報だけでなく、（投資アナリストが読めてない）特許情報も併せて、先行投資の状
　　況を判断することで、「テルモの本気度」に対して、より強い確信が持てる（持てた）
　　かもしれない（技術内容を読めば、なおさらですが、まずは件数＋αの情報でも）

出典：TechnoProducer

ろくすけさんは、アメリカの伝説の投資家ピーター・リンチの言葉を引用して「うまくいっている企業はやっぱり5年、6年、7年先まで見据えている。そういう企業は先行投資による一時的な出費によって来年、再来年の業績は停滞するかもしれない。だけど逆にそれは、投資家にとって投資機会なんですよ」とおっしゃっています。

　ろくすけさんは、惜しげもなく投資の奥義を教えてくださる素晴らしい方ですね。ちなみに僕も、まったく同感です。実際、テルモのIRと特許情報分析結果を見ると、ホントにその通りになっていましたよね。

　情報分析において大事なことは、IR情報や特許情報などを見て、現場で実際に何が起きてるんだろうか？　こういうふうに頑張ってるんじゃないかな？などと想像力を働かせることだと、僕は考えています。正しく想像力を働かせれば、現場の雰囲気がなんとなく見えてくる。見えてきたら、本当にそうなっているんだろうか？　をヒアリングなどで確認しに行く。もし知り合いがその会社に勤めているんだったら、こっそり聞いてみるのもありでしょう。「仮説検証」ですね。

　例えば、今回紹介した特許分析レポートのようなものをつくったとして、僕は「件数だけを見ているわけじゃありませんよ」といつもお話ししています。これは件数や各種数字の推移をヒントに、現場で何が

起きているかを想像し、必要に応じて検証している
んですよ、ということです。

　実はこれ、財務諸表の読み方とまったく同じなん
です。僕はちょうど30歳ぐらいで、新規事業を担当
するためにコマツに転職しました。そのときに、「技
術」に比べて理解が浅かった「財務」について勉強す
るため「中小企業診断士」の試験を受けました。深夜
まで新規事業開発や製品開発の仕事をした後に試験
勉強をするわけですが、新規事業にも役立つ知識が
結構あったので、勉強自体は苦になりませんでした。
行き帰りの電車で寝落ちしながらテキストを読み込
んだ日々が懐かしいですね。みっちり勉強したので、
合格率4%程度の難関試験にもかかわらず幸運にも1
年でストレートで合格できたのですが、資格うんぬ
んより、試験勉強で多数のケーススタディをこなし
て「財務諸表とビジネスモデルの関係」などについて
理解が深まったのが、とても役に立っています。数
字から実態を読む訓練ですね。これが特許情報分析
でも使えるんです。

▍テルモの血液・細胞事業は、 ▍いよいよ成長期へ

　テルモの最新のIR資料から、現状と今後の予定を
確認しましょう。図55は、テルモの2023年5月のIR
資料を基に作成したものです（調査時点で最新のIR資料
の一つ）。今後は、TBCT（テルモBCT）と書かれている

「血漿イノベーション事業」が、年率11%で一番伸びる見込みなんですね。やっぱり血液でした。テルモとして、10年以上前から仕込んできた事業がようやく花開くわけです。他の事業もかなり伸びているので、テルモは今まさに絶好調の急成長企業だといえますよね。

また、テルモBTCには「血液センター」「アフェレシス治療」「細胞処理」と大きく3つの事業エリアがありますが、なかでも「細胞処理」は市場成長率が30%ほどと予想されている、現在ものすごく「熱い」分野です。

図55 ▶ 血液・細胞事業が最も伸びる

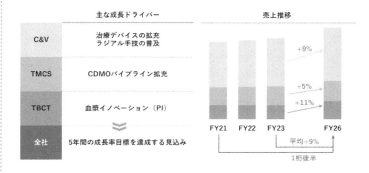

出典：テルモ「GS26目標達成への道筋検証」を基に作成

「細胞処理」事業がどんなものか簡単に説明しておきましょう。

例えば、血液から免疫にかかわる特定の細胞を取り出して増やして体内に戻してあげるという治療法があって、テルモはそのための装置を開発販売しています。

この治療法は、特に「がん治療」の有力な手法として非常に注目されているものの一つですね。

免疫って、人体の中にある防御機能で、病気を治すための根源的なパワーなんですね。言ってみれば人体にある「軍隊」みたいなもんです。その根源的なパワーを活用する治療法なので、原理的には幅広い病気に効くはずなんですよね。

現時点で、さすがに誰も「万病に効く」とまでは言ってないのですが、免疫を強化してあげることによって、がん以外にも治せる病気がたくさんあるといわれています。

そういう装置を開発販売しているわけですから、テルモが「この事業は伸びます」と言っているのも納得ですね。

テルモは、「細胞治療」を中心とした新しい医療の流れを、「血液」に関する強みをもとに先読みし、確実に捉え、10年以上前の先行投資に対して結果を出しつつあるわけです。細胞処理に関連する事業は、今後大きく伸びるでしょうし、そのための技術開発も加速しているはずです。

これは特許にも表れてきているはずですので、皆さんも特許情報を確認してみてはいかがでしょう。

半導体危機に対応したダイキン、何が違う？

投資先を評価する一つの視点は、過去のいろいろな「危機」のときどうだったかを見ることなんですね。未来はわからないが、過去はわかっている。では、どのくらいの過去まで遡るのがよいかというと、多くの投資家の方は企業の業績を20〜30年ぐらい遡って調べるようです。

ある投資ファンドのファンドマネージャーの方は、興味を持った企業は最低40年分は遡って調べるそうです。

40年もあれば、世界的な経済危機から業界や地域に起こる危機、あるいはその企業の不祥事など、大小さまざまな危機が5回や10回は起きている。そういう危機をどう乗り越えてきたかを見て、さらに深くその企業を調べるらしいです。

この時点で、かなりの企業が投資対象から外されそうですね。

後に知ったことですが、2008年あたりから、一部の投資家は「テルモは注目すべき成長企業ではないか」と思い始めたそうです。

僕の特許情報からの分析も、間違っていなかったようですね。

ちなみに、今回のコロナ禍の中で投資家からすごく評価が高かった企業の一つに、大手空調機器・化学製品メーカーのダイキン工業（以下、ダイキン）があります。

今のエアコンって、センサーがいくつもついていて、そのデータを基に温度や風の量などを細かく調整しますよね。

なので、たくさんのマイクロコンピューター（半導体チップ）が使われているのですが、コロナ禍で半導体が足りなくなって、製品の製造に支障が出るようになったわけです。これも危機ですね。

そんな大変なときに、ダイキンの設計者や技術者は、いったいどうしたのか。

IR説明会では、「うちは設計を変えて出荷しますから大丈夫です」という説明があったそうです。つまり、とりあえず調達できる半導体で動くような設計に、すぐ変えたんですね。これはなかなかやるなという感じです。

その結果、ダイキンのエアコンは「指名買い」で、想定以上に売れたそうです。

売れたというか、本当は売りたくてもモノがなくて売れない状態になるところを、回避できたというべきかもしれないですね。

もちろん、他社のエアコンが入荷しないので、実際、飛ぶように売れたんだろうと思います。「指名買い」ってすごいですよね。

ちなみに我が家も最近購入した空気清浄機はダイキンです。そういうことですね。

　つまり、今回でいうとコロナ危機の影響として半導体危機があった。でもダイキンは、だからモノがつくれません、というのではなく、他社に先駆けて技術的な対応策をすぐに実行したので他社より影響が少なかった。これについて、顧客や投資家の評価は非常に高い。
　顧客や投資家をすぐに安心させたわけですね。瞬時に対応できる力というのは、究極の強みなんだろうと思います。

　ダイキンは今後ものすごく伸びるんじゃないか、と感じた方は多いでしょう。
　僕もそう感じました。
　コロナ禍をはさんだ研究開発活動について、まだデータが揃わないかもしれないので、ダイキンの特許は調べていませんが、もう少ししたら調べたいなと思っています。
　こうやって少しずつ、仮説を立ててデータを取り、裏を取っていくしかありません。

06

有望企業の陰にひっそりと潜む、「知られざる有望企業」を見つけ出す

▼

有望企業の調査を通じて、別の有望企業を探す

　自分が詳しくない分野の企業や、名前を聞いたことのない企業は、当然のことながら投資先の候補に上がってきません。知らないわけですから、仕方がない(笑)。でも世の中には、自分が知らないスゴい成長企業が存在するのも事実ですよね。

　どうすれば、そういった企業を見つけられるのか、知りたくありませんか？ 僕が有効だなと感じている手法の一つは、有望企業の調査を通じて、別の有望企業を探す、というものです。

　第3章でご紹介した朝日インテックは、実はここで紹介する調査をするまで、僕は知らなかったんです。朝日インテックはカテーテルという医療機器のダントツ企業ですが、一般の人がその製品を見ることはほとんどありません。

　仮に病院でカテーテル手術を受けても「朝日インテックのカテーテルを使います」という説明は、多分受けないでしょう。

359

ここでは、朝日インテックという企業を、僕がどうやって知ったのか、そして、朝日インテックの「強み」はどこにあるのか、お話しします。

PTCAバルーンカテーテルで
トップに躍り出たテルモ

　先ほど、医療機器メーカーのテルモについて2012年に特許情報やIR情報で分析をした結果、安定しつつも成長性がある非常にオモロい企業だとわかった、というお話をしました。

　テルモについてはその後、学生向け発明塾のOB・OGと一緒に特許の知識が投資に使えるか検証していく中で、2015～2016年に再度調べています。医療・ヘルスケア分野で優れた企業が見つけられないかと探していたOBがいて、彼が最初に目をつけたのがテルモだったんですね。

　テルモについて再度調べてみると、その成長力に改めて驚きました。

　そこで、さらに深く調べてもらったんですね。

　図56は、テルモの2008年時点の新中期計画資料を基に作成したものです。

　テルモはPTCAバルーンカテーテルという、血管が詰まって狭くなった部分を広げるカテーテルの国内シェアを2008年開始時点で19%持っていたんですけど、この資料によると、2008年末時点で26%まで伸ばしていて、将来はシェア35%を目標にするぞ！と言っているんです。

図56 ▶ テルモは2008年にPTCAバルーンカテーテルのシェアを大きく伸ばした

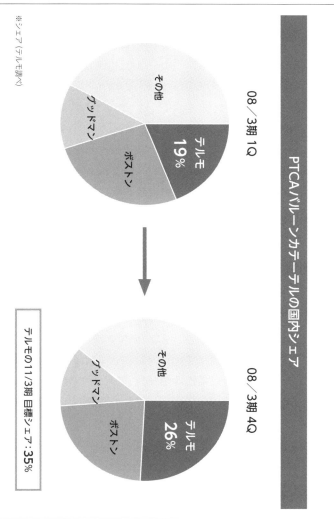

出典:テルモ2008年3月期期末決算説明会資料「新中期計画Phoenix2010」を基に作成

1年の間にそこまでシェアトップだったボストン・サイエンティフィックを追い落としたわけですね。めちゃくちゃ気合が入っています。ボストン・サイエンティフィックが国内首位だったんですけど、本気出したらあっという間に追い抜いちゃった、ということなんでしょうか。この中期経営計画を出した2008年は、リーマンショックの年ですね。改めてテルモのすごさを感じました。

　実は、こうやってテルモのカテーテルについて調べていくうちに、朝日インテックにたどり着きました。朝日インテックはテルモに製品を供給していたんですね。僕は当時社名すら知らなかったのですが、OBと一緒にいろいろ調べていくうちに、朝日インテックについてもっと深く知りたくなりました。

世界のトップ企業が認める朝日インテック

　朝日インテックについて調べてみると、2014年6月期の売上が前年比32.6％増、営業利益は37.8％増と、すでに業績は絶好調でした（図57参照）。この裏に何があるのか、もっと詳しく調査してみようということになったわけです。

　業績が好調だから調べる、というよりは「へえ、実はこんな企業がカテーテル手術の肝になる技術を持っていたのか」みたいな驚きがありました。だったら、まだまだ今後もいろいろなイノベーションを起こすのではないか、という期待感が大きかったんで

すね。平たく言うと、一発屋じゃなくて、もっといろいろ大暴れ（笑）してくれるんじゃないか、という感じです。今は好調だけど、次のネタがありません、で消えていく企業もあるわけです。では、朝日インテックはどうなのか、気になったんですね。前述の「アライン・テクノロジー」のときは、多くの人は「一発屋」だと思っていたけど、実際はそうでもなかった。今回はどうでしょうか？

図57 ▶ 売上30%成長を誇る急成長企業「朝日インテック」

2014年6月期 決算のポイント

営業利益は研究開発費及び営業関係費用が増加するも、売上高好調に伴い大幅増益

● **売上総利益は17,919百万円** 〈前年比 +32.6%〉
  ・売上高増加により売上総利益は増加

● **営業利益は5,995百万円** 〈前年比 +37.8%〉
  ・研究開発費（2,714百万円）の増加（前年同期比 +759百万円、売上高比率 9.6%）
  ・直接販売への移行に伴う営業関係費用の増加など

● **経常利益は6,099百万円** 〈前年比 +27.0%〉
  ・為替差益の減少（△489百万円）、補助金収入の計上（69百万円）

● **当期純利益は4,360百万円** 〈前年比 +45.1%〉
  ・トヨフレックス社の連結子会社化に伴う負ののれん発生益の計上（319百万円）
  ・ジーマ研究開発センターの旧工場土地などの減損損失を計上（△78百万円）

出典：朝日インテック2014年6月期決算説明資料を基に作成

調べてみた結果として、朝日インテックも、どうやら一発屋ではなさそうだ、と感じました。

　2014年6月期の有価証券報告書を見ると、「経営上の重要な契約等」のところに、アボットとテルモの社名が記載されています（図58）。どちらも世界トップクラスの医療機器メーカーです。世界のトップ企業が認めたダントツの製品力だということですね。

　HPを見ると、少なくともテルモには製品をOEM供給しているようでした。OEMとは相手先のブランド名で売ってもらう取引形態で、言ってみれば黒子になることですね。

　そして、朝日インテックはかなり儲かっている。どこの企業も真似ができなくて、彼らしかつくれない製品があるってことなんだろうと、理解しました。

図58 ▶「テルモ」「アボット」に製品をOEM供給

5　【経営上の重要な契約等】
　　販売契約

契約会社名	相手方の名称	国名	契約内容	契約期間	
朝日インテック (株)	アボット ラボラトリーズ社	米国	PTCAガイドワイヤーの米国・カナダにおける独占販売代理店契約	自　平成22年7月14日	至　平成30年6月30日
朝日インテック (株)	テルモ (株)	日本	ミニガイドワイヤーの取引基本契約	自　平成25年11月1日 至　平成26年11月1日 以降1年ごとに自動更新	

出典：朝日インテック2014年6月期有価証券報告書を基に作成
※テルモに供給している製品として記載があるのは「ミニガイドワイヤー」のみ

アジアとヨーロッパ、アメリカでもそれなりのシェアを持っていて、急速に伸びていると朝日インテックのHPに書いてありましたが、それは「世界トップの医療機器メーカーにもつくれない」ダントツの製品力に裏付けられていたわけです。

ここまでくると「とんでもないお化け企業やな、今後どうなるんやろ？」っていう感じですね。この先どうなっていくのか本気で調べてみよう、ということになりました。

朝日インテックは知財でもダントツだった

この、朝日インテックのダントツの製品力の裏には、きっとダントツの技術力があるのだろうと考え、まず特許を調べることにしました。

特に部品や材料の企業の場合、具体的にどんな技術を持っているのかを知る上で、特許が大きな手掛かりになることが多いからです。

特許をざっと調べていくと、案の定、朝日インテックの強みが見えてきました。非常に簡単に説明すると、金属の極細ワイヤを束ねて均一な撚り線に仕上げていくという、非常に地味な、そして、日本人が最も得意とする、高度で繊細な材料加工技術や熱処理技術が強みだとわかったんです。

僕は大学時代の専門が材料の熱処理や表面処理でしたし、川崎重工時代も新材料や表面処理の先行研

究、熱処理の社内規格化などを担当し、材料関係の
ワーキンググループにも所属していたので、これは
非常に興奮しました。

　朝日インテックって、めちゃくちゃオモロいこと
やってるやん！って感じですね。材料の世界って、
非常に地味なんですが、その分非常に奥が深いんです
よ。「まさかここで、こんなにオモロい材料の技術
を持った企業に出会うとは！」と、なんか運命のよう
なものを感じましたね（笑）。

　ちょっと大げさかもしれませんけど、そんな感じ
です。

　そしてこの技術に関する特許群が、もう本当にす
ごかった。関西弁ではこういう時「えげつない」と
言ったりしますが、まさに「えげつない」特許群でし
た（笑）。

　例えば朝日インテックのある特許には、朝日イン
テック自身が出願した関連特許が、これでもかとい
うぐらい、被引用特許として多数ついていたんです
ね。発明塾で言う「固め出し」を徹底的に行っている
ことがわかりました（図59）。

　この特許群を見て、これがコア技術である可能性
が非常に高いなと、改めて感じました。

　ちなみに僕は、企業のコア技術を知りたいときに、
ホームページやIR情報よりも先に特許を見ます。多
くの企業は、本当にコアなところはうまく隠してア
ピールします。

そもそも、例えば一般の方に技術の細かいところを説明しても、誰もわからないですよね。

なので、ホームページには「本当のコア技術の内容」が記載されていないことが、結構多いんです。

でも特許を見ると、例えば自社特許が被引用にたくさんついているから、これは自社で守りを固めておきたいんじゃないかとか、コア技術の中身を理解する手がかりがいろいろ得られるわけです。

figure 59 ▶「固め出し」で守られたコア技術

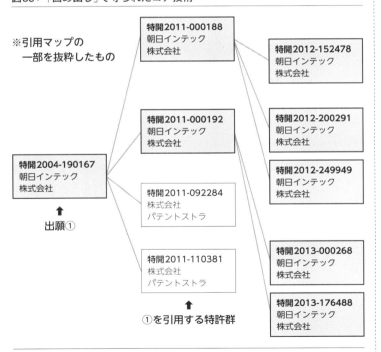

出典：TechnoProducer

第2章で紹介したように、特許を出すときも、多くの企業は本当に重要な内容をできるだけ隠そうとするのですが、それでも隠し切れないものがあるんですね。

引用・被引用などから、その辺をうまく嗅ぎつけて、読み解いていくわけです。

朝日インテックの「関連特許は、すべてウチが押さえてまっせ！ 誰も真似でけへんで！」みたいな特許群を見て、この会社は製品力と技術力はもちろんダントツなんでしょうが、知財力の点でもおそらくダントツで、いろんな意味でかなり気合が入っているなと感じました。

▌特許とIRから、 知られざる企業を見つけよう

テルモのように、体温計などの一般消費者向け商品も出しているような企業と違って、朝日インテックは、それなりに医療機器業界に詳しい人でなければ、知り得ない企業でしょう。

でも、「すごい企業の陰に、知られざるすごい会社があるかもしれない」という意識で調べていくと、そういう企業にたどり着ける。こんなイメージを僕は持っています。

なかなか見つけられないから知られざる企業なのですが、絶対見つからないわけではなくて、見つける方法はちゃんとあるってことですね。

知られざる企業や情報を効率よく見つける方法って、結局は「芋づる式」に尽きるんじゃないかなと思っています。

　まだ調べていませんが、朝日インテックの特許とテルモの特許もある程度つながっていると思います。似たような製品を出しているわけですから、つながらないほうがおかしいですね。すでに解説した通り、両社とも特許戦略には非常に熱心で、気合が入っていますしね。

　今回はIR情報の一つである有価証券報告書から朝日インテックにたどり着いたのですが、特許からでもたどり着けるでしょうね。そして特許からは、もっともっと知られざる企業が見つかるかもしれませんね（笑）。特許情報とIR情報のどちらを先に見るか、とか、どちらを重視するか、とかよく聞かれるんですが、僕はどちらでもよいと思っています。

　どちらかということではなく、特許を見て、IR情報を見て、また特許を見て、というように、片方で得られた情報から仮説を立て、その裏をとりながら他方を調べて読んでいく。

　そうすると、情報から情報へ、企業から企業へとつながっていく。こんな感じなんですね。

　なんとなくイメージは掴んでもらえたかなと思います。

特別対談 ❷

投資家が、
「勝ち組企業」を育てる

――山本 潤（ファンドマネージャー）×楠浦崇央

▼

　山本潤さんは、運用成績で世界のトップ5％に入り続けている超一流のファンドマネージャーで、企業分析のプロです。山本さんに、長期投資を通じて勝ち組企業を育てる必要性や、長期投資家に必要な知識について語っていただきました。

―――――――――――― **Profile** ――――――――――――

山本 潤

コロンビア大学修士

和光証券を経て1997年に日本株運用チームの一員として、米系投資顧問クレイ・フィンレイ・インクに入社。その後、イギリス系の投資顧問を中心に2004年から2017年まで、日本株のロングショート戦略マネージャーを務める。2017年から株式会社ダイヤモンド・フィナンシャル・リサーチで定額運用のサービスなどを行う。2024年より、なかのアセットマネジメント株式会社で運用部長を務める。半導体を中心とした最先端技術への造詣が深い。

書籍『インベストメント 米系バイサイド・アナリストの投資哲学と投資技法』(イーフロンティア)で特許情報を活用した投資に触れている。

なぜ、勝ち組企業を
育てる必要性があるのか

楠浦：僕と山本さんのご縁が、まさに本書のテーマである特許と投資なんですよね。山本さんの著書『インベストメント 米系バイサイド・アナリストの投資哲学と投資技法』(イーフロンティア)を読んで、特許情報を活用した投資を実践している人がいる、これはぜひお会いしたい、ということで、投資業界で働いておられる先輩経由でご紹介いただいた、という経緯でした。

それが2017年ですので、もう7年経ちます。山本さんは最近、「投資を通じて勝ち組企業を育てたい」とおっしゃっています。僕の「特許情報から投資先企業を探す」という方法も、成長企業を長い目で応援したいという部分がありますので、勝手ながら互いに通じるところがあるなと思っています。

今日は山本さんに、なぜ勝ち組企業を育てる必要があるのか、育てたいと考えていらっしゃるのか、伺えればと思います。

山本潤氏(以下、山本)：今の世の中って、温暖化問題への対応でCO_2削減・カーボンニュートラル実現がもう待ったなしの状況で、例えば日本でいうと2050年のカーボンニュートラルに向けて本当に全力で走ってギリギリ間に合うか、非常に切羽詰まった状況ですよね。それで、投資家と企業や政府、国民が世界共通の問題意識と目標を人類史上初めて持った状況に

なっています。

　よーいドン！で熾烈な競争がすでに世界で始まっているんですが、そこには各国の政府が自国の企業をめちゃくちゃバックアップしている、という背景があります。

　そんな大競争時代で、日本の企業は世界の企業に勝てるのか。僕は、日本企業で勝てるという保証のあるところは1社もないと考えているんですよ。だからどの企業だったら勝てるのかをみんなで考えて、勝てるところに一点突破で政府のお金や投資家のお金を回さなければいけないと思っているんですね。

　企業選びのキーワードとしては、「グローバル企業」というのがあります。それを言うと、一部の人たちは「富が集中している状況はけしからん！」とか、「格差社会の原因になる」などと反論するかもしれません。でも我々投資家からするとそんなことで争っている暇はなくて、全員でベクトルを合わせて、とにかく温暖化阻止に貢献できる企業にお金を回して軌道に乗ってもらうしかない。これから、脱炭素のために莫大な投資が必要になります。本当にめちゃくちゃお金がかかるんですよね。

　これには続きがあって、日本だけでなく世界中で電力から移動手段まで、あらゆるインフラを総取っ替えする需要が生まれますので、景気は悪くならないはずなんです。だから実は、勝てる企業にグローバルで勝ってもらうことは全員に恩恵がある話で、富の集中で一部の人が豊かになる、とかではないん

ですよね。

楠浦：確かに。莫大なお金を使うから、これからの世界は公共投資の塊みたいになるわけですもんね。

山本：そうです。ただ、競争は国内じゃなくてグローバルで起こるんです。でも日本のグローバル企業って数えるほどしかない。世界の時価総額トップ100ぐらいに入ってないと、その戦いに参加する権利すらないんですよ。

楠浦：なるほど。席に座ってない感じになっちゃう。

山本：圧倒的に強いのはアメリカ企業。俯瞰してGDPで見れば日本だって世界においてそれなりのシェアがあるし、中国だって世界の5分の1ぐらいのGDPを握っているのに、時価総額トップ20を見るとほとんどがアメリカ企業で、もうアメリカ企業の一人勝ちっていう状況です。インドがどんなに経済成長しても、その果実は、GoogleとかAppleとかが持っていっちゃったりする可能性もあるわけです。

日本企業の強みと戦略

楠浦：そうすると、内需企業はほとんど脈がないということになっちゃいますか？

山本：いえ、そういうわけでもなくて、日本が戦える分野はいくつもあります。例えば代表的なのは、材料の分野です。日本人ってやっぱり質にこだわるので、99.999…%といった純度を目指したりしますよね。今までは世界中の企業が「何バカなことやってんだ、そこまでして金になるのか？」という目で見ていましたけど、それが今では日本企業の競争力になってきています。

楠浦：確かに、純度の競争って日本は得意な分野ですね。

山本：もう一つ、低消費電力の競争も日本だけがやってきているんです。日本は石油などの資源を輸入に頼っているし、電気・電力会社も寡占で電気代も高いという特殊な事情があったから、日本人は低消費電力の製品を一生懸命つくってきました。資源がある米国などの企業は「電気代なんか安いもんじゃないか、そんなところで頑張っても意味がないよ」ということで何もやってこなかった。でも脱炭素で情勢が変わって、CO_2を排出する火力発電の電力を使うことが許されない時代が始まって、低消費電力化が必要になってきたんですね。だから、これまで内需だけだった低消費電力製品が、急にグローバルで競争力を持つようになっちゃったんです。

楠浦：いよいよ、日本の今までの蓄積が活かせる時

代になってきたわけですね。

山本：そうなんです。外国企業は今からやっても追いつけないから、少なくとも今あげた分野では日本は絶対勝てるはずなんですよ。

これ以外にも、日本は絶対勝てる分野をいくつも持っています。勝てる分野を持っている国は少ないので、日本は恵まれていると思うんですよね。

だから、企業と課題を共有しながら「何とかなりませんか」「もうちょっとできるんじゃないですか」といったように投資家の素直な感想をぶつけることで、新たなチャンスが生まれる場合があると思っています。

例えば、空調大手ダイキンの場合だと、インドで1,000億円以上の売上があって、利益率も結構あります。

ところがインドにはボルタスという、売上がダイキンとほぼ同じくらいの同業企業があるんです。そこは、PER（株価収益率）が100倍ぐらいあるんですよ。そういうのを見て、例えば「おたくもインドで上場するべきではないですか？」などと提案をするんですね。

内需企業でも、三井不動産なんて海外での売上が、すでに総売上の2割くらいあるんです。投資家からは「ROE（自己資本利益率）が低いですね」といつもいわれているそうですが、そもそも三井不動産の事業において、ROEという指標が重要かどうかも疑問です。

例えば、収益を何年先まで見込めるかという「ビジ
ビリティ」っていう指標があるんです。株式投資にお
いて重要なことは、成長期間と成長率の掛け算を見
ることなんですよね。だけど、みんな2、3年後のこと
しか考えてないから成長率のほうばっかり見てしま
うんです。でも長期投資家には、成長期間に対して
の強い確信が必要です。それでいくと三井不動産に
は2040年、2050年までプランがあるんですよね。

　日本橋付近の再開発はどうなるか。首都高が全部
地下に潜り、護岸は芝生になっていて、蛍の飛ぶ美
しい水辺ができる。そしてその中を、オフィスまで
ゆったりと船で通勤する。こんなビジョンがあって、
粛々と進めていくわけです。

　このように長期のビジビリティがある企業につい
て、ROEや成長率の話だけをするのって、ちょっと
違いますよね。短期投資家ばかりに会っているとそ
ういうふうに批判されるんだけど、そうじゃない投
資家もたくさんいるわけです。

　だから長期投資家が企業と話し合うことは、各企
業の存在意義を再確認する場になると思っています。
投資家にも忍耐と覚悟が必要だし、企業も大きなリ
スクを負っているわけです。お互いに覚悟を持った
者同士が、長期で高い目標に向かって一歩一歩確認
しながら並走することが、投資のこれからのあり方
になるんじゃないでしょうか。

　人材確保についても、今、残念ながら苦戦してい
る企業が多いんですね。我々としては、海外の良い

人材をヘッドハンティングしないとだめだよ、とお話をしているところです。

楠浦：なるほど。課題に関することも人材に関することも、多面的に対話していきながら総合的に勝ち組を勝たせよう、これが長期投資の一つのやり方だ、そんなイメージでしょうか。

山本：そうですね。楠浦さんが今、発明塾で企業の新規事業提案を支援したり、僕のファンドの支援をしたりしていますが、そういうことを投資家もやるようになったということなんです。楠浦さんと話していろいろなことがわかった上で取材すると、これまでとは違う結論になってくる部分があって、他の人とは違う提案ができているんです。

　他の人が見えていないものが見えるんですね。だから知財や特許の情報が、企業を知って提案する上で、とても参考になっているのは間違いないです。

未来の話をする投資家が増えれば 企業も変わる

楠浦：日本でトップ何十社かのグローバルで活躍できる企業と投資家が密にコミュニケーションを取りながら、本当に勝てる施策、ある意味、日本の未来をつくる施策を一緒に考えていく。これは面白いですね。僕はさまざまな企業の現場で新規事業のアイデア出しや事業立ち上げの支援をしていますが、投資

家もお金を出して終わりではなくて、そのお金を有効活用してもらうために、一緒に日本をつくっていくのが理想だと思います。

　自分1人のお金では世の中を変えられないけれど、みんなでお金を出してちょっと知恵も出すことによって企業が大きく動き出せば、自分だけでは解決できなかった社会の課題を解決できるかもしれませんし、それによって企業が世界に羽ばたいていくことだって可能になりますよね。個人の投資家からしたら、そういう新たな投資のイメージも持ち得るのかなと思ったんですけども、そのあたりは山本さんはどうお考えでしょうか？

山本：まったくその通りなんですよ。例えば、大谷翔平選手やイチロー選手は、何で日本人からあんなに応援されるのかというと、世界で活躍してるからではないでしょうか。オリンピックで金メダルを取るのも、ワールドカップで勝つのも同じことですよね。結局、世界で活躍できると人気が出て価値が出る。企業に置き換えると、高い市場価値を得る企業イコール世界中の人々の期待に応えて役に立つ企業なんです。それが結果的に、たまたま日本の企業だったね、ということになるわけであって、世界で活躍してなんぼです。

　日本企業が勝つためには、ある意味、日本を捨てないといけないんですね。日本の未来のために、日本を捨てるわけです。

ダイバーシティを含め、世界レベルのガバナンスでないと勝てないし、そもそも優秀な人がこない。楽しく働いて、お金ももらえて、なんだラッキーだね、というような企業じゃないと、これからはイノベーションが起こせないんです。今はちょうど、そういうふうに日本企業が変わっていく過渡期だと思っていますね。苦労すると思いますが、アメリカ企業を中心とした世界のレベルについていかないと、何も始められない。やるしかないんです。

　ここまでの話を踏まえると、日本企業で投資できそうな企業はまだまだ限られていると思っています。投資家には企業が頑張っていることを伝えつつ、企業にも投資家たちから応援されてることを伝えることで、経営者の背中を押していきます。業績の話そのものよりは未来の話をするような長期投資家が増えて、日本のマーケットのボラティリティが下がって、さらに長期投資家が増える、みたいな好循環を生み出したいですね。

楠浦: ボラティリティという言葉が出ましたが、先ほどお話に出た三井不動産の事業のビジビリティの高さという視点は、経営者にも長期投資家にも大事なのかなと感じます。

　というのも、事業のボラティリティって、将来キャッシュフローを現在価値に換算する際の割引率に本来効いてくるはずで、企業価値を左右する数字ですよね。事業のビジビリティが高くてボラティリ

ティが低いことを正しく投資家に伝えて企業価値の計算に反映してもらえれば、三井不動産はもっと魅力的な投資先になる。でも、まだそこがそんなに簡単ではないというか、うまくいってないって感じなんですね。

山本：そうなんです。機関投資家も、ブルームバーグ依存症っていうか（笑）、株式の変動（ベータ）を使って資本コストを計算したりとか、事業の本質的な部分を深く考えずに企業価値を評価しちゃってる部分もあるんですよね。

楠浦：確かにそうやって計算することもできるんでしょうが、株価の変動から企業価値を評価するというのは本末転倒というか、業績から計算していくのが本来の姿ですよね。

山本：本質論からスタートしてないので、そういったことが起こるんですが、そもそも正しく資本コストが計算できるようになる、投資家向けの教育機関がないんですよね。経済学やMBAで教える内容も必要な知識ではあるけど、それはあくまでも一般教養の範囲なんですね。みんなが知ってることなんです。そうじゃなくて、人がまったく知らないようなところまで踏み込んでいける可能性がある人が、運用したほうがいいんです。

380

楠浦：まさにそこが投資収益の源泉ですよね。他の人が踏み込めないものに踏み込んでいくから「α（アルファ）」が出るわけですよね。

山本：そうなんです。だから投資においては、人が知っていることを知っていても何の価値もない。自分しか知らないことのほうが大事だと思いますね。

　実はテクノロジーって、対象として投資に向いているんですよね。

　なぜかというと、半導体なんか、小さくすればするほど演算スピードは速くなるのに、原材料のコストは少なくなりますよね。

　テクノロジーの進化においては、そういう関係がいたるところに観察できるんです。それらは、1カ月とか1年のタームでは観察できないけども、5年とか10年のタームでははっきりと見える。なのに、そういったはっきり見えるものを使わないで、全然見えない1カ月先とか1年先の株価にとらわれている人が多いんです。

　だから僕は経営者に、そういうのにとらわれちゃいけない、短期投資家に会う必要はない、短期投資家にいろいろ言われるけどもあんまり気にしないほうがいい、って話しているんです。

楠浦：半導体は、いわゆる「ムーアの法則」に沿って確実に微細化が進んでいますから、まさにテクノロジーの進化の話ですね。単に規模が大きくなったか

ら量産効果や経験曲線で安くなる、で終わらない部分に注目するわけですね。

技術が進化することによってコストが安くなったり、そもそもこれまでできなかったことができるようになるんだ、っていうのは、現場の技術者はみんな感じていることです。

でも、それが社長に伝わっていなかったり、社長がわかっていてもそれが投資家に伝わってないことって結構あるなぁと、新規事業の支援をしててよく思います。

そこを投資家が理解して、可能性を一緒に見出していくってのは、すごく面白いですよね。

「こんな社会にしてあげたい」が投資

山本：最近ようやく、「貯蓄から投資へ」とか新NISAとか、投資を前向きに捉えようとする世の中になってはきました。

これはすごくいいことです。ただ少し心配なのは、自分の老後のことを心配して、ちょっと節約してお金を貯めて不安を解消したい、みたいなところで止まってしまわないかな、という点です。投資をやらないよりはいいんだけれど、本当の意味での投資っていうのは、それだとわからないままになってしまうと思いますね。

そうじゃなくて、投資をする中で、自分でいろいろ考えたりとか、調べたり勉強したりとかすること

自体が自己実現につながる。そういう作業自体が、ある意味、自分の将来への投資でもあるわけです。だから、老後についてあれこれ過度に心配する必要はないですよ、って言いたい。何とかなるからそこはあんまり心配せずに、もうちょっと先の未来について、理想を高く持って、こういう社会にしてあげたい、みたいなことを皆さんと一緒に考えたいなと思っているんです。

例えば血液検査なんかは日本では当たり前のように受けられますけど、まだまだそういうのが普及していない国もありますよね。だけど最終的には、どの人も同じようなレベルで人間らしく扱われる権利があります。そういう世の中を目指すために必要な製品やサービスがあるなら、もっと世界で普及すべきだと思っているんですね。

日本には1億2000万人ぐらいしかいないのですが、世界には80億人いる。そうすると商品やサービスの数量ベースでは、最終的に海外の売上は日本の売上の何十倍になっていくはずです。そうやって、世の中をより良くしながら事業を拡大していく意志のある企業を選ばなきゃならない。

例えば売上が10倍になったら、利益は50倍とかになる。そういう視点から見ると、日々の株価の変化なんて、どうでもよいことなんです。将来10倍になるものが、今日たまたま10%下がったからって何が不満なの？ってことなんですね。

もしかしたら、10倍になるのは20年後かもしれな

いけれども、20年後でも30年後でもそうなったらいいなと思ってお金を投じる。それが本当の投資だと僕は思っています。

楠浦：自分たちで考えた未来を、自分たちで実現するのが投資だと。僕もそう思います。「預言の自己成就」の話ですね。

　自身でスタートアップもやって、現在スタートアップへの投資に関わっている立場からすると、まさに「預言の自己成就」で自身がコミットするからこそ実現できる未来が必ずある。スタートアップやベンチャーは、その最たるものですよね。自分たちじゃなければ実現できない未来を実現するんだ！　という気持ちで彼らはやっている。

　そこにお金を出す側も、資金がなければ実現できないから投資しているんです。もちろんリターンはほしいと当然思っているんですけども、それだけじゃない。

　自分たちで未来をつくるために、投資しているわけですよね。

山本：長期投資とは、将来を自分で選ぶこと。これが一番の本質で、大事なことだと思っています。

楠浦：投資は生き方そのものだ、という言葉を、個人投資家の方とお話しすると最近よく耳にします。結局、投資先としてどの企業を選ぶかっていうのは、

最終的には自分の生き方の話になりますよね。政治じゃないんだけど、ある種の投票なわけです。最近はそういうことに共感される投資家の方も増えているのかなという感じがします。

山本：そうです。特にファンドマネージャーとかアナリストにとって、投資は一つの論文のような成果物で、この企業を選んだ、というのは言ってみれば一つの作品みたいなものなんですね。

その作品が10年後、20年後も、読み続けられる作品であってほしいと思うわけです。だから、人類共通の財産として投資を考えてもらいたいですね。短期で儲かるかどうか、とかいう時代じゃないんですね。

楠浦：人類共通の財産としての投資、まさにこれですね。先ほど申し上げましたけども、自分も何がしかの投票権を持って、自分だけでは成し得ないものを、成し得る仕組みが投資なんですよね。それを束ねることによって大きな影響力というか発言力を発揮できるという意味では、投資ファンドは未来をつくる仕組みの一つなんじゃないかなと、僕は勝手に思っています。

僕が個人的に山本さんに期待していることも、この辺なんです。

今日は、普段は伺えない貴重なお話を、ありがとうございました。

Chapter 6

知財戦略のダントツ企業「花王」と「コマツ」を解剖する！

01

花王 ❶

食品業界の「黒船」。
ヘルスケア商品の特許戦略とは?

▼

花王は食品業界に
「知財革命」を起こした

　僕が特許や知財を調べる中で、この企業オモロいなあ、こんな技術と知財戦略があったら成長するやろなあ、と感じる企業はたくさんあります。たくさんあり過ぎてどこを紹介するか迷ったのですが、この章では、僕が特にダントツだと思っている花王とコマツについて、特許や知財の話を交えてその魅力を紹介します。両社とも現在、それぞれ良い意味で変革期にあるため、それを応援するという意味もあります。皆さんにも魅力を理解いただいて、一緒に応援できたらいいなぁと思っています。

　まずは、花王から始めましょう。

　花王についてお話しする上で、花王の特許戦略の巧みさ、特に特許の出し方と取り方についての紹介は、やはり外すことができません。食品や化学の分野で、ここまで分割出願を駆使して執拗に特許を取ってくる企業は、なかなか見当たりません。他の業界ではいくつか例はあるのですが、花王の例は非

常にわかりやすいので、知財に関心がある方にはぜひ参考にしていただきたいと思っています。

あとは、やはり新規事業の話ですね。花王は「Another Kao（アナザー花王）」というキャッチフレーズを使っています。新規事業で、これまでの延長線ではない、もう一つの花王を生み出すぞ！ という意思表示ですね。今後の花王はどうなるか、非常に気になります。この辺を、特許と知財から少し見ていきたいと思います。

では、花王の知財戦略、特許戦略の概要と特徴を紹介します。

実は花王は、ヘルスケア食品における知財戦略のパイオニア企業です。僕は「食品知財の黒船」と言っているのですが、新規事業という視点でも知財という視点でも、かなり業界にインパクトを与えた企業なんです。どのくらいのインパクトかというと、飲料大手のサントリーが花王の特許網に阻まれて市場参入を断念したぐらいだ、と言えばわかっていただけるでしょう。

そして、花王の特許に衝撃を受けたサントリーもその後、特許で飲料業界に大きなインパクトを与える、という連鎖反応が起きました。これは、改革が起きる典型的なパターンです。業界で誰か一人、知財のレベルが上がったら、ドミノ倒しのように業界全体の知財のレベルが上がっていく。食品業界はそん

な感じで知財のレベルが上がっていったんです。その起点になったのが花王です。まさに黒船です。

　花王のヘルスケア食品といえば「ヘルシア※」と「エコナ」シリーズです。ヘルシアにはいくつかの製品ラインナップがありますが、いずれも特定保健用食品（トクホ）や機能性表示食品で、まさにヘルスケア食品そのもの、のブランドなんですね。花王について調べていたときに、調査の参考にするためヘルシア緑茶をしばらく飲んでいましたが、結構苦みがありました。でも、健康的な苦みというんでしょうか、飲めない苦みではないんです。後で説明しますが、このあたりの「味付け」が上手なんでしょうね。

　特許を読んで、そんなふうにいろいろ勘繰りながら飲んでいました。仕事バカですね（笑）。

※茶カテキン飲料「ヘルシア」については、2024年2月1日にキリンビバレッジ株式会社への事業譲渡が発表されています。

　花王はもともと食品素材の会社でもあるので、ヘルシアシリーズに用いているポリフェノールを、2021年から食品素材として販売開始しています。

　販売しているポリフェノールは、「茶カテキン」と「コーヒー豆由来クロロゲン酸類」の2種類なのですが、食品にするときのアドバイスもしますよ、と言っています。単に材料を売るだけでなくて、材料を食品に適用する上での課題も自分たちで解決して技術として持っていて、それも提供するんですね。い

わゆる、ソリューションビジネスです。僕たちは「イネーブラー」と呼んでいますが、カテキンという素材を世界中の食品にビルトインするために必要な知財と技術を持っていて、一括で提供することでカテキンを普及させ、顧客課題と社会課題をスピーディーに解決する、というビジネスモデルですね。

また、ヘルスケア食品の先駆けである「エコナ」シリーズは、ジアシルグリセロール（DAG）という特殊な成分を主成分にした油とその派生商品で、食用油として初のトクホ認定されたものです（現在は製造・販売を中止）。関連特許には、なかなか読みごたえがあるものがいくつもあり、特許からも先駆者としての気迫を感じることができます。

花王は食品知財の黒船であり、食品業界に知財革命を起こした企業だと言いましたが、まさに「知財革命」と呼べる大きなインパクトを食品業界に与えたんですね。先ほど軽く触れましたが、サントリーがある市場に参入するために先行特許の調査を行ったところ、花王の「パラメータ特許」によって関連特許がすべて取得されているとわかり、市場参入を断念したとされています。

当時のサントリーの知財責任者曰く、花王の特許網に衝撃を受けて、どうやってこんなにたくさんの強い特許を取得しているのか、かなり研究したそうです。そして、それがとても役に立っているとも言っていましたね。皆さんにもぜひ、食品業界を変えた

花王の知財戦略について、具体的な事例で理解を深めていただきたいと思います。

サントリーの市場参入を阻んだ、花王の特許戦略

　サントリーの市場参入を阻んだとされる花王の「パラメータ特許」を駆使した戦略とは、いったいどういうものなんでしょうか。誤解を恐れず、できるだけわかりやすい言葉で説明すると、パラメータ特許とは「数式と数値の範囲を組み合わせた特許」のことです。言葉で説明するより具体例を見るほうがわかりやすいので、後で具体例を紹介します。

　特許による参入障壁の構築は、一つひとつの特許が強いことも大事ですが、数も大事という部分があります。質と量を組み合わせ、さまざまなテクニックを駆使して隙のない特許網をどうつくり上げるか、という世界なんですね。花王は、それが非常に上手いんです。

　論より証拠ということで、まずはヘルシア緑茶関連の特許である、特許3329799を見てみましょう。請求項1を以下に引用しておきます。

【特許3329799の請求項より】

【請求項1】

次の非重合体成分（A）及び（B）：

（A）非エピ体カテキン類

（B）エピ体カテキン類のカテキン類を溶解して含有し、そ

れらの含有重量が容器詰めされた飲料500mL当り、

（イ）（A）＋（B）＝460〜2500mg

（ロ）（A）＝160〜2250mg

（ハ）（A）／（B）＝0.67〜5.67

であり、pHが3〜7である容器詰飲料。

　エピ体カテキン、という専門用語が出てきますが、それは一旦置いておきます。ざっくりいうと、この特許は、AとBという2種類のカテキンについて、その含有量を権利にした特許ですね。含有量の範囲を、A＋BだのA÷B（A/B）だのという数式を使って規定するものを「パラメータ特許」と呼びます。ちなみに知財業界の専門家の定義では、例えば「A」という成分の含有量を数値で規定した場合は、「数値限定特許」と呼ぶようです。数式を使うか使わないか、の違いですね。本書では、数値の範囲を限定する特許の中で、特に数式をつかうものがパラメータ特許なんだ、という定義でいきます。

　くどいかもしれませんが、一つ目の特許が例外ではないことを示すために、特許3742094も紹介します。こちらも請求項1を引用します。

【特許3742094の請求項より】

【請求項1】

固形分中に非重合体カテキン類を含有し、シュウ酸（B）と非重合体カテキン類（A）との含有重量比[（B）／（A）]が0〜0.002の範囲である緑茶抽出物の精製物を配合してなり、次の

成分（A）〜（C）；

（A）非重合体カテキン類 0.03〜0.6重量％、

（B）シュウ酸又はその塩 成分（B）／成分（A）（重量比）＝ 0〜0.02、

（C）カフェイン 成分（C）／成分（A）（重量比）＝0〜0.16

（D）酸味料0.03〜1.0重量％

を含有し、pHが2〜6である非茶系容器詰飲料。

　この特許では成分の「重量比」と言っていますが、要するに割り算ですね。わかりますよね。

　こんなふうに、割り算とか足し算と引き算とか掛け算とかシンプルなものでよいので、何か数式を使う。そして、その計算結果の範囲を規定する。これが「パラメータ特許」です。細かい話は後でしますので、まずはこれだけ覚えておいてください。

　このように、足し算や割り算のパラメータ特許が一つであれば、ちょっと面倒くさいですが、まだ理解できます。でも、これが例えば数百件出てくると、読み解くのが大変になりますし、数式が足し算や割り算ではなく、もっと複雑な関数を使われるとかなり面倒です。実際、第3章で紹介した3Mの「気泡が残らない保護フィルム」の特許には「三角関数」が出てくるものがあります。サイン、コサイン、ってやつですね。この時点でちょっと頭が痛くなる人も多いでしょうか。3Mの特許網に関するセミナーで、この三角関数の特許をいつも紹介するのですが、権利範囲が具体的にどういうフィルムを指すのか、セミナー

参加者は誰一人わからないんですね(笑)。つまり、こういう数学的な表現をうまく駆使すると、もはやそれが具体的に何を指すのか、専門家であっても読み解くことができなくなるんです。セミナーで紹介している３Ｍの特許に関しては、恐らく審査官も正確にはわかってなかったんじゃないかなと思うくらい難解で、僕も読んで最初の数分間はその特許で３Ｍが何を言っているのかまったくわかりませんでした。ちょっと難しい数式が出てくると、数件でも大変です。いろいろな数式の特許が数百件、となると、もう手に負えないわけです。つまり、「参入障壁」「排他性」という意味では、パラメータ特許をうまく使えば、ものすごく強い特許になる可能性があるんですよね。

開発の着眼点が特許から見える

　ここではまず、花王のヘルスケア食品特許戦略の例として、大成功した「ヘルシア」の事例と、「エコナ」の事例を紹介します。

　ヘルシアで用いられている茶カテキンは、1日およそ540㎎の摂取で体脂肪への効果があるようですが、実はこの量だと、普通は苦過ぎて飲めないようです。「良薬は口に苦し」ということわざにある通り、「体にいいけどおいしくない」のが普通なんですね。これ、トレードオフですね。発明のにおいがしてきますね(笑)。実際、花王はヘルスケア食品において解決すべき課題として「体にいいけどおいしくない」というト

レードオフに狙いを定め、研究開発を行って発明を多数生み出し、それらを元に網羅的な特許を取得しています。製品だけでなく、特許でも自分たちが圧倒的に優位な立場に立つぞ！ という気迫が、関連特許から伝わってきます。

　皆さんにも存分に味わっていただけるよう、丁寧に紹介していきます。

　よくよく考えると、花王に限らず、そもそもヘルスケア食品の研究開発の着眼点というか課題設定に、体にいいものはおいしくないよね、というトレードオフが含まれるのは当然のような気もします。ただ花王の場合、企業としての一つのテーマのように思えるぐらい、このトレードオフを課題に設定した特許が多いんですね。有効成分や素材そのものだけではなくて、それをどう使うか、その有効成分を含む食品との組み合わせ、その食品に適用するに当たっての課題を徹底的に追求している様子が、特許から見えてきます。例えば、カテキンをそのまま混ぜるだけだとすごく苦いけど、あわせてこれを混ぜたら大丈夫、みたいな感じですね。

　特許を分析してみると、「味」や「風味」という言葉がたくさん出てくるので、これをキーワードにして技術や製品の開発を行っていて、それらを保護する知財もこの路線で開発されているのは間違いないだろうと思っています。

　いま僕は、「知財を開発する」と言いました。ひょっ

としたら、この表現に違和感を持つ方がいるかもしれません。多くの方は、技術を開発したら特許が勝手に出てくるのだと思っているかもしれません。昔はそうだったかもしれません。でも今や、技術も特許も開発していく時代なんですね。必要な技術を生み出すのと同じで、製品、技術や事業を守るために必要な特許は積極的につくっていくものなんです。

これを、「特許開発」「知財開発」と呼びます。企業によっては、こういった名称の部署があるぐらいです。花王は、技術開発と知財開発のどちらにも秀でた、優れた企業だと思っています。第1章でお話しした通り、連続増配34年は日本ではダントツなのですが、その理由は技術力と知財力にもあるわけです。減益でも増配できる自信はどこからくるのか。差別化された製品を開発し、知財で守り抜いて高収益を維持する、という仕組みができているのは大きいのだろうと、僕は考えています。

前置きが長くなりましたが、まずは、ヘルシアの特許戦略を見ていきましょう。特許分析に詳しくない方のために、特許分析の基本的な考え方や流れも、紹介していきますね。

特許分析って、実はそんなに難しくないんです。特許情報を整理する基本的な視点は、たった4つだからです。特許からわかることって、要するに「どこの」「誰が」「いつ」「どんな特許を」出したかで、つまり、出願人、発明者、出願日、技術分野とか内容、の4

つですね。4つのうち2つを組み合わせたグラフをまずいくつかつくってみる、というのも意外によいと思います。僕が過去、社内のスタッフに上場企業の特許分析レポートを依頼していたときは、今あげた4つのうちの2つを組み合わせたグラフをいくつか指定して、定型のレポートを作成してもらい、それを読んで仮説を立て、その仮説検証を含めた深掘りを改めて依頼していました。

例えば、まずは「技術分野ごとの出願数の年次推移」「技術分野ごとの発明者ランキング」「発明者ごとの出願数の年次推移」の3つがわかれば、どの分野で誰がどれくらい特許を出しているか、把握できます。なので、特許のことはよくわからないけどせっかくなのでなんかやってみたい！ という方は、この3つのグラフをとりあえずつくってみたらよいと思います。とりあえずやってみるって、意外に大事ですよね。

今回、特許分析のための母集団を3つ作成し、どの母集団が適切か確認しながら特許分析を進めています。一つ目は花王全体、これは全体の流れを俯瞰するためです。2つ目は花王の食品・医療系に絞ったもの、これは、特に食品知財について見るためですね。3つ目は、関連出願が活発化し始めた時期に絞ったもの、これはノイズになる特許を排除して分析の手間を省くためです。ここでは、3つ目の母集団に基づい

て特許分析を行った結果を見ていきます。分析作業は、CsvAid（中央光学出版）という特許分析ソフトを利用して、2014年12月末から2015年1月にかけて行っています。

※「出願人：花王株式会社」「特許分類(FI)：A21+A23+A61」「出願日：2000年1月1日～2014年12月15日（ただし、2014年12月15日公開分まで）」

図60は、特許分類（技術分野）ごとの出願件数の年次推移を表したものです。特許分類はFタームを利用しています。Fタームは「FT」と記載されることもあります。記号だけだと技術内容がわからないので、記号の横に「茶・コーヒー」とか「調味料」といったFタームの解説を引用しています。

これを見ると、出願数では飲料に関するもの、つまり、ヘルシア関連の特許が上位にきていますね。特許をいくつか読んでみるなどして、さらに細かく見ていくと「茶」「コーヒー」「調味料」「しょう油」「油脂」だけでなく、「ベーカリー」「菓子」「ノンアルコールビール」などに関するものもあり、自社で製品化しない「食品素材（ポリフェノールなど）の用途」についても、出願・権利化しています。この辺は、食品素材メーカーの知財戦略として、王道でしょうか。

ちなみにエコナ関連は「4B026：食用油脂」に分類されるものが多いはずですが、食品の中では「調味料」に次いで多いですね。後で紹介しますが、エコナにはドレッシングなどもあるので、一部は「調味料」

図60 ▶ 技術分野ごとの出願動向（食品関連から出願数上位10分類を抜粋）

技術分野＼年次（出願）	4B027：茶・コーヒー	4B018：食品の着色及び栄養改善	4B017：非アルコール性飲料	4B047：調味料	4B026：食用油脂	4B032：ベーカリー製品及びその製造方法	4B035：食品の調整及び処理一般	4B064：微生物による化合物の製造	4B014：菓子	4B039：醤油及び醤油関連製品
２０００	0	1	0	0	0	0	0	0	1	0
２００１	1	2	4	0	1	0	0	0	0	0
２００２	8	2	5	9	4	0	2	2	0	1
２００３	31	17	23	8	15	4	3	3	2	2
２００４	27	33	15	13	11	3	4	0	3	12
２００５	44	24	25	18	12	4	4	2	3	4
２００６	38	45	24	12	3	0	3	2	1	0
２００７	48	25	30	8	5	5	3	2	4	2
２００８	12	20	13	9	12	3	0	5	4	0
２００９	37	20	22	12	10	4	2	4	3	0
２０１０	27	23	24	21	18	8	5	4	2	0
２０１１	15	28	7	12	16	4	2	2	2	1
２０１２	14	22	17	3	12	5	3	1	2	0
２０１３	4	7	2	0	2	4	0	2	2	0
合計	306	271	211	125	121	40	31	29	29	26

出典：TechnoProducer

※CsvAid（中央光学出版）を利用

にも入っています。

　図61はヘルシア関連と思われる、「茶・コーヒー」の特許分類（技術分野）における発明者ランキングです。これを見てみると、高橋さんと小倉さんがトップ2です。それぞれの発明者について出願件数の年次推移を見れば、どこまで一線で活躍されていたか、主にいつ頃担当されたかも見えてきます。これが、キーパーソン分析ですね。

　Google Patentsで、食品分野に限定せずに高橋さんの特許を検索して読んでいくと、2000年以降、ヘルシア関係の特許しかありません。つまりこの時期、

図61 ▶「茶・コーヒー」の発明者（出願数上位10名）

	4B027：茶・コーヒー
高橋宏和	50
小倉義和	44
福田昌弘	40
板屋枝里	40
山本真士	29
高津英之	25
日下良	25
岩崎正規	23
早川義信	23
山田泰司	22

出典：TechnoProducer
※CsvAid（中央光学出版）を利用

高橋さんはヘルシア関係の発明や技術開発に、かなり熱心に取り組んでいたということでしょう。特許を見る限り明らかにキーパーソンなのですが、最近はあまり特許が出ていないので、一線から退かれた可能性が高いですね。

食品関連の特許出願について、発明者ごとの出願件数の年次推移を示したものが図62です。2002年～

図62 ▶ 「食品」関連発明者の出願動向（出願数上位10名）

発明者＼年次（出願）	2000	2001	2002	2003	2004	2005	2006	2007	2008	2009	2010	2011	2012	2013	合計
村瀬孝利	1	3	0	3	7	4	11	5	14	8	8	5	6	5	80
橋爪浩二郎	0	0	0	3	0	0	4	4	6	9	13	14	6	6	65
高橋宏和	1	0	6	3	5	12	14	13	1	0	0	0	1	0	56
近藤幸	0	2	0	0	2	22	11	10	1	1	1	0	0	0	50
小倉義和	0	0	6	8	2	13	0	11	1	4	3	1	0	0	49
下豊留玲	0	0	0	4	4	3	6	0	1	10	5	3	8	0	49
福田昌弘	0	0	3	0	4	11	13	10	1	1	0	0	1	0	44
板屋枝里	0	0	5	2	3	5	13	12	1	0	1	0	1	0	43
小池真	0	0	1	1	0	11	9	3	1	1	5	5	0	0	42
藤井明彦	0	0	0	0	5	1	7	2	0	9	0	8	8	0	40

出典：TechnoProducer
※CsvAid（中央光学出版）を利用

2003年ごろから出願が本格化していますね。

　特許出願の合計数が多い発明者から順に並べていますが、多い人は年間で20件以上出していますね。花王の事業は化学と食品が混ざっているので、食品業界の基準がそのまま適用できないかもしれませんが、食品企業の方で年間20件特許を出すとなると、結構多いかなという感じがします。あくまでも個人的な印象ですけども、全体の件数から考えても、年間10件以上の特許を数年間にわたって出している発明者は、キーパーソンと考えてよいでしょうね。

「素材」と「用途」を拡大し、「両利きの経営」を

　一旦、ここまでを振り返っておきましょう。

　花王のヘルスケア食品の特許を見ていくと、「フラボノイド」「カテキン」「減塩」「風味」などのワードが多く出てきます。前の3つはヘルスケアの中でも特に「肥満」や「高血圧」の予防というテーマに対応するキーワードですね。

　最後の「風味」というのは、健康志向で成分を足したり引いたりすることで生じる課題です。トレードオフですね。先ほどの「良薬は口に苦し」の話ですね。体に良いものにすると、おいしくなくなる。これをどう回避するかに、花王としては注力しているんですね。特許のキーワード分析から、こういうことまでわかります。面白いですよね。

　肥満の予防については、ヘルシアの「ポリフェノー

ル」とエコナの「太らない油（ジアシルグリセロール）」の2つの方向から攻めています。肥満という顧客課題にフォーカスして、自社の素材や強みを活かした製品を開発しているわけです。

　特許を見ると、新しい素材もどんどん探して出願しています。長期では、高血圧と肥満という顧客課題にフォーカスした食品素材をいかに探し、使いこなすか、そういう路線で研究開発を進めているわけですね。一度製品化した素材を、他の用途に使えないか考えるのは自然な流れですので、技術シーズと解決できる顧客課題の両方が、少しずつ拡大しているわけです。

　花王はもともと油脂の会社ですから、エコナのように油脂に関するコア技術をうまく使いこなす部分と、顧客課題の共通性を含め、ヘルシアのポリフェノールのように既存のコア技術と相性の良い新たな素材を探してきて事業化し、新たなコア技術にするということを、うまい循環でやっているように見えます。実は花王は、少し前に話題になった「両利きの経営」を長年実践してきている企業だ、とも言えますね。

「味」へのこだわりを徹底的に権利化

　また、特許から見る限り、ヘルスケア食品に関する花王のコア技術は「味」に関するものだ、というの

が僕の仮説です。風味の劣化とか苦味を抑えるとか、「体にいいけどおいしくない」「良薬は口に苦し」のトレードオフをどう解決するか、ここにこだわっていることが特許から明確に読み取れます。いかに健康的なものであっても、おいしくないと続きませんからね。

　基礎的なことなのですが、「健康に良いものをおいしくする工夫や技術」を、それぞれの製品において入念に権利化しています。特に調味料なんかは、おいしくするために加えるものなので、それがマズかったら絶対使わないですよね（笑）。

　ある調味料では当たり前の工夫も、別の調味料では当たり前ではない。花王は、こういうところをうまく権利化していたりします。これも実は知財戦略・特許戦略の基本だと思うんですけど、意外に皆さん「そんなの"調味料では"当たり前でしょ」とか言って特許を取らなかったりするんです。調味料の一部で当たり前のことを、拡大解釈して「先行例」「前例」にしちゃうんですね。仮に当たり前だったとしても、当たり前のものが特許になるとめちゃくちゃ強い。

　僕は、当たり前のものこそ特許にできないか議論を念入りにしてください、当たり前のものを特許にするのが大事です、とセミナーや発明塾に参加される方に、いつもお話ししています。突拍子もないものが特許になるのは当たり前ですからね。いずれにしても花王は、知財においてもなかなか手ごわい企

業なんです。

エコナの「調味料」特許に注目

次はエコナです。エコナシリーズは、炒め物や揚げ物に使う料理用油からドレッシングなどの調味料まで幅広いのですが、ここでは調味料関連を見ていきます。

マヨネーズやドレッシングは油の入った調味料ですので、カロリーを気にする人は控えたりします。そこで、太らないものをつくったんですね。エコナも特に調味料については、体にいいけどおいしくないというトレードオフに注目していたことが、特許から見えています。

エコナシリーズの料理用油の主成分はジアシルグリセロール（DAG）です。この油を調味料にも応用して、商品ラインナップを拡大していたんですね。例えばDAGを含有するマヨネーズに関してはかなり力が入っていて、調べた範囲では、ほぼすべて権利化されています。「マヨラー」という言葉があるぐらい一部の方に好まれる調味料のようですので、商品としては重要なんでしょうね。

マヨネーズについては3件の分割出願があって、かなり重要なコンセプトを含むものです。この3件は、分割出願とパラメータ特許を組み合わせたもので、花王の典型的な特許の取り方が垣間見える貴重

な事例です。後で読んでみましょう。

最重要キーパーソン3人による特許を読む

　詳細な分析結果は割愛しますが、エコナの調味料関連特許を見ると、小堀さん、小池さん、瀬尾さんの3人が最重要のキーパーソンだろうと見当がつきます。例えば小堀さんは、食用油脂の研究から始まって、エコナの調味料関連を担当し、その後、減塩調味料を担当しているようです。

　次頁の図63で示している特許（特開2007-129983）は、フラボノイド入りでも、えぐみを感じないドレッシングに関するもので、おそらくエコナの調味料に関する特許出願です。ここに、減塩調味料という記載も出てきます。エコナの「太らない調味料」から、「減塩調味料」への橋渡しになっている発明ですね。

　だからこの特許は、僕は最重要の要注目特許だと思っています。権利として強いかどうか、という視点ではなく、ターニングポイントになる要素を含んでいる発明であり、それを特許出願したものですよ、という意味です。

　図64を見てください。ドレッシングの具体例（実施例）のところには、「減塩醤油」と書いてあります。

　フラボノイドには血圧降下作用があるので、減塩醤油と組み合わせるのは必然なんですよね。そもそ

図63 ▶ 「最重要キーパーソン3名」による 「フラボノイド＋DAG」ドレッシングに関する特許

油脂含有食品

Abstract

【課題】フラボノイド類を含有させたものであるにもかかわらず、当該物質由来の苦味、渋味、エグ味が顕著に低減されて風味良好で、油相と水相の分離が抑制されて油脂含有食品として使い易く、血圧降下作用等の有用な生理機能を有する油脂含有食品を提供する。
【解決手段】次の（A）及び（B）。
（A）ジアシルグリセロールを１５質量％以上含有する油相
（B）フラボノイド配糖体を含有する水相
を含有する油脂含有食品。
【選択図】なし

Landscapes

Coloring Foods And Improving Nutritive Qualities   🔍

Seasonings   🔍

Show more ∨

JP2007129983A
Japan

📄 Download PDF   🔍 Find Prior Art
∑ Similar

Other languages: English

Inventor: Makoto Koike, 真 小池, Jun Kobori, 純 小堀, Yoko Seo, 陽子 瀬尾

Current Assignee : Kao Corp

Worldwide applications

2005   JP

Application JP2005328107A events ⑦

2005-11-11 • Application filed by Kao Corp

2005-11-11 • Priority to JP2005328107A

出典：Google Patents（特開2007-129983）

図64 ▶ 「ヘスペレチン（フラボノイドの一種）」＋「DAG」＋「減塩醤油」 という実施例

【0069】
(3) 分離型ドレッシング　下記配合の和風ドレッシング（分離型）を調製した。これを手でよく振った後、ミニサラダ（レタス、きゅうり、プチトマト）にかけて食した。

【0070】
油 相   ↓「DAG含有油」と【0060】に記載あり

<u>油（油脂1）</u>   39

水 相

<u>穀物酢</u>   30

減塩醤油   18

食塩   3

胡椒   0.1

上白   0.5

ヘスペレチン配糖体（αG-ヘスペリジンPA-T、東洋精糖製）   0.09

↑フラボノイドの一種

出典：特開2007-129983の実施例の記載に筆者が加筆

408

もエコナですから肥満防止効果を狙ったものでもあり、高血圧と肥満対策を兼ねた、「全部盛り」の特許発明ですね（笑）。

ここまで見た通り、「体にいいけどおいしくない」というトレードオフを解決する技術と製品の開発を花王がやっていることは間違いありません。

そして、その成果を守るための知財開発も、しっかりやっています。これは、この後見ていきます。

次のセクションでは減塩調味料の特許戦略を紹介します。そこでは、花王の特許の取り方を詳しく解説します。

これを見ると、花王はどうすれば特許が取れるか熟知している、とさえ思えます。一定の方法で、粛々と特許を積み上げてきている感じですね。

一つひとつの特許に、あまり派手さはなく、食品業界の知人に聞いても、「こんな発明たいしたことない」「こんなの当たり前だ」といわれるようなものです。

でも、３Мの特許もそうでしたので、これが王道なのかなと僕は思っています。

たんたんと特許を積み上げて、特許で「万里の長城」を築いているようなイメージですね。

02

花王❷
業界を震撼させた減塩醤油特許。
顧客価値を軸に……

▼

減塩の肝は
「置き換える」「補う」「強める」

　ここからは、花王の減塩醤油の特許戦略について
お話しします。特許には「減塩調味料」と書いてあり
ますが、特許を見る限りメインは醤油ですので、減
塩調味料とは減塩醤油のことを指している、という
前提で説明を進めます。

　最初に、なぜ減塩食品が注目されるようになった
かお話ししておきます。日本高血圧学会の資料によ
れば、日本人の3分の1が高血圧と推定されているん
ですね。結構多いですね。高血圧は、脳・心臓・腎臓
などの疾患に関連していて、重大な疾患につながる
ものです。その高血圧の原因が「塩」(塩化ナトリウム)
に含まれる「ナトリウム」だとされているんですね。
減塩で「塩(えん)」と言ってるのは「ナトリウム」のことです。
　ナトリウムの取り過ぎが、なぜ高血圧につながる
のか。ナトリウムを取り過ぎると、体はナトリウムを
排出したいから水を蓄えるようになるんですね。そ
うすると、循環する血液の量が増加して血圧が上が

る。こういうメカニズムです。特許を読み解く上で必要な知識なので、ちょっと頭の中に入れておいてください。

　花王によると、減塩に対するアプローチは、「置き換える」「補う」「強める」の3つだとされています（図65）。HPにはそう書かれているのですが、特許を読むと「補う」と「強める」の違いが、僕にはいまいちわかりづらい（笑）。特許から読み取れる範囲では、「置き換え」をする際に、「補う」「強める」をうまく使って味を調える、という感じかなと思っています。
　この辺は、後で詳しく説明します。

図65 ▶「置き換える」「補う」「強める」の3つが減塩の肝

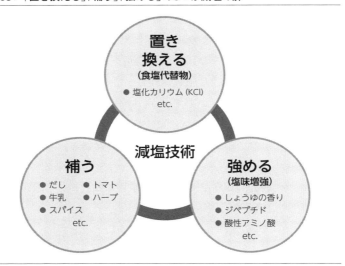

出典：花王HPの図を基に作成（※掲載は2023年4月に終了）

減塩醤油の話をする前に、そもそも、一般的な醤油にはどんな成分がどの程度含まれているか、説明しておきましょう。いわゆる「塩分」に関していうと、醤油100gにはナトリウムが5000〜6000mg(5〜6質量%)ほど、カリウムが100〜800mg(0.1〜0.8質量%)ほど含まれています。他に、うま味成分であるグルタミン酸とアスパラギン酸を中心に、アミノ酸が豊富に含まれています。もともと醤油には、塩分だけでなくアミノ酸が豊富に含まれていて、それが塩味を補っているんですね。

先行例研究を徹底して、影響力の大きな特許を取る

　それでは早速、減塩調味料の特許(特開2007-289083)を見てみましょう。請求項1、請求項2、請求項3を引用しておきます。

　請求項とは、権利の範囲を表した記載で、発明の本質が端的に記載されているものでしたね。だから、少し堅苦しいのですが、特許がどんな発明に関するものか、技術や発明の内容を理解する上で避けて通れないので、ぜひ読んでみてください。

【特開2007-289083の請求項より】

【請求項1】

次の成分(A)、(B)、(C)及び(D)、

(A)ナトリウム　5.5質量%以下

(B)カリウム　　0.5〜6質量%

（C）酸性アミノ酸が2質量％超、及び／又は塩基性アミノ酸が1質量％超

（D）エタノール　1〜10質量％

を含有する容器詰液体調味料。

【請求項2】

成分（C）の酸性アミノ酸が、グルタミン酸又は、アスパラギン酸である請求項1に記載の容器詰液体調味料。

【請求項3】

成分（C）の塩基性アミノ酸が、リジン又は、アルギニンである請求項1又は2に記載の容器詰液体調味料。

　請求項1ではナトリウム5.5質量％以下、カリウム、0.5〜6質量％までとしています。一般的な醤油には、ナトリウムが5〜6％含まれているわけですから、ナトリウムの数値範囲は通常の醤油とあまり変わりませんね。一方のカリウムは、一般的な醤油では0.1〜0.8％ですから、かなり多いところまでカバーしようとしていますね。高血圧を防ぐという視点では、「減塩」は「減ナトリウム」になります。

　でもこの特許では、ナトリウムを減らすというよりは「カリウムを増やす」ところに権利化の力点が置かれているように見えますね。もちろん、塩味を強めるグルタミン酸とアスパラギン酸も構成要素に入っています。

　特許を読んでいくと、ナトリウムを減らす代わりにカリウムで補います、でもそうするとやっぱりちょっと味がおかしくなる、と書いてあります。「異味」と表

現されていますが、食品業界の方に聞くと、カリウム
には「えぐみ」みたいなものがあるそうです。どうや
らそれをアミノ酸で補う、あるいは、マスクするとい
う感じですね。「風味」という言葉もここで出てきます。
ナトリウムを減らしてカリウムを増やすと、自然な塩
味ではなくなるわけですね。「カリウム」の量を増やし、
かつ、その「異味」を消すアミノ酸を加えるような権
利を取りたい理由が見えてきました。

　請求項では醤油とは書いていませんが、明細書を
読むと、「しょうゆ」「醤油」と繰り返し書いています
ので、醤油を念頭に置いていることは明白です。明
細書内の関連記載を引用しておきます。ここでも、
注目記載を太字にしておきますね。

【特開2007-289083の明細書より】

【0053】
本発明においては、**液体調味料とは、醤油、つゆ、たれ等の通
常、食塩を含有する液体状の調味料をいい、日本農林規格に
適合する「しょうゆ」に調味料、酸味料、香料、だし、エキス類
等を添加した、「しょうゆ」と同様の用途で用いられる液体調
味料を含む**。具体的には、麺つゆ（ストレートタイプ、濃縮タ
イプ）、おでんつゆ、鍋物つゆ、煮物つゆ、天つゆ、天丼つゆ等
のつゆ類、蒲焼のたれ、照り焼のたれ、焼肉のたれ、焼鳥のた
れ、すきやきのたれ、しゃぶしゃぶのたれ等のたれ類、だし割
り醤油、土佐醤油、松前醤油、八方だし、低塩醤油等が挙げら
れ、低塩醤油が好ましい。

【0054】

ここで、**本発明における「醤油」とは、日本農林規格の「しょうゆ」と同一概念**である。また、**しょうゆに調味料、酸味料、香料、だし、エキス類等を添加したものを「しょうゆ加工品」**という。なお、本願で記載する「液体調味料」は、上記のしょうゆ及びしょうゆ加工品を含むことはもちろん、これらの規格からは外れるが本願の要件を備えた調味料を含める概念とする。

　先ほど見ていただいた請求項は、すべて出願時のものです。その後、（C）のアミノ酸について「アスパラギン酸」「グルタミン酸」に限定して権利化しています。

　ナトリウムは3.6〜5.5％と下限の数値を入れていますが、カリウムは出願時の通り権利化できています。やはり、カリウムの量に関する権利は死守したかったのかなという感じがしますね。

　また、明細書内の記載や実施例を見ると、後で権利の範囲を変更できるように含みを持たせていることがわかります。この辺にも権利化への執念を僕は感じますので、明細書から関連記載を引用しておきます。

　ここでも、注目記載を太字にしてあります。

【特開2007-289083の明細書より】

【0034】　本発明の容器詰液体調味料中は、**糖類等の甘味料を含有する**のが好ましい。甘味料の含有量は1〜30％であるのが

好ましく、より好ましくは3.5〜20％、更に5〜15％、特に6〜12％、殊更7〜10％であるのが、カリウム由来の異味抑制、風味バランスの点で好ましい。糖類としては、グルコース、ガラクトース、アラビノース、フルクトース、シュークロース、マルトース、液糖、転化糖、水飴、澱粉、デキストリン等の他、エリスリトール、グリセロール、ソルビトール、トレハロース、還元水あめ等の糖アルコールも例示される。また必要により、糖類以外のグリチルリチン、ステビオサイド、アスパルテームなどの甘味料も用いられる。

【0036】 本発明においては、液体調味料中の**窒素含有量**が1.65％以上であるのが好ましく、より好ましくは1.7〜2.2％、更に1.8〜2％であるのが塩味増強、カリウム由来の異味抑制、風味バランスの点で好ましい。特に、成分（Ｃ）を除いた液体調味料中の窒素含有量が上記範囲であるのが、塩味増強、カリウム由来の異味抑制、風味バランスの点で好ましい。

　じっくり読んでいくと、第3章で紹介した３Ｍの「気泡が残らない保護フィルム」に関する特許に非常に近い雰囲気を感じるんですよね。
　分割出願をかなり意識していると思われ、甘味料の含有量や窒素の含有量について、さまざまな記載があります。もちろん、それぞれに対応する実施例もあります。僕が３Ｍの特許を何百件も読んでじっくり研究したからかもしれませんが、この特許には、なんとかして強い権利を取っていくぞ、という気迫を感じますね。

他にも、血圧降下作用のある物質を加えるという「減塩（減ナトリウム）」と親和性の良い視点も入っていたりして、ここからの分割出願を前提として、とにかく多面的に権利が取りたいんだ、というのが伝わってきます。

この特許を引用している特許（被引用特許）のリストを見ると、この特許がどういう企業にどれぐらい影響を及ぼすものか、影響力の幅というか大きさがだいたいわかります（図66）。

花王が固め出ししているので自己引用が目立ちま

図66 ▶「減塩調味料」特許発明の影響力を、被引用特許リストで確認する

公開番号	優先日	出願人	タイトル
WO2008120726A1	2007/3/30	Hiroshima University	塩味増強剤、飲食品、および飲食品の製造方法
WO2011034049A1	2009/9/18	キッコーマン株式会社	低食塩醤油およびその製造法
JP2011229468A	2010/4/28	Kao Corp	容器詰しょうゆ含有液体調味料
JP2011229470A	2010/4/28	Kao Corp	容器詰柑橘風味しょうゆ含有液体調味料
JP2012165740A	2011/1/24	Kao Corp	容器詰しょうゆ含有液体調味料
JP2012213386A	2011/3/25	Kao Corp	ソース組成物
WO2013100043A1	2011/12/27	花王株式会社	バター
JP2014147366A	2013/2/4	Yamasa Shoyu Co Ltd	減塩ぽん酢醤油
JP2015015913A	2013/7/10	キッコーマン株式会社	呈味が改善された液体調味料
US9095163B2	2009/7/15	Kao Corporation	Packed soy sauce-containing liquid seasoning
WO2015163723A1	2014/4/25	대상 주식회사	쓴맛 및 떫은맛이 감소된 조미료 조성물
JP2019165640A	2018/3/22	日清食品ホールディングス株式会社	塩味増強剤

出典：Google Patentsの特開2007-289083の被引用特許リストを基に作成

すが、キッコーマンやヤマサ醤油のような歴史ある醤油メーカーの名前が出ています。

　そういう伝統的な食品メーカーは特許出願件数が少ないですから、花王が急速に特許網を固めつつある領域について、醤油メーカーにも影響が出ていると捉えてよいでしょう。

　関連特許の被引用には、キユーピー、ADEKA、ロート製薬、小林製薬なんかも出てきていますので、花王の減塩調味料への取り組みは、割と幅広い業界や分野に影響を与えるものなんだろうということが、なんとなくわかりますね。

　もちろん花王は、「広く影響を与える」ために特許を出しているわけですから、作戦は成功しているといえるでしょう。せっかくですから、技術の流れを見るという意味で、被引用だけじゃなくて引用のほうも見ておきましょう。

図67 ▶「技術の流れ」を見る～引用特許の一つ「機能性食塩組成物」に注目

公開番号	優先日	出願人	タイトル
JPS5668372A	1979/10/20	Kikkoman Corp	Preparation of seasoning containing salt
JPS5955165A	1982/9/22	Kikkoman Corp	醤油の製造法
JPS59187761A	1983/4/8	Takeda Chem Ind Ltd	調味料用組成物
JP2675254B2	1992/10/6	油脂製品株式会社	機能性食塩組成物
JPH11187841A	1997/12/25	Takeda Chem Ind Ltd	調味料用組成物

出典：Google Patentsの特開2007-289083の引用特許リストを基に作成

油脂製品という会社の「機能性食塩組成物」という特許が引用にあって、僕はこれに注目しました。まず、社名を見た瞬間にピンときたんですよね。油（油脂）の会社がなんで食塩なんだろう、って思ったんです。

でも、よく考えたら花王も油脂の会社だから、これはなんかありそうだぞ、という感じですね。この間、10秒ぐらいです。

特許を読むと、案の定、減塩食品の特許でした。機能性食品組成物って書いてあるのですが、要するに減ナトリウム食品の特許でした。カリウムを入れてナトリウムを減らし、味を調えるためにクエン酸やアミノ酸を入れる、と書いてありました。内容的には、花王が考えていることそのものです。発明塾用語で「ドンズバ」と言います。コンセプトは、まったく同じです。油脂の企業同士ですから、花王が知らなかったとは考えにくい。むしろ花王は、この特許を見て研究を始めたんじゃないか、と言いたくなるぐらいです（笑）。

花王という、これだけ緻密な特許を出す企業が、これぐらい近い分野の先行特許を調べていないはずがないですよね。

日頃から、近い業界の企業の特許は徹底的にウォッチングしているでしょうから、見てないとは思えない。その上で、先行例がすでにある、ある種当たり前ともいえる領域を、どう権利化するか、考え抜

02

花王❷　業界を震撼させた減塩醤油特許。顧客価値を軸に……

419

いてから出願しているはずです。

　ここに書いたことはあくまでも僕の推測であり仮説にすぎないのですが、弊社サービスを利用いただいている食品系企業の知財担当の方もまったく同じ感想をお持ちでしたので、それなりに蓋然性が高い仮説かなと思っています。

素材と用途の相乗効果で、新たな強みを獲得

　ここでは、開発の流れや着想、および、特許網の構築という点で非常に興味深い2つの特許を紹介します（図68、69）。

　①減塩醤油にポリフェノールを加えるという発明に関する特許（特開2004-194515 液体調味料）と、②アミノ酸とカリウムの比率を定めた発明に関する特許（特開2004-357700 減塩醤油類）ですね。

　これはすごく興味深い特許で、知財や技術の仕事をされている皆さんにも、参考になると思っています。ぜひ読んでいただきたいので、特許のURLにアクセスできる2次元コードを記載しておきます。

　一つ目（図68）の特許（①特開2004-194515 液体調味料）は2004年公開のもので、一連の減塩食品特許群の中

特開2004-194515
液体調味料
（Google Patents）

特開2004-357700
減塩醤油類
（Google Patents）

で最初期のものです。

　この特許には、減塩醤油にポリフェノールを加えるという発明が記載されています。

　ポリフェノールには血圧降下作用があって減塩食品とは相性が良いので、こういう発想になるのは当然ですね。ちなみに、先に紹介した特許発明には、塩化カリウムの苦みというか「えぐみ」(異味)をアミノ酸で消すというものがありました。ポリフェノールも苦いので、やはり味を何とか工夫する必要があるのですが、なんとそれを塩化カリウムで緩和すると書かれています。

　ちょっとややこしいですね(笑)。本当にそうなるの

図68 ▶ 特許①：最初期の出願と思われる「ポリフェノール」特許

液体調味料

Abstract

【課題】血圧降下作用を有するポリフェノールを含有し、風味の良好な減塩醤油含有液体調味料の提供。
【解決手段】減塩醤油に、ポリフェノール類0．1～5重量％及び塩化カリウム2～10重量％を配合してなる液体調味料の提供。
【選択図】なし

- ✓ ポリフェノールを「減塩醤油」に添加する
- ✓ ポリフェノールはコーヒー由来の「クロロゲン酸」
- ✓ ポリフェノールの「異味」を塩化カリウムで緩和
- ✓ 被引用19件の大半は「花王」
- ✓ 引用特許は、なし
  (J-PlatPatで確認した範囲では、1件あり)
- ✓ 発明者は「小堀」「瀬尾」他

出典：Google Patents (特開2004-194515) に筆者が加筆

かどうか僕にはわかりませんが、これも先ほどのエコナ調味料のところで挙げた最重要キーパーソンが発明者に入っているので、重要な発明なんだろうと考えています。

血圧降下の効果が出るぐらいポリフェノールを混ぜると、味がおかしくなっちゃうので、塩化カリウムを混ぜるわけです。特許には「マスキング」と書いています。マスキング、つまりマスクするわけですから、隠すということですね。ごまかすというのは言い過ぎですが、塩化カリウムのえぐみとポリフェノールの苦みが打ち消し合うというか、うまく作用するんでしょうね。

詳細は割愛しますが、実はこれにもちゃんと先行特許があって、カリウムがポリフェノールの苦みを消すと書かれているんですよね（笑）。当然、それも調べた上で研究を行って、特許出願しているんだろうと思います。えぐみで苦みを消すなんて、普通はなかなか思いつかないですよね。

花王の研究開発の進め方が、この特許から見えてくると僕は思っています。まず、ポリフェノールという血圧降下作用のある素材を見つけて、ヘルシアで商品化した。ちょっと苦いけど飲めなくはない、みたいなところまで味を工夫して使いこなせるようになった。するとそれは、血圧降下作用を持たせたい「減塩食品」でも使えそうだとわかった。しかも調査の結果、カリウムを増やすことによって異味を消す

こともできそうだとわかった。これは好都合だ、みたいな感じですね。

　こういうふうに、ある素材を商品に展開する際の課題を、別のすでに保有している素材で解決したりして、素材の用途をどんどん広げていく。もちろん、すでにある素材の作用効果と相性が良い素材も探していく。それらも次々に特許化していく。こうなってくると、素材と用途が複雑に絡み合ってくるので、特許を読み解いて研究開発の動向を把握するだけでも大変です。そして、新たな素材を探して「足し算」するだけでなく掛け合わせていくことで、自分たちの技術が「掛け算」で蓄積されていきます。ＡとＢを混ぜるとどうなるか、みたいな「効果」と「味」に関する充実したデータベースが社内にあるんでしょうね。ＨＰに食品素材の使いこなし方を指南しますと書いてあるのは、こういう技術と特許が裏付けになっているんだろうと僕は考えています。人間の味覚は科学的にまだ解明されてない部分がありますから、いろいろ実験してデータベース化しているんでしょうね。今は「味覚センサー」がありますから、加速しているかもしれません。興味がある方は、味覚センサーを用いたデータベース構築、みたいな分野の特許動向も見たほうがよさそうですね。

　花王は、ヘルシアシリーズでポリフェノールを含む食品を事業化しただけでなく、ポリフェノールを

販売する食品素材ビジネスも開始しています。2021年のプレスリリースには「苦味抑制や食品加工などの花王が有する技術、商品配合や製造・品質管理に関する知見の提供」「花王独自の『茶カテキン』『コーヒー豆由来クロロゲン酸類』の販売を開始 機能性表示食品届出のためのデータやサポートも提供」とあり、食品にする上での「課題」も解決する、いわゆるソリューションビジネスになっています。

単に素材を売るだけではだめで、その素材を混ぜることによって生じる味の問題なども解決できることが大事なんですね。花王が「体に良くておいしい」食品を追求してきたからこそ、素材も売ることができる、それが特許からも見えてきた、ということです。花王の本当の強みは、ポリフェノールなどの成分や、その成分を特許化していることではなく、その成分を含む食品を「健康でおいしい」食品に仕上げる技術なんですね。

業界に激震を起こした「減塩醤油」重要特許を読む

次は②特開2004-357700 減塩醤油類 ですね（図69）。①と同じく減塩醤油の特許です。この特許は醤油業界の企業から「無効だ！」と訴えられています。つまり、減塩醤油における重要特許だと考えられます。醤油業界の方に直接聞いたわけではありませんが、公開情報の範囲からでも、業界に相当インパクトがあったんだろうと想像できるものです。

図69 ▶ 特許②:「無効審判」ありの「重要」特許

減塩醤油類

Abstract
【課題】食塩濃度が低いにもかかわらず十分に塩味を感じる減塩醤油類の提供。
【解決手段】食塩濃度9w／w％以下、塩化カリウム濃度0.5〜3.7w／w％であり、かつ窒素濃度1.9w／v％以上である減塩醤油類。
【選択図】なし

- ✓「窒素量」を規定した特許、「アミノ酸」を多く含むものを権利として確保したかったものと思われる
- ✓「カリウム／窒素」の重量比を加えて補正したものが登録になっている
- ✓ 発明者に、「瀬尾」「小堀」がある
- ✓「特許無効審判」が請求されており、「しょう油」において、重要な特許であると思われる

出典:Google Patents(特開2004-357700)に筆者が加筆

　実はこの特許も、先に挙げたエコナ調味料の重要キーパーソンの瀬尾さんと小堀さんが発明者なんですね。カリウムと窒素という、減塩において最も重要な二大元素の含有量をパラメータにしており、この時点で重要な特許である可能性が高いと推測できます。物質特許は強い、などとよく言われますが、物質の根源である「元素」で押さえられるとさらに強いですよね。

※うまみ成分のアミノ酸には、必ず窒素が含まれる

　この特許については、第3章で説明した3Mの特許と同様に、権利範囲ができるだけ広くなるように

425

パラメータを工夫しているな、という印象を持ちました。具体的には、窒素とカリウムの「重量比」をパラメータにしているんですね。実はもともと、「窒素1.9％以上」としていたものを、補正してパラメータにしています。さすがに「窒素1.9％以上」では広すぎるということですぐには認められなかったわけです。パラメータに変更後も一発では認められず、反論が審査官からきています。

これに対する反論の方法も３Ｍと同じで、「この先行文献から推定できる」という審査官の意見に対して、「どこにもそうとは書いていませんよね」と反論しているんですね。「推定できる」に対して「書いていません」という反論ですから、まったく議論がかみ合ってないんですが、そのまま押し通して権利化しています。こういう議論って、気持ちいいですね（笑）。

また、この特許に対して、2件の無効審判が起こされています。1件は醤油大手のキッコーマンによるもので、最終的に知財高裁まで行って争っています。花王とキッコーマンの争いでは、専門用語で「サポート要件」と呼ばれる点が論点になっています。わかりやすく言うと、認められた権利の範囲が、特許に書かれた実験結果（実施例）に比べて広すぎないか、拡大解釈ではないか、という反論があったんですね。このことから、醤油業界にとって、かなり重要な特許であり、また、巧みに権利化されたきわどい特許だったことがわかります。詳細情報は知財高裁（知的

財産高等裁判所）の裁判例として公開されていますから、詳しく知りたい方は読んでいただければと思います。

　ここで、花王の減塩調味料の特許戦略を、特許網や特許ポートフォリオの視点で整理しておきます（図70）。花王がアプローチしようとしている「高血圧の防止」には、少なくとも2つのアプローチがあります。一つは、花王が保有している食品素材であるポリフェノールの血管拡張作用により、血圧を下げるというもの。もう一つは、減塩食品のようにナトリウムの量を減らしましょうというものです。

　こう見ると、「ポリフェノール」という食品素材から、どうやって減塩調味料にたどり着いたのか、背景というか理由が見えてきますよね。「高血圧防止」という目的に対して、事業機会を広く探索するために、減塩食品や減塩調味料の研究開発を行い、特許出願をしている、と僕は理解しています。僕の前著のタイトル「新規事業を量産する知財戦略」を地で行く戦略ですね。

　少し脱線しますが、知財に詳しい方は、エコナのドレッシングで和風のものには醤油、特に減塩醤油を使いたいため、醤油に関する特許も押さえにきたのだろうが、それは知財上の交渉力のためであって、さすがに自分たちで減塩醤油をつくるつもりはないだろう、というふうに捉えられたかもしれません。それも、一つの見方だと思います。

非常に重要な論点なのですが、話が専門的になりすぎるので脱線はここまでにしておきます。

　図70に書いた通り、高血圧防止には他にもいろいろなアイデアが考えられます。ナトリウムの排出量を増やせないかとか、ナトリウムが吸収されないようにするとか、そういう方向性もありですよね。

　こういうふうに特許網を分析していくと、特許網としてちゃんと「網」になっているのか、つまり「網羅できているのか」が評価できます。多くの投資家にとっては、数多く出しているから大丈夫、という評価でも十分かもしれません。

図70 ▶ 「課題－解決ロジックツリー®」で、特許網の「網羅性」を分析する

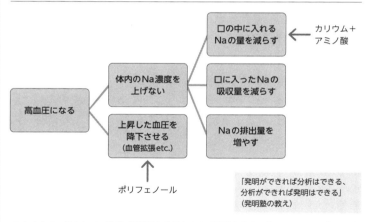

✓ あくまで一例として、だが、特許網を分析するのは発明と表裏一体、このような「課題・解決」の構造化を通じて、特許網の網羅性を評価する

✓ 「花王」は、**ポリフェノールで「血圧上昇抑制」** に取り組み、その用途の一つとして「減塩食品」という、**「そもそもNaを減らす」食品も押さえよう**としている、と捉えられる

出典：TechnoProducer

しかし、もう一歩踏み込んで、高血圧という課題が発生するメカニズムから見ていくわけですね。発明塾ではこれを「課題−解決ロジックツリー®」と呼んでいます。こうして特許を分析すると、技術や研究の流れに関する理解も深まりますので、権利についても技術についても評価できるようになるわけです。特許分析のツールの一つとして、頭に入れておいてほしいですね。特許分析というと、折れ線グラフや円グラフなどの「統計処理」をイメージしがちですが、それだけではわからないことも多いんです。いずれにしても花王は、特許として押さえるべきところをしっかり押さえているといえるでしょう。

「減塩醤油」キーパーソン4名の開発動向

詳細は割愛しますが、特許を分析すると、減塩調味料のキーパーソンは、エコナ調味料のキーパーソンの瀬尾さん・小堀さん・小池さんの3名に土屋さんを加えた4名だとわかります。特に瀬尾さんが、2004年から2005年にかけて減塩調味料にかなり注力している様子が特許からわかります（以下の2次元コードから、Google Patents「inventor:（陽子 瀬尾）」最新の検索結果のURLにアクセスできます）。

瀬尾陽子さんの特許（Google Patents）

小堀さんが発明者になっている特許を読んでみると、減塩調味料だけでなく、エコナで使っているDAG（ジアシルグリセロール）関連特許も出していることがわかりました。先ほどお話しした通り、エコナのドレッシングの特許に減塩醬油という言葉が出てきたりしていますから、小堀さんは肥満と高血圧の2つのテーマを同時に追いかけているわけですね（以下の2次元コードから、Google Patents「inventor:（純 小堀）assignee:花王」の最新の検索結果のURLにアクセスできます）。

　減塩調味料の出願は2004〜2006年に集中しています（図71）。ここで勝負をかけてきたなという感じですね。2002〜2003年ぐらいに出願が少しありますので、ここでいろいろ実験をして味見をして本格的にテーマ化し、その後の3年間で集中的に出したという感じでしょうね。

　図71の表の見方を説明しておきます。縦軸「発明内容」に入っている単語は、テキストマイニングで特許から抜き出したもので、表の中の数字は、その単語が含まれている特許が何年にいくつ出ているか、を示しています。

小堀純さんの特許（Google Patents）

図71▶ 減塩調味料の特許出願は「2004年-2006年」に集中

発明内容／出願年	塩味	風味	容器詰	薬理作用	フェルラ酸	液体調味料	減塩調味料類	イソロイシン	カリウム由来	ゲニポシド酸	血圧降下作用	食塩濃度が低い	ナトリウム量が少ない	ポリフェノール類	フラボノイド類由来	合計
1996	0	0	0	0	0	0	0	0	0	0	0	0	0	0	0	0
1997	0	0	0	0	0	0	0	0	0	0	0	0	0	0	0	0
1998	0	0	0	0	0	0	0	0	0	0	0	0	0	0	0	0
1999	0	0	0	0	0	0	0	0	0	0	0	0	0	0	0	0
2000	0	0	0	0	0	0	0	0	0	0	0	0	0	0	0	0
2001	0	0	0	0	0	0	0	0	0	0	0	0	0	0	0	0
2002	0	1	0	0	0	0	1	0	0	0	1	0	0	0	0	3
2003	1	1	1	0	0	0	1	0	0	0	0	1	0	0	0	5
2004	10	0	1	0	6	1	11	0	0	0	7	5	0	1	0	42
2005	2	5	0	2	0	0	5	0	0	0	5	0	0	0	2	21
2006	2	3	2	0	0	0	4	2	0	1	0	0	2	0	0	16
2007	1	0	0	0	0	0	2	0	0	0	0	0	0	1	0	4
2008	0	0	0	0	0	0	0	0	0	0	0	0	0	0	0	0
2009	0	2	2	0	0	0	2	0	2	0	0	0	0	0	0	8
2010	1	1	0	0	0	0	1	0	0	0	0	0	0	0	0	3
2011	0	1	1	0	0	0	1	0	0	0	0	0	0	0	0	3
合計	17	14	7	2	6	1	28	2	2	1	13	6	2	2	2	105

出典：TechnoProducer

※ CsvAid（中央光学出版）を利用

02

花王❷ 業界を震撼させた減塩醤油特許。顧客価値を軸に……

「血圧降下作用」に注目した特許が2004年から2005年にかけて12件出願されているのですが、そこから1年遅れて「風味」に注目した特許が2005年から2006年に8件出ています。

研究と出願の重点が、薬理作用から「味」へ移っているわけですね。こういうふうに見ていくと、特許の理解と技術の「流れ」の理解が、より深まります。

┃「減塩醤油」特許戦略と
┃ビジネスモデル

ここまでの情報から、花王の減塩調味料の特許戦略に関する「仮説」や「気づき」をまとめてみましょう。

・ ポリフェノールによる「血圧降下」作用に注目、「減塩調味料」という用途が浮上。
・ 高血圧にならない減塩調味料を完成させる上での「課題」を、幅広く解決する発明を創出、「物質」「用途」だけでなく「用途での課題」まで網羅。

視点としては、以下の3つになります。
①KCl（塩化カリウム）による、Naの低減と「塩味」維持のトレードオフ解消。
②アミノ酸などの添加による、「KClによる塩味維持」と「異味（風味低下）」のトレードオフの解消。
③ポリフェノールを含め、血圧降下の薬理作用を持つ各種物質の添加。

この①②③については、「①＋②」「②＋③」「①＋③」のような形で、うまく限定を加えながら網羅的に特許を取得、単に「③だけ」（薬理効果がある物質を加える）だけでは特許になりにくい、なっても狭い、という点をカバーしています。

つまり、まずは高血圧対策でポリフェノールという物質に着目し、その用途の一つに減塩調味料を見つけたんですね。

日本では調味料に醤油が使われることが多いので、醤油が減塩できると高血圧対策で効果が大きい。しかし、これが一筋縄ではいかない。ナトリウムを減らしてカリウムで補うのが定石だが、それではえぐみが出て風味が悪くなる。では、アミノ酸を増やせばどうか。これならいけそうだ。
こういう流れですね。

高血圧対策の調味料という視点で網羅的に発明を生み出し、権利取得を行ってきたわけです。ポリフェノールだけに注目するのではなく、「高血圧対策」のためのソリューションを一通り権利化しているわけですね。
つまりコア技術に関する部分だけでなく、「血圧を上げない」という最終的な価値提供につながる技術と特許は一通り持っていて、それを提供する、というビジネスモデルなんだと思います。

こういうビジネスモデルを発明塾では「イネーブラー」と呼んでいます。

　自社の持つ技術や素材だけを売るのではなく、それらが目指す顧客価値を軸に周辺の技術と知財の開発までを行い、それらをパッケージで提案するビジネスモデルですね。

　技術開発というか、技術を新たな顧客価値につなげ製品化する「技術マーケティング」の視点では、自社素材であるポリフェノールが減塩調味料、減塩醤油と相性がいいということに気づいたのが良かったのだろうと思いました。

　普通は、ポリフェノールを売っておけばいいとか、ポリフェノールはうちの仕事だけど、醤油はうちの仕事じゃないよね、ということになりそうですが、花王はそうではなかった。

　顧客価値を軸にすると技術が発展して可能性が広がっていくという、良い例なんじゃないでしょうか。

　投資先の評価という視点からは離れますが、この辺は、技術系の企業が技術を新規事業につなげるヒントとしても、参考にしてほしいですね。

03

花王❸
そこには、「パラメータ特許」×「分割出願」のワザがあり

▼

徹底することで、大きな競争優位に

さて、ここからは花王の特許戦略の大きな特徴である「パラメータ特許」×「分割出願」の話をします。小手先のテクニックのように感じる方もいるかもしれませんが、ここまで徹底できると、非常に大きな競争優位になる、ということを３Ｍや花王が証明しているので、あえて「特許戦略」と呼びます。

パラメータ特許とは何か？ については先ほど簡単に説明しました。ここでは、特に分割出願と組み合わせると非常に強力なツールになる、という点を、新たな例でじっくりお話ししましょう。分割出願については第3章でお話ししていますが、復習を兼ねてもう一度説明します。

分割出願とは、読んで字のごとくで「分けて出す」ということです。元の出願の一部を、新たに出し直すんですね。では、なんで出し直すのか。例えば、とにかく早く特許を出したいので、「物質」「製造法」「用途」など複数の視点の発明を入れて、まずは一旦特

許を出しておこう、みたいなことはよくあります。特許は先に出したもの勝ちですからね。こういう場合、それぞれを正しく権利化するために、後で分けて出し直したりします。これが分割出願です(図72)。

それって分ける意味あんの？ と思うかもしれませんね。あるんです。分けることで権利範囲をある程度柔軟に変更できるんです。そもそも複数の発明を1件の特許として権利化するのはなかなか難しいんですね。でも、とりあえず出しとけ、ということで、まとめて出しているわけです。要は、多くの場合、分割出願するのを前提で出しているんですね。

他には、最初の出願で取れる範囲をまず取って、難しそうなところを分割した出願でじっくり取っていく、といった範囲を広げるための分割出願もあります。ここで紹介する花王の戦略は、後者ですね。

図72 ▶「分割出願」で、発明を分けて出し直せる

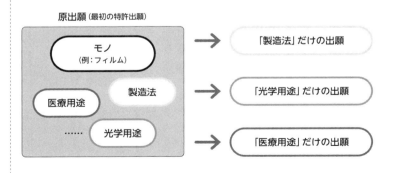

出典：TechnoProducer

つまり分割出願は、巧みに権利範囲を操作する、あるいは、広げるための戦略なんですね。特に花王の分割出願の大きな特徴の一つは「数値限定」「パラメータ」を駆使して多面的に権利を取得し、特許網として権利を広く押さえていることです。

これから紹介する花王の特許の取り方を、発明塾では「分割統治」戦略と呼んでいます。多くの方が「強い特許」とは広い権利だとイメージされるのですが、すでに説明した通り、実際には広い権利を一つの特許で取るのは難しいんですね。そうではなくて、限定的な権利を複雑に組み合わせて、実質的に広い範囲の権利を取得するのが、花王の戦略です。３Ｍも同じ戦略をとっています。

広い権利を取ればいいのはわかっている、でも、一件の特許で欲張っても難しい。だから、限定的な権利を複雑に絡み合うように取っているんですよね。複雑に絡み合っているから、そもそも権利範囲がどこまでなのか、読み解くのも難しい。こういう感じです。

非常にいやらしいというか、周りからすれば嫌な特許の取り方なんですが（笑）、競合が嫌がる特許こそ強い特許ですし、特許はビジネス上のツールだから仕方がない。敵の目からいかに逃れるか、敵にばれないようにするかっていうことも、戦いにおいてはすごく大事です。３Ｍもそうなのですが、花王はこの辺がうまいですね。

前置きが長くなりました。では早速、その「嫌な特許」（笑）がどういうものか、エコナシリーズのダイエットマヨネーズに関する分割特許事例を3つ取りあげて、解説しますね。

「嫌な特許」（素晴らしい特許）を読む

　僕はいつも「特許は言葉の戦い」だと、皆さんにお伝えしています。数字も含め、言葉をどう工夫して権利を取っていくか、が特許の世界であり特許の戦いなんですね。一字一句、しっかり見ていただくために、関連する特許の請求項を引用して、丁寧に解説していきます。電子書籍版で読まれる方、特に、読み上げ機能を使う方にも、きちんと理解いただきたいからです。

　まずは「ダイエットマヨネーズ」の一つ目の分割特許群を取りあげます。それらを分割特許①-Xと表記します。特許群といっても、今回、分割は1回しか行われていませんので、2件です。ここでは、特許①の最初の出願（原出願）を「分割特許①-1」とし、原出願から分割出願したものを「分割特許①-2」とします。知財の業界では原出願を「親」と呼んで、分割出願を「子」と呼ぶことが多いので、ここでもそのように表記しておきます。

　つまり「分割特許①-1」は「親」、「分割特許①-2」は「子」になります。腕試しをしてみようという方は、

私が解説する前に、以下の3つの視点で読んでみてください。

①「親」をどのように権利化したか、「公開」時から「登録」時へ、請求項がどう変化しているか。
②「親」の出願（公開時）から、「子」の出願（公開時）で、請求項がどう変わっているか。
③「子」をどのように権利化したか、「公開」時から「登録」時へ、請求項がどう変化しているか。

これが説明できれば、花王が何の権利をどう取りたかったという「意図」の部分と、実際どこまで取れたかという「達成度」が、理解できたことになります。ここまでいろいろな事例を見てきて、特許について少し理解が進んだよ、という方はぜひチャレンジしてください。何事も経験です。挑戦が人を育てます。

では、まずは「ダイエットマヨネーズ」の分割特許①-1（原出願：親）特開2002-176952 の公開時の請求項と、登録時の請求項を読んでいきましょう。
公開時の【請求項1】は、以下の通りです。

"ジアシルグリセロール20重量%以上及び結晶抑制剤0.5～5.0重量%を含む油相を含有する酸性水中油型乳化組成物。"

一方、登録時の【請求項1】は、以下の通りです。太字部分が「公開時」との違いですので、よく注意して

読んでみてください。

"ジアシルグリセロール20重量％以上、及び**平均重合度2～12、構成脂肪酸の炭素数12～22、エステル化率70％以上のポリグリセリン脂肪酸エステル**0.5～5.0重量％を含む油相、**並びにリン脂質を**含有し、**全リン脂質に対するリゾリン脂質の比率が15％以上**である酸性水中油型乳化組成物。"

　続いて、「ダイエットマヨネーズ」の分割特許①-2（分割出願：子）特開2007-195564の公開時の請求項と、登録時の請求項を読んでいきましょう。公開時の【請求項1】は、以下の通りです。太字部分は「原出願」との違いです。

"ジアシルグリセロール20重量％以上及び結晶抑制剤0.5～5.0重量％を含む油相、**並びにリン脂質を**含有し、**全リン脂質に対するリゾリン脂質の比率が15％以上**である酸性水中油型乳化組成物。"

　登録時の【請求項1】は、以下の通りです。太字部分は「原出願の登録時」との違いです。

"ジアシルグリセロール20重量％以上及び**炭素数12～22の脂肪酸によるエステル化率が50％以上であり、かつ、当該脂肪酸によりエステル化されていない水酸基がアセチル化されているショ糖脂肪酸エステル**0.5～5.0重量％を含む油相、並びにリン脂質を含有し、全リン脂質に対するリゾリン脂質の比率

が15%以上である酸性水中油型乳化組成物。"

　読んでみて、どうでしたか？ 花王がどんな特許を
取ろうとして、どこまで取れたか、説明できました
か？
　違いがわかりやすいようにしておきましたが、少
しでも広く権利を取るために花王がどんな工夫をし
ているか、理解できたでしょうか。

　技術的な細かい内容は割愛しますが、「親」につい
ては権利化の過程で「平均重合度」「炭素数」「エステ
ル化率」「リゾリン脂質」などで限定しています。これ
だけ見るとかなり狭くなっている印象を受けますね。
　「子」を見ると、公開時点で、「親」に対して「リン脂
質」「リゾリン脂質」で限定しています。だからこれ
は想定内の限定で、最初からやむを得ないと思って
いたものなんだろうという気がします。残りの限定
で、注目しているのは「エステル化率」ですね。親で
は「70％以上」としているのが、子では「50％以上」に
なっています。
　つまり、子のほうがエステル化率の権利範囲が広
いんですね。もちろんその分、他のところで限定し
ているので、単純に権利が広がっているわけではあ
りません。

　でも、ここが味噌なんですね。あるところを狭め
て、他を広げる。これを組み合わせて、複数の特許で

「面」で権利を押さえる。そういう戦略なんです。

言葉では伝わりにくいでしょう。僕のイメージを図で表すと、図73のような感じです。

分割出願を用いた権利の取り方には、おそらくいろいろなパターンがあると思います。誰もがこうしている、とは言いません。しかし、少なくとも花王については、あるところを少し厳しく限定して、あるところを少しゆるく限定して、みたいなことを繰り返す戦略のようです。

こうすると、それぞれの特許がカバーしている権利の範囲自体も、結果としてわかりにくくなります。

図73 ▶「あるところを狭め、他を広げる」を繰り返して「面」で押さえる

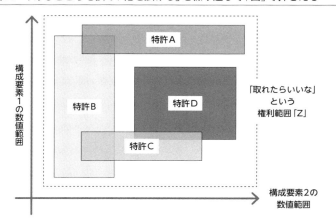

✓ 「縛り」を変えて、それぞれに権利化、**「ある構成要素の数値範囲を広く」「ある構成要素の数値範囲は狭める」**を繰り返す

✓ これを「分割出願」で行う、例えば「Z」の範囲で出願しておいて、分割出願を繰り返し、「A」「B」…を取得していく

出典：TechnoProducer

僕は、意図的にわかりにくくしていると思っています。そしてこれが、パラメータ特許と分割出願の組み合わせによる「強い特許」（特許網）取得の定石だと、僕は思っています。

　同じことを３Ｍも徹底しています。これを見ると花王も、かなり愚直にやっていますね。花王は他にも、例えば清掃器具の特許なんかでも同じことをやっていることが、僕の調査ですでにわかっています。だからこれは、この特許やこの製品だけでなく、「花王の戦略」なんだろうと思っています。多分、こういう特許の取り方をしましょうという、社内マニュアルがあるのだと思います。サントリーは花王に学んだと言っていますので、同じことをやっているのでしょうね。

　こうやって、業界の知財活動のレベルがどんどん上がっていったわけです。食品知財の黒船「花王」、恐るべしですよね（笑）。

分割して「プロセス」特許に変更し、権利化する

　ダイエットマヨネーズの分割特許群②を見てみましょう。同様に、特許②の最初の出願（原出願）を「分割特許②-1」とし、原出願から分割出願したものを「分割特許②-2」とします。「分割特許②-1」は「親」、「分割特許②-2」は「子」になります。今回も分割は１回だけなので、この２件です。

ここでも、花王が少しでも広い権利を取るために
どんな工夫をしているか、ご自身なりに読み解いて
みてください。

　まず、「ダイエットマヨネーズ」の分割特許②-1（原
出願：親）特開2004-201672の公開時の請求項と、登録
時の請求項を読んでいきましょう。公開時の【請求
項1】は、以下の通りです。

"次の成分（A）、（B）及び（C）：（A）ジグリセリド含量が30重
量％以上である油脂、（B）卵黄、（C）水溶性大豆多糖類を含
有する酸性水中油型乳化組成物。"

　登録時の【請求項1】は、以下の通りです。太字部
分は「公開時」との違いです。

"次の成分（A）、（B）及び（C）：（A）ジグリセリド含量が30重
量％以上である油脂、（B）卵黄、（C）**ラムノース、フコース、
アラビノース、キシロース、ガラクトース、グルコースおよび
ウロン酸から選ばれる糖を構成糖として含む**水溶性大豆多糖
類**0.05〜10重量％**を含有する**食用**酸性水中油型乳化組成物。"

　続いて、「ダイエットマヨネーズ」の分割特許②-2
（分割出願：子）特開2006-212039の公開時の請求項と、
登録時の請求項を読んでいきましょう。
　公開時の【請求項1】は、以下の通りです。太字部
分は「原出願」との違いです。

"（B）卵黄及び（C）水溶性大豆多糖類を含有する**水相を、せん断エネルギーが35,000〜2,000,000m/sの範囲で撹拌処理し、その後**（A）ジグリセリド含量が30重量％以上である油脂**を添加することによる**酸性水中油型乳化組成物の**製造方法。"**

　登録時の【請求項1】は、以下の通りです。太字部分は「公開時」との違いです。

"（B）卵黄を含有する水相を、**撹拌、せん断、混合、均質及び混練から選択される1又は2以上の処理をして当該処理前に比べて粘度を50％以上上昇させるか又は卵黄蛋白溶解度を5〜60％低下させ**、その後（C）**ラムノース、フコース、アラビノース、キシロース、グルコース及びウロン酸から選ばれる糖を構成糖として含む**水溶性大豆多糖類を分散させた（A）ジグリセリド含量が30重量％以上である油脂を添加することによる酸性水中油型乳化組成物の製造方法。"

　花王は、権利を取るためにどんな工夫をしていたでしょうか？
　まずは「親」から見ていきましょうか。大きくは公開時の（C）の「水溶性大豆多糖類」を、「ラムノース」などの具体的な物質名に置き換えて限定し権利化しています。親と子の公開時の請求項を比べるとどうでしょうか。特徴的なのは、親のときは「組成物」という「モノ」の特許だったものを、子では「製造方法」という「方法」「プロセス」の特許に出願時から変えているところですね。子の登録時も、内容は大きく変

更になっていますが、「製造方法」のままです。

　先に紹介した３Мの特許でも、分割出願時に「モノ」を「製造方法」に変えているものがあります。製造方法にして、元（親）の「モノ」の特許より広い権利が取れているものもありますね。

　ちなみに一般的には、製造方法の特許は弱い、とされています。競合企業が真似していても、製品からはわからない場合が多いからなんですね。

　しかし、大手企業による「飲料の製造方法」に関する特許訴訟が起きた後、食品企業の知財部の方にお話を聞いたところ、「今後は、侵害しているかどうかバレないんだから、他者の特許を侵害してもよい、という考え方は、コンプライアンスの観点から許されなくなった」とおっしゃっていました。

　僕はこれを聞いて、すごく納得しました。他者知財の尊重は、「コンプライアンス」の問題なわけですね。侵害してもバレなければよい、だから製造法特許は無視してもよいとは、少なくとも担当役員は言えないですよね。

　昔と違って、製造法の特許にも、ある程度の牽制力が出てきている、と僕は考えています。

　最後に、ダイエットマヨネーズの分割特許③を見てみましょう。同様に、特許③の最初の出願（原出願）を「分割特許③-1」とし、原出願から分割出願したものを「分割特許③-2」とします。

「分割特許③-1」は「親」、「分割特許③-2」は「子」に
なります。

今回も分割は1回だけなので、この2件です。ここ
でも、花王が少しでも広い権利を取るためにどんな
工夫をしているか、ご自身なりに読み解いてみてく
ださい。

これで最後ですので、ここまでの復習、総仕上げ
として取り組んでください。

まず、「ダイエットマヨネーズ」の分割特許③-1（原
出願：親）特開2006-115832の公開時の請求項と、登録
時の請求項を読んでいきましょう。

公開時の【請求項1】は、以下の通りです 。

最後だからということではないのですが、少し長
いですね（笑）。

"次の（A）、（B）及び（C）：（A）ジグリセリド含量が50質量％
以上であり、かつジグリセリドを構成する脂肪酸の80質量％
以上が不飽和脂肪酸である油脂（B）ポリグリセリン脂肪酸エ
ステルを構成する脂肪酸のうち、炭素数14〜22の不飽和脂肪
酸が50〜95質量％であり、かつエステル化率が80％以上であ
るポリグリセリン脂肪酸エステル（C）卵黄を含有する酸性水
中油型乳化組成物。"

登録時の【請求項1】は、以下の通りです。太字部
分は「公開時」との違いです。

"次の（A）、（B）及び（C）：（A）ジグリセリド含量が50質量％以上であり、かつジグリセリドを構成する脂肪酸の 80質量％以上が不飽和脂肪酸である油脂（B）ポリグリセリン脂肪酸エステルを構成する脂肪酸のうち、炭素数14〜22の不飽和脂肪酸が50〜95質量％、**エルシン酸が50〜90質量％であり、ポリグリセリンの平均重合度が2〜6で、**かつエステル化率が80％以上であるポリグリセリン脂肪酸エステル（C）卵黄を含有する酸性水中油型乳化組成物。"

　続いて、「ダイエットマヨネーズ」の分割特許③-2（分割出願：子）特開2010-057509の公開時の請求項と、登録時の請求項を読んでいきましょう。公開時の【請求項1】は、以下の通りです。
　太字部分は「原出願」との違いです。

"次の（A）、（B）及び（C）：（A）ジグリセリド含量が50質量％以上であり、かつジグリセリドを構成する脂肪酸の80質量％以上が不飽和脂肪酸である油脂（B）ポリグリセリン脂肪酸エステルを構成する脂肪酸のうち、炭素数14〜22の不飽和脂肪酸が50〜95質量％、**エルシン酸が60〜85質量％であり、**かつエステル化率が80％以上であるポリグリセリン脂肪酸エステル（C）**酵素処理**卵黄を含有する酸性水中油型乳化組成物。"

　登録時の【請求項1】は、以下の通りです。太字部分は「原出願の登録時」との違いです。

"次の（A）、（B）及び（C）：（A）ジグリセリド含量が50質量％

以上であり、かつジグリセリドを構成する脂肪酸の80質量％以上が不飽和脂肪酸である油脂（B）ポリグリセリン脂肪酸エステルを構成する脂肪酸のうち、炭素数14〜22の不飽和脂肪酸が50〜95質量％、**エルシン酸が65〜82質量％であり**、かつエステル化率が80％以上であるポリグリセリン脂肪酸エステル（C）**酵素処理**卵黄を含有する酸性水中油型乳化組成物。"

※原出願と比較すると「ポリグリセリンの平均重合度が2〜6で、」の記載がない。

　だいぶ慣れてきたでしょうか？（笑）

　こちらも、まずは親を見ましょう。登録時に（B）の「ポリグリセリン脂肪酸エステルを構成する脂肪酸」について、「エルシン酸」という具体的な物質名と「平均重合度」を加えて限定しています。親と子を比べるとどうでしょうか。

　親の登録時は「エルシン酸が50〜90質量％であり、ポリグリセリンの平均重合度が2〜6」という限定が入っていますが、子の公開時は「エルシン酸が60〜85質量％」とエルシン酸に関する限定は狭くなっている一方、「ポリグリセリンの平均重合度」については限定がありません。登録時もほぼ同様ですので、「ある部分を狭くして、他を広げる」という戦略で権利を取ってきていることがわかります。これを繰り返すことで、権利範囲を複雑にしながら実質上の権利範囲を広げていく、というのが花王や3Mの典型的な特許戦略なんですね。

　非常にややこしくて、僕も混乱しそうなぐらいで

すので、皆さんにとっても、あるいは「競合」にとっても、非常に面倒な特許になっていると思います。

　ここまでわかった、花王の特許戦略、分割出願を駆使した権利化戦略を、少し振り返ってみましょう。
　AとBという要素で成り立っている発明であれば、Aを広げてBを狭めた権利と、Aを狭めてBを広げた特許を取る。それらを製造方法に変える。分割出願を繰り返しながら、こういうことを行っていくことで、トータルでなんとか権利範囲を広く取ろうという戦略でした。

　もちろんこの方法にも限界はあって、細かく丁寧に見ていけばどこかに穴は生じているんですけど、それが非常にわかりづらくなっていくんですね。これがポイントです。
　相手にわからなければ、権利が取れているのとほぼ一緒だと、僕は思います。
　セミナーで３Mの特許を読んだ知財部の方が、「読みたくない」とおっしゃるわけですからね。ああいう特許を出せば良いわけです。

　実際、弊社が指導している企業において、ここに説明した手法を駆使して特許網を構築し、業界の大手企業への特許ライセンスに成功している例があります。効果は確認済みなんですね。机上の空論ではないということです。

減塩調味料のほうでも、同様の手法を駆使しています。こちらは分割出願ではないのですが、やはりパラメータや構成要素ごとに限定の強弱を変えた出願があります。

興味がある方は図74をご参照ください。

2件目の特許では、1件目に比べてカリウムの範囲がかなり広く取られています。

ここまで、花王の特許戦略の特徴であるパラメータ特許と分割出願について、実例をいくつか見てきました。

図74 ▶「減塩調味料」の特許群でも、同様の手法を駆使

✓ 「特許4340581」の請求項1
食塩濃度9w/w%以下、カリウム濃度1〜3.7w/w%、窒素濃度1.9w/v%以上であり、かつ**窒素／カリウムの重量比が0.44〜1.62である**減塩醤油。

✓ 「特許4772580」の請求項1
次の成分 (A)、(B)、(C) 及び (D)、
(A) ナトリウム　　　3.6〜5.5質量%
(B) カリウム　　　　0.5〜6質量%
(C) 酸性アミノ酸が　2質量%超であって、
　　アスパラギン酸　1質量%超〜3質量%以下　及び
　　グルタミン酸　　1質量%超〜2質量%以下
(D) **エタノール　　　1〜10質量%**
を含有する容器詰液体調味料。

出典：TechnoProducer

分割出願はさまざまな目的で利用されるため、花王の例はあくまでも一例です。

　他にも、「後出しじゃんけん」のように、自社の特許権を侵害している可能性が高い相手に対して、特許権侵害訴訟を起こしやすい権利範囲に変化させるために使われることもあります。

　なので、分割出願をしているから権利を広く取ろうとしているんだ、と短絡的に認識するのではなく、実際に特許公報を読んで、戦略的な意図を理解していくことが重要です。

　今回の花王の例では、分割出願とパラメータ特許を組み合わせることで、実質的に広い権利範囲を確保しよう、という意図が、出願や権利化された特許から、ある程度の確度で読み取れています。

　企業の特許戦略、知財戦略を分析する際の参考になれば幸いです。

04

花王❹
目指すものは、究極の
「パーソナライズドヘルスケア」

▼

減塩調味料の
次の一手は「IoT」？

　花王については、このセクションが最後です。ここまで、花王の「ヘルスケア食品」について主に知財と特許の観点で戦略をみてきました。

　ただ、あくまでもすでに製品化されたものを中心にかなり古い特許を見ており、過去の花王の取り組みに関するものでした。

　投資家の方は、花王が今後、ヘルスケア食品の分野で何を目指しているのか、のほうが大いに気になりますよね。

　ここからは、花王が食品に限らない「ヘルスケア」分野において、今どのようなことを行っているか、今後どのようなことを行う可能性があるか、最新の特許出願動向や特許情報を交え紹介していきますね。花王の未来事業を予測すると同時に、花王の今後を応援する感じでお読みいただければありがたいです（笑）。

　ここまで減塩調味料の話を散々してきましたので、

453

まずは、減塩調味料のその後が気になりますよね。

僕も気になったので、少し調べてみました。

最近の特許を見ると、塩分の摂取量がわかる調味料容器に関して、特許が出願されていました（図75）。発明者は「中川さん」で、他にも2件の関連出願がありすべて権利化されています。

ただ、特許は取得されているんですけども、調べた範囲ではまだ製品化はされていないようです。

どのタイミングでどう社会実装していくのか特許だけではわかりませんが、なんとなく「減塩＋IoT」という方向ではないかと感じましたので、面白そうだなと思ってその後を楽しみにしています。

図75 ▶「塩分」の摂取量がわかる「容器」

✓ 「塩分」の摂取量がわかる「減塩調味料容器」ということだろう

出典：Google Patents（JP2017035229A）に筆者が加筆

ちなみに、3件はすべて中川さんの単独発明、つまり、発明者が中川さんだけの発明です。単独発明の場合、単なる思いつきのアイデア特許、という可能性もあります。でも、単なる思いつきだったら3つも出さなくていいかな、という気もします。花王はしつこい会社だからアイデア特許も3件出すのかもしれないのですが、まぁでも、ちょっと多いですね。花王には「高血圧対策」を、調味料や食品だけでなく、「食品パッケージ」「IT」「IoT」なんかも含めて「ソリューション」として事業化する意思がありそうだな、という印象です。

ただこれは、希望的観測というか、期待が多分に入っていますね(笑)。

僕が、なんでそう言うのか、理由を説明しておきましょう。これまでは例えば、健康食品やサプリを開発して、「健康になりますよ」っていうCMをどーんと打って健康食品やサプリを売る、そういう戦略でしたね。「トクホですよ」「効きますよ」みたいな感じですね。

でも、もうそういう商売じゃダメなんじゃないですか、と僕は思っています。いや、それでアウトカムがどうなったか、ちゃんと測ってフォローアップして、確実に結果が出るようにしてほしいんですよね。要するに、カスタマーサクセス型のビジネスにしてほしい。少なくともヘルスケア関連については、もう、そういう時代だと思っています。大量生産、マス

マーケティング、広告でバズらせて大量消費、の時代ではないんですよね。

実は、花王はいま説明した方向で、すでに動き出しています。例えば、スギ薬局と組んで、花王の歩行モニタリング技術を用いて歩行の「質」を見える化した、新たな健康サポートサービス「まいにち歩行日記」を開始しています。これは、花王のサプリを購入した人を対象にしたサービスです。

花王のプレスリリースには、以下のように書かれています。花王のサプリの効果を、花王の「歩行モニタリング技術」で測定するわけですね。

"花王株式会社（社長・長谷部佳宏）は、2022年4月4日より、シニアの健康寿命延伸をめざした継続的な健康サポートサービス「まいにち歩行日記」を、機能性表示食品「リファイン　動き軽やかサポート」「リファイン　脳キレイ」（2022年4月4日スギ薬局　管理栄養士常駐店舗にて先行発売）を購入した方を対象に、スギ薬局管理栄養士常駐274店舗にて開始します。「まいにち歩行日記」とは、花王の研究知見をもとに開発された「歩行モニタリング技術」を用いた歩行の「質」を見える化し、スギ薬局の「管理栄養士」を通してシニアひとりひとりのライフスタイルに合わせた健康行動の継続をサポートするサービスです。[※]"

※2022年04月04日 花王のプレスリリースより

スギ薬局と組んでサービス提供に乗り出したことは、一つの入口でありきっかけに過ぎないと思いま

す。タッチポイント（顧客接点）がある人たちと組んで、ITもうまく使って、サプリを売ってハイ終わりじゃなくて成果が出るところまでサポートする。「まいにち歩行日記」というITによるモニタリングサービスと組み合わせて、顧客課題の解決にコミットしていく。さすが花王だと思いました。僕は関西人で口が悪いので、ちょっと言い方はよくないかもしれませんが、CMや広告で不安をあおればサプリはいくらでも売れるのかもしれません。薬局と組んでアプリを使ってもらうなんて面倒くさいことするよりは、そのほうが多分儲かるでしょうか。でも、もうそういう時代じゃないんです。事業なんだから、顧客課題の解決にコミットしてほしい。それで社会課題を解決していってほしいんですよね。

「まいにち歩行日記」サービスの対象になるサプリメントは、「スフィンゴミエリン」と「クロロゲン酸」の2つです。特にスフィンゴミエリンに目をつけたのは、なかなか素晴らしいと思います。実は、僕も目をつけていました（笑）。歩行能力改善など、今話題の「フレイル」の予防に効果があるとされている物質なんですよね。

「フレイル」とは、病気とまではいえないですが、年齢とともに筋力などが衰えてきて、介護の一歩手前、健康と要介護の間ぐらいにあることを指す言葉です。「虚弱状態」を指す英語「frailty（フレイルティー）」からきた言葉ですね。高齢化に伴う重大な課題とし

て、10年ほど前から僕もよく耳にするようになりましたが、ここ数年で特に注目を集めています。花王の特許（図76）には、スフィンゴミエリンは歩行能力改善に効果がある、と記載されています。

ただ、効果がありそうな物質を見つけてきて売る、だとこれまでと一緒です。本当に効果があるのか、「まいにち歩行日記」でデータを取りながら確認することが重要ですね。

ちなみにスフィンゴミエリンは、食品大手のネスレが研究を行った結果、乳幼児の脳発達に効果があるとわかっていて、認知機能の発達や向上につながる重要な物質だといわれています。

図76 ▶「スフィンゴミエリン」の「歩行改善」サプリ～「フレイル」対策

歩行能力改善剤

Abstract
【課題】歩行能力の改善に有用な医薬品、医薬部外品又は食品、或いはこれらに配合可能な素材又は製剤の提供。【解決手段】乳脂肪球皮膜を有効成分とする歩行能力改善剤。【選択図】なし

- ✓「スフィンゴミエリン」が、「歩行能力改善」に効果がある、とする特許
- ✓ 一般的に、「フレイル」（Frailty：虚弱状態の日本語訳）予防と呼ばれる分野
- ✓「柳沢佳子」「落合龍史」の2人の発明者に注目

出典：Google Patents（JP2018131397A）に著者が加筆

花王の研究では、スフィンゴミエリンの摂取と適度な運動により、高齢者の筋力が増大することがわかっていますが、これは筋肉量の増大ではなく、筋肉に信号が早く伝わるようになったからだろうとされています。実はスフィンゴミエリンは、神経組織の一部を構成する物質なんです。筋力は、神経信号の伝達速度で決まることが、花王の研究でわかってきたわけです。オモロいですよね。

　いずれにしても、このようにサプリとITサービスを組み合わせて、サプリを利用している顧客の状態をモニタリングしていくことが重要ですね。ここで取れたデータを次のサービスと製品開発に活かす、というサイクルが回せるからです。モノを売って終わりではない、とはそういうことですね。

　カスタマーサクセスを目指して、継続的にサービスと製品を改善できる仕組みを持つことが重要で、花王はそれを手に入れたわけです。これは、すごくいいですね。花王には、モノとITサービスを組み合わせた、新たな事業の勝ち筋が見えているのかな、と期待しています。

▎「異分野融合」で 新規事業を量産

　「まいにち歩行日記」サービスに関する特許を一つ見てみましょうか（図77）。発明者を見ると、池江さんと柳沢さんの共同発明なんですね。過去の特許出

願を見る限り、池江さんは筋疲労回復剤などケミカルかメディカル系の研究者の方で、柳沢さんはIT系の方だと思います。だからこの「まいにち歩行日記」サービスという発明は、「異分野融合」で生まれたものですね。

素晴らしい着眼だなと思います。

花王はこういう「異分野融合」を積極的にやる仕組みを社内に持っているとのことで、その成果だと僕は思っています。商品開発研究部門と基盤技術研究部門が相互に連携しながら、新たな商品の開発を行ういわゆる「マトリックス型組織」の、活用例というか成果創出事例の一つですね。

図77 ▶「まいにち歩行日記」に関する特許

動き年齢の算出システム

Abstract

【課題】個人の身体能力が、身体能力と実年齢との平均的な対応関係からみて何歳に相当するのかが簡便にわかるようにする。【解決手段】身体の動き全般に関する評価指標としての年齢（以下、動き年齢という）の算出機能を有する演算装置を備えたシステムであって、演算装置が、身体の2種以上の動きについての主観的評価を問う質問への回答に基づき動き年齢を算出する関係式を記憶し、当該関係式に被験者の回答が反映されることにより該被験者の動き年齢を出力する機能を備える。【選択図】図1

Images (1)

✓「モノ」（サプリメント）と「コト」（ITサービスや面談）の「組み合わせ」を「積み重ねる」という勝ち方が見えているのでは？（あくまで、楠浦の私見）

出典：Google Patents（JP2021162883A）に著者が加筆

研究開発体制が気になったので、IT系の柳沢さんと共同発明が多い方は他に誰がいるのか特許から調べてみると、落合さんという方がいて、クロロゲン酸の研究をしていました。

クロロゲン酸は睡眠改善ですね。

最近、スリープテック系のデバイスも出てきていますから、どういう形でサービスとつなげていくかは、花王も当然考えているでしょう。今後はこちらでも異分野融合の取り組みを進めて、睡眠関連のITサービスなんかが出てくるかもしれませんね。

隣に成功事例があるわけですから、やってほしいですね。そういういい循環が生まれてくるのであれば、面白い会社になりそうです。

落合さんが発明者に入っている他の特許を見ると、脳機能の測定法など生体機能評価・測定に関するものがありました。

花王は、ヒューマンメタボリックチャンバーと呼ばれる人間のエネルギー代謝をモニタリングできる部屋を持っていたり、医療機器として認可されている内臓脂肪計の開発を行っているなど、生体の機能評価に非常に力を入れています。

実は、生体機能評価に関する技術が花王のコア技術の一つなんですね。それを担っている研究者グループの一つが、落合さんのグループだったわけです。

こんなことも、特許からわかります。

「仮想人体」
に注目

　他に、おむつのサブスクサービス「Kaoすまいる登園」にも、僕は注目しています。これは、花王が保育園におむつとおしりふきを提供し、月額で使い放題にするものです。

　このサービスにより、保護者がおむつを購入し、名前を書いて持参する手間、保育士がそのおむつを一人分ずつ管理する手間が省けるわけですね。これもまさに「カスタマーサクセス」型のサービスです。単におむつを売るだけではなく、おむつにまつわる課題もトータルで解決しますよ、という、いわゆる「ジョブ理論」のアプローチへと、花王の事業が急速に変わりつつあるのがわかります。

　そして、花王の直近の取り組みで一番注目しているのが、プリファードネットワークスと開発した「仮想人体生成モデル」です。これは「健康診断などで得られる身体データから、食事、運動、睡眠などのライフスタイルや性格傾向、嗜好性、ストレス状態など1600以上の項目を網羅し、ある項目のデータを入力すると別の項目の推定データを出力できる（花王HPより）」というものです。

　考え方としては「人体のデジタルツイン」だと思いますが、現時点では、個々人ごとにデータを蓄積して「デジタル複製」をつくっているわけではないため、「仮想人体」と呼んでいるようです。人体のモデリン

グをしようと思うと、当然、評価技術や測定技術が重要になってきます。

まさに花王のコア技術が活かせる分野で、花王のヘルスケア事業の本丸でしょう。ここまでくると、GAFAの先をいく取り組みではないかと感じます。

僕は個人的には、日本人のデータは日本企業が受け皿になって、積極的に集めて活用してほしいなと思っています。

遺伝学的に、日本人のデータからしかわからないことがあるはずですからね。それを、わざわざ海外の企業に差し出す理由もないかなと思うので、花王がNTTやプリファードネットワークスなど、それぞれの分野でトップのプレイヤーと協力して進めてくれるのは、すごくいいなと思っています。

偶然ですが、NTTの新規事業部門の方の講演で、ヘルスケアやライフサイエンスに関するお話を伺った際、社員のデータだけでもかなり価値がある、とおっしゃっていました。NTTは離職率が低かったので、社員の長期間にわたる健康診断データが残っているそうです。

何事にも良い点・悪い点がありますよね。人材の流動性が低い企業だからこそその強みがあったわけで、「強み」「資産」を活かすことが大事なんだと、その話を聞いてあらためて思いました。

花王、プリファードネットワークス、NTT、いずれ

も今後の動きから目が離せないなと、僕は思っています。

新規事業で、「もう一つの花王」を生み出せ！

　ここまで、さまざまな新規事業の取り組みを紹介しましたが、そもそも花王は今後どこを目指すのか。気になりますね。花王は生まれ変わるぞ、という意気込みは、記事やホームページ、IR資料からひしひしと伝わってきます。一つはやはり「ヘルスケア・メディカル」だと、はっきり言っています。もちろん、単なる医薬品開発では、既存の製薬大手には勝てません。だからコア技術である「生体機能の測定」技術などを活かした、治療・診断をターゲットにしていて、その入口であり軸になるのが「仮想人体生成モデル」なんですね。

　花王がメディカル分野へ進出し、生まれ変わろうとしている背景には、大手EC企業に対する強い危機感があります。例えば、Amazonのような流通業者の支配力が高まっており、「早く」「安く」「大量に」商品を納入するようなプレッシャーが、メーカーに常にかかっているんですね。このままだと「流通業者の下請けになる」という危機感が、花王にはあるわけです。消費者からすれば、Amazonは非常に便利なのでよく使いますが、モノづくりをするメーカーの側からすれば、Amazonのプレッシャーに負けずに付加価値を

きちんと取れるところがどこか、常に探しているのが実際のところなんですね。

　規格化された製品を安く大量生産、大量販売する事業にはもう限界がある。その限界を突破するために、自社の強みを活かして「プレシジョン」「ヘルスケア・メディカル」を軸とした「Another Kao（アナザー花王）」、つまり「もう一つの花王」を立ち上げる。これが、花王が新規事業を次々に生み出している理由なんですね。

　NTTやプリファードネットワークス以外にも、業界のトップ企業との協業に、花王は次々と取り組んでいます。2022年4月20日のニュースリリースには、「日清食品が研究を進めている最新のテクノロジーに基づいた『完全栄養食』の進化に向け、花王が提供する『仮想人体生成モデル』を活用した新たな取り組みを開始する」と書かれています。

　日清の完全栄養食もかなり話題になりました。もともと花王は食品素材メーカーですから、食品会社とは当然取引があるはずです。業界の土地勘もある。でも今度は、素材ではなく「AI」「IT」で協業していくわけです。今後どんなニュースが出るか、非常に楽しみですね。少なくとも「仮想人体生成モデル」については、発明塾でよく言う「勝てば勝つほど勝つ仕組み」になっているように見えますので、僕は花王のここまでの取り組みを高く評価しています。知財もすごいですが、新規事業戦略としてのスピード感もあ

る。発明塾で理想とする「新規事業を量産する知財戦略」を日々実践している企業ではないかと、思っています。

アナザー花王の本丸は、「メディカル」へ

先ほど、「Another Kao」（アナザー花王）という言葉を使いましたが、実は、この言葉は、中期経営計画にあるものなんです（図78）。その「アナザー花王」の対

図78 ▶「Another Kao」の対象領域はヘルスケア・デジタル

もうひとつの花王始動と基盤花王躍動

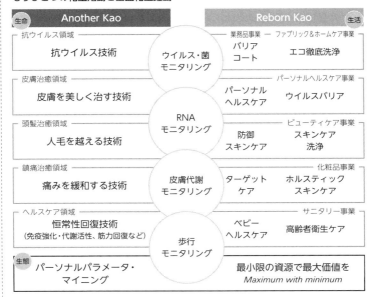

出典：花王グループ中期経営計画「K25」の図を基に作成

象領域の一つとして「ヘルスケア（メディカル）」「デジタル」が挙げられています。そこには「痛みを緩和する」「頭髪や皮膚の治癒」など、メディカル領域のキーワードが並んでいます。

資料を見る限り、花王が目指すヘルスケア・メディカル領域の新規事業のキーワードは、「疼痛」「フレイル」「代謝」「免疫」あたりになるかなと感じました。

花王は実は、アルツハイマー型認知症の早期診断に関する研究を行っています。アルツハイマー型認知症は、免疫と関係しているとされています。フレイルにも大いに関係しているので、アルツハイマー型認知症はフレイルと免疫の両方にまたがっているという点で、花王にとって重要な疾患になります。ここまでくると、まさにメディカル領域の話になってきますね。

花王は、既存の日用品事業（化粧品やハイジーン＆リビングケア事業など）については「Reborn（リボーン）Kao」と呼んでいます。こちらについては、花王の基盤になる部分と位置づけていて、それぞれ、高付加価値化と効率化で稼げる事業にしていく方針のようです。

ここまで説明してきた、ヘルスケア・メディカル事業は「ライフケア事業」と呼ばれており（図79）、「Another（アナザー）Kao」の本丸だと僕は考えています。

花王は「プレシジョン・ライフケア」という言葉も

図79 ▶ すべての命を守る「ライフケア事業」へ

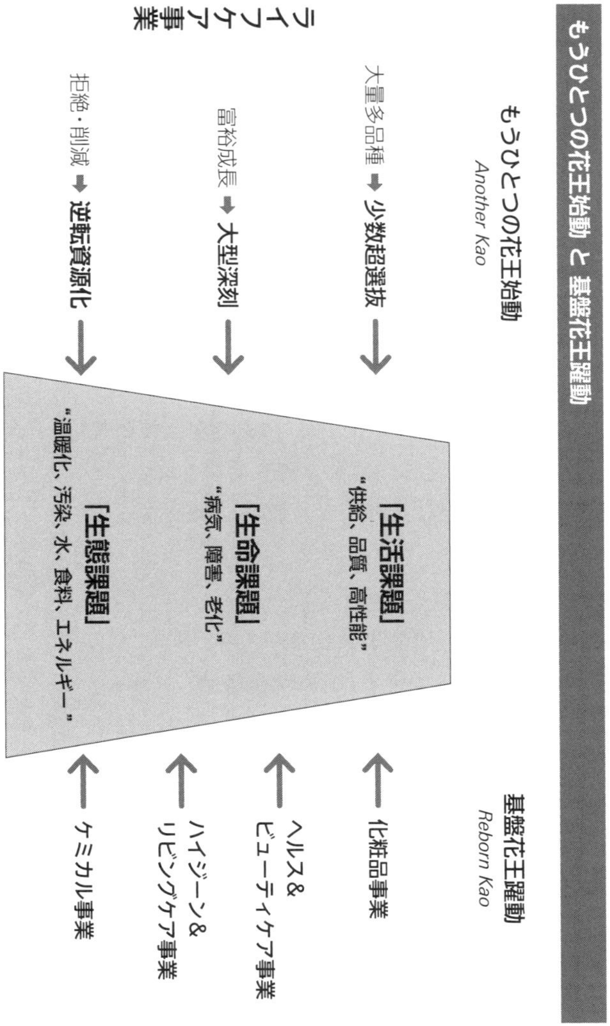

もうひとつの花王始動 と 基盤花王躍動

もうひとつの花王始動
Another Kao

ラ イ フ ケ ア 事 業

大量多品種 ➡ 少数超選抜 →

富裕成長 ➡ 大型深刻 →

拒絶・削減 ➡ 逆転資源化 →

【生活課題】
"供給、品質、高性能"

【生命課題】
"病気、障害、老化"

【生態課題】
"温暖化、汚染、水、食料、エネルギー"

基盤花王躍動
Reborn Kao

← 化粧品事業

← ヘルス&
　ビューティケア事業

← ハイジーン&
　リビングケア事業

← ケミカル事業

出典：花王グループ中期経営計画「K25」の図を基に作成

使っています。メディカルとヘルスケアを合わせると ライフケアになるという感じでしょうか。

　本丸がメディカルというのは疑う余地がなくて、そのコア技術となるのが「仮想人体生成モデル」と「プレジション・モニタリング」だと、長谷部社長が明言しています。おそらく、まだ公表されてないさまざまなモニタリング技術が開発されており、今後それがどんどん事業化されてくるでしょう。

　花王にとって計測技術は、これまでは開発時に必要なツールであって、裏方だったわけですよね。
　しかし、良い製品をつくるために磨き上げてきた裏方の技術、普通は見えないものが見える技術が、ヘルスケアやメディカルでは強みになる、とわかった。単にモノを売るだけじゃなくて、これまで測れなかったものが測れることで、例えばモノの価値が可視化される。利用前と利用後の状態がわかる。あなたに最適なモノが何かわかる。これは、カスタマーサクセス、ソリューションにつながる。こういう流れですね。

　花王は、大量生産・大量消費のモノ売りから脱却するぞって言っているんですね。
　「リボーン」も「アナザー」も、結局のところは、生まれ変わって別の会社をつくるぞということです。ここまで培ってきた強みを活かして、これまでのや

り方はやめる、ということですね。矛盾するように見えますがそうではない、非常に示唆に富むアプローチだと感じます。

　花王の生体計測技術は、花王がこれまで行ってきた事業に根差した、非常に興味深いものばかりです。特許を見ると、例えば皮膚の断層計測技術や、皮脂「RNA」から「パーキンソン病」の診断を行える技術を保有していることがわかります。

　他にも、指先からとれる一滴の血液から「血中のアミノ酸」（Dアミノ酸）を測定してアルツハイマーの早期診断が可能になる技術の開発なども行っています。これは、今までの消費財の品質管理で磨き上げてきた、ナノグラムレベルの分析技術の成果だそうです。

　繰り返しですが、これまで裏方だった部分が、一気にコア技術になってきたわけです。何が役立つか、何が強みになるか、わからないもんですね。

　こういった高精度な計測技術で取得したデータを蓄積し、「仮想人体生成モデル」が開発されたんですね。

　彼らは、データを売るんじゃなくて、データからモデルをつくってプラットフォーマーとしてビジネスを始めたわけで、この辺も、これまでの（日本）企業とは一味違う感じがして頼もしいですね。

05

花王❺

まとめ〜「尖ったところを見つける」。この発想が未来を築く

▼

無難なことだけやっていても何も変わらない

　ここまで、花王のヘルスケア事業に関する知財戦略と新規事業戦略を、一つひとつ見てきました。少し振り返ってみましょうか。

　花王は知財にとても力を入れているので、知財からコア技術やそれを担うキーパーソンの動き、新規事業の足取りなどが把握しやすいんですね。ここで取りあげたものだけをみても、太らない油の「エコナ」シリーズ、トクホ飲料のパイオニアである「ヘルシア」など、コア技術を活かして革新的な新商品を生み出し、盤石の知財戦略で事業を守りながら拡大してきたことがわかりました。

　少し毛色が違ったのが、減塩食品でした。これは、現時点では製品は出ていません。しかし、花王がヘルシアシリーズで製品化しているポリフェノール類（カテキン、クロロゲン酸など）と同様に、「高血圧」という顧客課題を解決する文脈で取り組みが始まったのであろう、ということがエコナに関する特許から見

471

えてきました。同時に、減塩調味料特許に対する周囲の反応から、花王の取り組みは、醤油に代表される日本の伝統的な調味料や食品業界にとって、非常に大きなインパクトを与えるものだった、ということもわかりました。

無難なことだけやっていても、世の中は何も変わりませんし課題も解決されませんから、僕は、これは良いことだと思っています。

さらに調べていくと、花王は「食品」「サプリメント」などのモノ売りにとどまらず、ITやIoTを用いた「ソリューション」「カスタマーサクセス」型の新規事業へシフトしようとしていることがわかりました。これまで、さまざまな製品を開発・製造・販売する際に磨き上げてきたコア技術である「生体機能計測」をコア技術と捉え、そこに立脚した新規事業を次々と立ち上げています。

例えば、認知機能を向上させるサプリメントを売るだけでなく、スマホアプリを用いた「まいにち歩行日記」サービスの提供を開始しました。大量生産・大量販売、CMを打って危機感をあおって売れば儲かる、という時代の「終わりの始まり」だと僕は捉えています。

それをトイレタリー企業の代表格である花王が率先して始めたことに、大きな意味があります。

そして、やはり本丸は「仮想人体生成モデル」ですね。僕はこれを、「人体のデジタルツイン」という

イメージで捉えています。完全なデジタルツインではないんですけど、匿名化されたデータを基にしつつも、それを使ってパーソナライズドヘルスケア、パーソナライズドメディカル・メディスンっていうところに切り込んでくるでしょうから、目的としては同じですね。この領域ではデータが大事で、よいモデルをつくるにも高精度なデータが大事だと、自ら言っています。ここで、今まで花王が培ってきた化学分野、日用品分野での高度な分析・測定技術、開発のときに使う人体計測技術が生きてくるわけですね。代謝測定ができる部屋があるとか、医療機器に認定されている内臓脂肪計を自分たちで開発してしまうとか、まさにダントツの技術を持っていたんです。

　日用品をつくっていたときに裏方の技術だったものが、ヘルスケアやメディカル事業に活用できるコア技術だとわかり、事業で勝つための必須技術になった。日用品を大量につくって、世界中に安く売って稼ぐぞ、というところで収まりきらない能力をもともと持っていたわけですね。それが、AmazonをはじめとしたECプラットフォームの台頭という「外部環境の変化」によって覚醒した、というのが僕の見方です。しかし、今まで裏方だった計測とか測定、解析といった技術が、突然アセットとしての価値が上がり始めているっていうのは、非常に面白い展開ですよね。そして今度は、その路線で元の会社とは全然違う会社「Reborn Kao」「Another Kao」になる

んだ！と言っているんだから、ますます面白い（笑）。

　社員の方はさすがに皆さんわかっていらっしゃるんでしょうが、投資家の方含め、世の中にどれぐらい伝わっているのでしょうか。「リボーン」「アナザー」って、そういうことですよね。「中期計画K25」では「疼痛」「フレイル」「代謝」「免疫」あたりがキーワードになっている。特許や論文を見ると、疾患名称としてもパーキンソン病とアルツハイマー型認知症の診断については研究成果が出ている。特に認知症は、フレイルと免疫が関連してくるところですので、非常に楽しみです。

　花王のヘルスケア事業について、食品とかサプリメントなどのモノ売りから、「仮想人体生成モデル」のように、ITを駆使したソリューションへ幅が広がってきた背景と「未来」の姿を少しでも具体的にイメージいただけたとしたら、とても嬉しいです。

　最後に少し余談を。なぜ僕が「花王」を、ここでまた取りあげたのか。実は、花王については減塩調味料の特許が注目を集めた2010年ごろに、知財の話だけに絞ってセミナーで取りあげていました。その後、2021年ごろから再び注目して、いろいろ調べ始めたところ、僕の事業経営の考え方に大いに通じるところがある、なかなか面白い企業だということがわかってきました。

　しかし残念ながら、当時は業績不振により、花王に対する投資家の方の反応は決して前向きなものではありませんでした。正直に言うと、かなり否定的な

方が多かったですね。

　ここにきて構造改革の成果も出てきており、少し風向きが変わってきたかもしれませんが、まだまだ半信半疑の方が多いように感じます。

※2024年3月時点のデータに基づく

　実は、花王の「統合レポート2022」に、面白いことが書いてあります。

　花王は日用品でダントツの企業で有名企業、人気企業、いわば「優等生企業」です。その結果、社内では「なんとなく社員がみんな80点を目指さないといけない」雰囲気になっていたらしいんですね。しかしそこから、「20点でも尖ったところを見つける」ことが重要だと気づいて、現在に至るとのこと。これ、まさに発明塾的な考え方なんですよね。「尖った20点」を見つけ、育てたことで、「新たな花王」（Another Kao）が生まれてきた、ということだとすると、非常に親近感を持ちますし、将来に大いに期待したくなりますね。

　僕が、特許情報やIR情報を調べて、花王の将来にある種の「確信」を持った理由が、「統合レポート2022」のこのくだりに凝縮されている気がしています。だから、発明塾としては応援せざるを得ないわけです（笑）。

　それが、ここで花王の事例を取りあげている「本当の理由」なんですよね（笑）。

06

コマツ**❶**

経営を支えるIoT建機システム「Komtrax」の開発……

▼

建設機械事業の在り方を大きく変えた

　もう一社、新規事業と知財戦略について詳しく紹介したいのが、建設機械大手の株式会社小松製作所（コマツ）です。

　コマツも僕がダントツだと思う企業で、その大きな理由の一つが「Komtrax」という「IoT」システムを開発したことです。Komtraxに関する特許を読む限り、コマツも知財にかなり力を入れている企業だといえます。

　先ほど紹介した花王は「ヘルスケア食品」という分野を開拓した企業でしたが、コマツは「IoT」という分野を開拓した企業です。

　どちらも、その分野のパイオニアであり、また、知財に力を入れている、という点で共通するものを僕は感じています。後で詳しく説明しますが、コマツの建設機械事業はKomtraxをきっかけに大きく変わりました。

　ここでは、コマツの事業を大きく変えたKomtraxに

ついて、現在に至るまでの経緯を特許情報を交え解説し、あわせて、「Komtraxの次」の一手に関する動向を紹介します。

Komtraxとは何か、まずは簡単に説明しておきましょう。

これは、建設機械に取り付けられたセンサーで建設機械の稼働状況などをモニタリングするシステムです。いわゆる「IoT」と呼ばれるシステムになります。建設機械の「IoT」ですね。

実はコマツは、IoTという言葉ができる前からKomtraxを事業化していて、Komtraxは今やコマツの経営を支える屋台骨になっているんですよね。

IoTを世界に先駆けて発明し実践し結果を出しているわけですから、まさに「IoT」のパイオニアです。

そして現在、Komtraxを軸にした事業拡大は総仕上げの段階にあり、コマツは次の一手として「スマートコンストラクション」と呼ばれる取り組みを始めています。

Komtraxの特許戦略についての分析は、僕が知る限り他にありませんが、ここで紹介している内容は、すべて特許情報や公開情報から読み取れるものです。[※]特許情報からここまでわかるのか、という参考事例としてもご活用ください。

※2023年1月時点までの弊社調査結果に基づく。

1997年にIoTシステムを
発明したコマツ

　経歴のところで紹介していますが、僕は2002年〜2003年にかけて、風力発電関連の新規事業を担当するため、コマツに在籍しています。2001年に社長に就任した坂根さんが、就任後すぐにKomtraxを標準装備にしましたので、ちょうど、Komtraxが盛り上がり始めた時期ですね。

　この時期にIoTシステムを標準装備する時点でかなり最先端を行っているのですが、コマツがIoTに関する最初の発明を特許出願したのは1997年なんです。僕が社会人になった年です（笑）。その時点でIoTシステムを発明した人がいたなんて、ほんとに驚きです。

　建設機械の事業というのは、景気の影響を非常に強く受けます。僕がコマツに入社した2002年当時、日本はゼネコン不況に陥っている、などといわれていました。コマツとしては、前年の2001年に赤字を計上して、リストラもやっています。でも、実はそれ以降は赤字にはなっていないんですね。リーマンショックのときも赤字にはなっていません。

　Komtraxがコマツの経営を変えた結果が、この辺に出ていると僕は思っています。2001年に赤字になってリストラまでやった。そこで「二度と赤字を出さないぞ」という決意のもと、Komtraxに力を入れ始めて、きちんと結果を出したわけですね。

　そもそも、Komtraxはかなりコストがかかる装備な

ので、それを標準装備にするなんて、赤字のときに打つ手じゃないですよね。

でも、二度と赤字を出さない打ち手だと考えたら、つじつまが合うかなと思っていただけるでしょうか。

※執筆時点の2024年3月までの状況

先ほどKomtraxについて、建設機械に取り付けられたセンサーで建設機械の稼働状況などをモニタリングするシステムだ、と言いました。では、モニタリングできると何がいいのか。例えば、稼働状況がわかれば、もっと建機が売れそうかどうかわかります。

つまり、Komtraxのデータに基づいて生産の計画や部品発注の調整ができるようになります。鉱山で使う大型の建設機械は、単価が高くて納期がものすごく長い。ほしいって言われてからでき上がるまでに時間がかかるので、需要予測は重要なんですよね。

その他、オーバーホールやメンテナンスのタイミングなど、稼働状況からわかることは、いろいろあります。

Komtraxがコマツの経営の屋台骨だ、と言っているのはこういうことなんです。

在庫を少なくすることと、機会損失を生じさせないこととのトレードオフの解消は、どの企業でも悩みの種ですが、建設機械のような大型の産業機器の場合、特に難しかったわけです。

コマツはKomtraxで、この難問を完全にクリアしたんですね。それがコマツを、リーマンショックを含む「危機に強い」強靭な会社にしてくれていると、僕は考えています。

Komtrax誕生と成功の歴史を振り返る

そもそもKomtraxがどうやって生まれてきて、どういうふうに成長してきたのか、気になりますよね。

ここでは、Komtraxという画期的な「IoT」システムに関するコマツのイノベーションの歴史を、少しお話ししましょう。

特許を見る限り、Komtraxに関する最初の発明というか、基本になるコンセプトの発明は1997年にされています。前述の坂根さんは、1998年ごろに建機の盗難や建機によるATM強盗が多発していたことに対して「GPSを付けたらどうかということで始まった」とおっしゃっています。位置情報だけでなく、燃料の残量などもわかるからということで、Komtraxを開発したそうです。当初はオプションで、標準装備ではありませんでした。

顧客からは、「コマツの機械は盗まれても追跡できるから心配ない」と評判になったそうです。盗難が減って、盗難保険も安くなるなど、効果とメリットがはっきりしてきた。つまり、結果が出たわけですね。

盗難対応として、遠隔操作でエンジンを停止するなどの機能も開発したそうです。その後、ゼネコン不況での赤字とリストラの時期を経て、2001年に標準装備化されています。

要するに、「建機の盗難」「建機によるATM強盗」という「顧客課題」「社会課題」があったので、お客さんのために開発したものだったけれど、「自分たちのため」にもなるだろう、ということで標準装備に踏み切ったわけです。「自分たちのため」というのは、盗難防止以外にも、いろいろな顧客課題を解決できる、それで新たなビジネスチャンスが生まれそうだ、と踏んだということです。成功体験の話ですね。実際、稼働状況から燃費向上のアドバイスをするなど、新しいサービスが生まれています。

先ほど、建設機械は高価で製造に時間がかかるという特徴があり、需要予測と生産計画にKomtraxのデータが大いに役立つ、というお話をしました。

他に建設機械の大きな特徴として、メンテナンスサービスが重要、という点があります。例えば一般的な乗用車は、10年で10万キロ乗る方を想定すると、平均時速40km換算で稼働時間はトータルで2500時間になります。

しかし建設機械の場合、使用年数10〜20年で、その5倍から30倍の稼働時間になり、年に6000時間を

超えることもあるようです（図80）。また、ブルドーザーを1万時間稼働させるには、新車の80％の補修費用が必要になるとされていて、それだけの事業機会が「メンテナンス」に存在するんですね。

アフターサービスのほうに膨大なビジネスチャンスがある、これは明白なんですね。

ただ、例えば鉱山で使われる大型の建設機械は高地や砂漠で作業している場合もあり、部品を運ぶだけでも大変です。

建設機械は一台の機械が止まると全体のプロセスが止まったり、極端に遅れる可能性が高い。

図80 ▶ 「生涯稼働時間」「使用年数」が非常に長い〜ここに事業機会がある

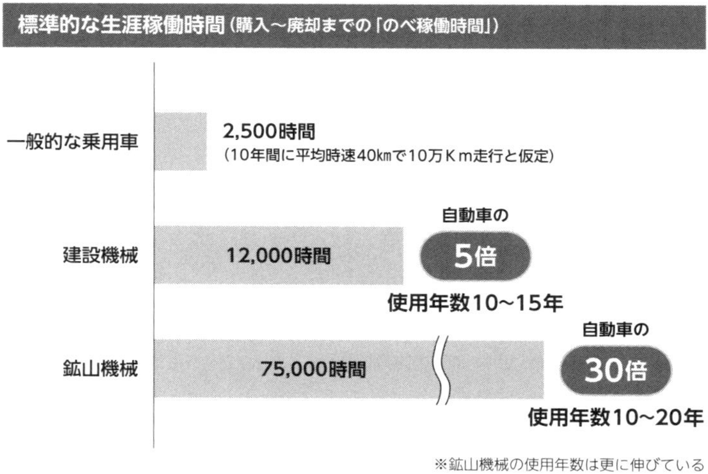

標準的な生涯稼働時間（購入〜廃却までの「のべ稼働時間」）

一般的な乗用車　**2,500時間**
（10年間に平均時速40㎞で10万Ｋm走行と仮定）

建設機械　**12,000時間**　自動車の **5倍**　使用年数10〜15年

鉱山機械　**75,000時間**　自動車の **30倍**　使用年数10〜20年

※鉱山機械の使用年数は更に伸びている

出典：コマツIR資料（補給部品事業の改革：2018年）を基に作成

こっちの建機で掘った土を別の建機で運んで、み
たいな感じで、すべての機械が製造ラインのよう
に連携プレイで動いてるからなんですよね。つまり、
ある建設機械の故障は、その機械だけの問題じゃな
くて、鉱山全体の生産性に大きな影響を及ぼします。
メーカー側は稼働率保証を要求されるケースもある
ようです。

だから、建機を売ることより、顧客の現場を止め
ないアフターサービスに力を入れるのがコマツのも
ともとの考え方で、盗難防止から生まれたKomtrax
が、そこに見事にはまった、ということになっていま
す。いい話なのですが、ちょっとうまくできすぎてい
る気もしますね（笑）。これが本当かどうかは、後で特
許から読み解きます。

メンテナンスが重要ということは、建設機械メー
カーはみなわかっていることで、競合であるキャタ
ピラー社のブルドーザーは、メンテナンス時間の短
縮を考え抜いた設計になっています。これは僕が在
籍時に、コマツの技術者の人に「キャタピラーのブル
ドーザーって本当によく考えられているんだよ」と、
教えてもらいました。細かい話は割愛しますが、一
見、ブルドーザーとしてはちょっと効率の悪い構造
になっているらしいんですよね。でも、メンテナンス
がすごくやりやすい上に、その構造になっているこ
とで通常は壊れやすい部品が、壊れにくいそうです。
実はこの話は、定期的に部署内で行われている特許
レビューのときに、教えてもらったんですよね。

キャタピラーのメンテナンスがしやすいブルドーザーの構造は、特許網でしっかり守られていて、コマツ含め他社はなかなか真似ができないそうです。少し脱線しました。

メンテナンスに関連した動きでいうと、コマツは2014年に、栃木県の小山工場にスペアパーツ（補給部品）の物流センターを設立しました。またその後、200億円かけて世界中に物流センターを整備しています。

これはいわば「コマツ版のアスクル」的なもので、発注したら部品がすぐ届きますよ、というものです。つまり「顧客の建機を止めない」というソリューションの一部なんですね。

僕はこの小山工場での物流センター建設のニュースを見て、これこそKomtraxの総仕上げで、ある種の終着点だと思いました。

その後、小山工場の幹部とたまたまお会いしたので、ニュース見ました、いよいよKomtraxも総仕上げですね、補給部品ビジネスにますます力を入れていくわけですね、というお話をしたところ「楠浦さん、さすがよくわかっているね」とおっしゃっていました。そういう理解でよい、ということですね。

建設機械では生涯にわたり新車の何倍ものメンテナンス費用が発生する、ということは、建設機械事業はある種「消耗品ビジネス」だったわけです。

小山工場の補給部品センターでは、17時までの発注分は当日中に出荷する、とニュースにありました。

素晴らしいスピード感ですね。旧来の建設業界や建設機械業界のスピード感ではないですね。コマツとしては、もはやアスクルやAmazonみたいなスピード感でやっていくということでしょう。小山工場には、部品販生オペレーションセンターという補給部品の管理部門が開設され、補給部品ビジネスの総本山になっています。ちなみに僕が在籍していた大阪工場には、グローバル販生オペレーションセンタというものがあって、ここで建設機械の生産計画などを管理しています。それの「補給部品版」「消耗品ビジネス版」が、小山にできた、ということですね。新車ビジネスと部品ビジネスの総本山が、それぞれ大阪と小山（栃木）にあるわけです。新車と部品が、事業の両輪になった、ということを示しているんですよね。だから僕は、小山の補給部品センター開設で、「Komtraxは総仕上げ」だと考えたわけです。

　繰り返しですが、建機の部品はコストが高い上に納期が長い。高い部品を大量に保存しておくわけにいかない、でも保存しておかないと顧客の建機が止まっちゃう。そのトレードオフをなくす仕組みが「物流センター」なんですね。顧客課題を解決しながら、自社のROIC（投下資本利益率）を高めていく仕組みです。これで、顧客満足度は高くなり、自社の財務基盤も筋肉質になって強くなる。だから、危機に強い会社になれるわけです。

　Komtraxを標準装備にしてから、赤字になっていな

いのには、こういう背景があるんですね。

　ちなみに競合のキャタピラーは、2016年に赤字に
なっています。これは、資源価格の下落という外部
環境の逆風と、そこまでの拡大路線が原因とされて
います。筋肉質になり切れなくて逆風に負けたキャ
タピラーと、筋肉質になって競合が赤字になってし
まうほどの危機を乗り越えたコマツ、という感じで
しょうか。

　Komtraxを軸に「カスタマーサクセスと経営効率の
トレードオフの解消」を常に行ってきたことで差が
ついた、と僕は考えています。顧客提供価値の向上
と資本効率の向上の両立は、利益や事業の安定性に
二重で効いてきますから、これができる企業は強く
なりますよね。

　ここまで説明した補給部品の重要性については、
IR資料にも解説があります（図81）。

　補給部品事業のミッションは、まさに顧客の稼働
率と生産性の向上だ、と書いてありますね。補給部
品事業は顧客の事業の生死を決める、つまり「カスタ
マーサクセス」の肝なんだと言い切ってます。これは
素晴らしいと思います。

　これができると、新車販売でも差別化になります
し、いいことしかない。補給部品事業は、コマツに
とっても生死を分ける取り組みなんですよね。

　建設機械をつくるというと、多くの方は機械を「組
み立てる工程」をイメージするでしょう。

図81 ▶「補給部品」の提供価値は、「顧客の建機を止めない」こと！

補給部品の概要

①補給部品とは
建設機械・鉱山機械の点検・整備・修理・車検サービス作業に
必要な部品

②補給部品の重要性
建設機械・鉱山機械は、顧客にとって『生産財』
（機械が停止すると、顧客の生産量・生産性が低下）
➡『顧客の事業損失が発生し、経営に直結する』

③補給部品事業のミッション
『顧客の機械を止めない』（必要なタイミングに必要な量を供給）
『機械の高稼働率を維持』（機械停止の際、素早く供給）

出典：コマツIR資料（補給部品事業の改革：2018年）を基に作成

　例えばコマツのパワーショベルの製造ラインの見
学に行くと、そこでは「パワーショベルの組み立て」
を行っているので、無理もありません。でも実は、組
み立て自体には、さほど時間はかかりません。大型
の建設機械であっても、組み立てるのに何カ月もか
かったりすることもありません。製造する前の準備
というか、組み立てるのに必要な「部品」が完成する
までに、すごく時間がかかるんですね。専門用語で
「リードタイム」と呼ぶのですが、組み立てに入るま
での部品の準備に、時間がかかります。

建設機械で使われている歯車の例で説明しましょう。歯車の一部は社内でつくられていますが、社外の部品メーカー（歯車メーカー）にも製造を依頼しています。歯車メーカーに歯車を発注すると、何が起きるか。建設機械の歯車は大型で数が少ないので、多くの場合、発注を受けてから加工を開始します。特に大型のものや、生産台数が少ない建設機械の歯車の場合、加工する前に、まず鉄鋼メーカーなど素材のメーカーに材料を発注するところから始まります。

僕も川崎重工時代、開発のために鉄鋼メーカーに特殊な鋼材を発注したことがありますが、先方の製造設備の稼働状況でタイミングが合わず、鋼材を受け取るまで3カ月以上かかりました。建設機械の場合、強い力が加わるため、歯車にニッケルやコバルトのような希少な金属を含む特殊な鋼材を使うことがよくあります。こういう場合、素材を手配してから歯車ができ上がってくるまで、数カ月から半年以上かかる可能性もあります。時間がかかるのは「部品」の段階なんですね。

Komtraxによる需要予測、メンテナンスタイミングの予測と、小山工場にできた物流センターと部品販生オペレーションセンターがいかに重要か、ということですね。実際、僕が風力発電用ギヤボックスの試作段階で、ギヤボックス用の鋳物を手配したときは、タイミングが悪いと1年待ちになるよ、といわれました。顧客に1年前に部品を発注してもらわない

といけない、なんてあり得ませんよね。かといって、やみくもに在庫も置いておけない。

　こういう課題を、Komtraxの開発、標準装備化、そして物流センター網の整備とシステムの構築、と一歩一歩クリアしてきたのが、コマツのイノベーションの歴史だということですね。

　部品が過剰にストックされているというのは、お金が寝ている状態になります。部品の手配と管理がスムーズにできると、お金が寝てしまわない、つまり「キャッシュフロー」が良くなる。これが、企業としての競争力につながるわけです。新製品開発にしても、既存製品の生産台数の拡大にしても、追加のお金が必要になります。部品の管理がうまくいけば、そこで浮いた資金で事業を伸ばせ、少ない資金で事業を拡大できるわけです。Komtraxや物流センターは、経営と直結した課題の解決にもなっているんですね。

　ちなみに、Komtraxのデータの一部は、コマツのホームページで毎月公開されてます。これを景気動向予測の資料として使っている投資家の方は結構いらっしゃいます。

　まだ見たことがないよ、という方は、ぜひ見てください。

07

コマツ❷

「Komtrax」から、特許ポートフォリオを構築

▼

基本特許、重要特許、キーパーソンを読む

　ここからは、特許のお話です。まずは、Komtrax誕生からの、この20年のコマツの成長と成功の歴史を、特許情報で読み解いてみましょう。

　Komtraxに関してコマツが特許出願を始めたのは、僕が調べた範囲では1997年ですね。1997年に基本特許が出て、そこから、2000年前後にかけて矢継ぎ早に関連特許が出てきます。この辺のダイナミズムというか、開発や知財活動の盛り上がりもイメージしながら、解説を楽しんでいただけると嬉しいですね。

　まずは、基本特許、重要特許とキーパーソンを見ていきます。これが理解できれば、Komtraxの発明の経緯やコマツの戦略が読み解けるからです。いつも通り、特許を権利情報としてだけでなく、技術や発明の歴史を示す情報として、そして、経営の狙いを読み解くための材料として、いろんな側面から同時並行で読んでいきましょう。

　今からご紹介するKomtraxに関する特許分析は、

2014年に行ったもので、長らく企業内発明塾で特許分析というか「特許解読」の教材として使っているものです。

受講者によれば、特許分析の方法を学ぶのに役立つだけでなく、発明や新規事業、知財戦略を考える上でとても参考になるらしく、非常に評価が高い教材です。今回は特別に、その大人気教材の一部を抜粋して紹介することにします。

特に投資家の方で、投資先企業の目利きや評価のために特許情報を分析したい方には、このKomtraxの事例が最もわかりやすいと自負しています。投資家の方だけでなく、知財部門の方や、知財に興味がある技術者の方にも役立つ事例です。

そもそも、多くの投資家の方は、普段はどこかにお勤めであったり、何か「お仕事」をされているでしょう。その「お仕事」のほうにも大いに役立つ事例ですので、ぜひ最後までお読みくださると嬉しいです。

特許分析を行った際に用いた母集団について、記載しておきます。分析を行ったのは2014年ですので、母集団もそこまでになっています。最新の動向は、後ほど紹介します。

■以下の検索式で母集団を作成し、分析を実施。
「出願人：小松製作所＋コマツ」*「キーワード：(建機＋機械＋車両＋遠隔)*(通信＋情報＋管理＋監視＋表示)」*「技術分類

(FI)：B60R ＋ E02F ＋ G06F ＋ H04」（キーワード検索の範囲は、発明の名称・要約・請求項）

※1993/01/01 ～ 2014/08/14公開分を対象とした。

※データベースは、中央光学出版 CKSWeb を利用

キーパーソンは誰で、何を開発している？

特許分析を行う際、僕が一番重視するのは発明者分析です。

できれば、その企業や技術分野において中心になっている「キーパーソン」を見つけたいところです。

僕は、発明者分析で、企業の技術開発の流れなどがだいたいわかると思っています。そもそも僕は極度の面倒くさがりなんですね（笑）。

なので、できるだけ楽をしたい。その僕が、いろいろな企業や技術分野の特許分析を受託したり、興味がある企業について分析してみたりして、たどり着いた結論が「発明者分析をすればだいたいわかる」なんですね。

だから、特許分析って何からやればいいのかわからない、と悩んで始められていない方は、まずはここで僕がやっているような発明者分析に取り組んでみてください。

では、本題に入ります。図82を見ると、Komtrax関連特許におけるトップ発明者は荒川さんです。

荒川さんが発明者に入っている特許が、1999年に7件あります。

07　コマツ❷「Komtrax」から、特許ポートフォリオを構築

図82 ▶「キーパーソン」を見つけ、「太い」流れを掴む

発明者／年次（出願）	1991	1992	1993	1994	1995	1996	1997	1998	1999	2000	2001	2002	2003	2004	2005	2006	2007	2008	2009	2010	2011	2012	2013	2014	合計
長谷川信樹	0	0	0	0	0	0	3	1	0	0	0	0	0	0	0	0	0	0	0	0	0	0	0	0	4
菅野幸夫	0	0	0	0	0	0	0	0	0	0	0	0	0	0	0	0	0	1	0	0	0	1	0	0	2
荒川秀治	0	0	1	0	0	0	0	1	7	7	2	2	1	1	1	0	0	0	0	0	0	0	0	0	23
鎌田誠治	0	0	0	0	0	0	0	0	5	9	3	1	0	0	0	0	0	0	0	0	0	0	0	0	18
水井精一	0	0	0	0	0	0	0	0	2	2	4	4	1	1	0	0	0	0	0	0	0	0	0	0	17
神田俊彦	0	0	0	1	0	0	0	0	0	7	4	3	1	0	0	0	0	0	0	0	0	0	0	0	17
嶋津光宏	0	0	0	0	0	0	0	0	0	7	4	3	1	0	0	0	0	0	0	0	0	0	0	0	15
栗原毅	0	0	0	0	0	0	0	0	0	3	6	3	3	0	0	0	0	0	0	0	0	0	0	0	15
永井孝雄	0	0	0	0	0	0	0	0	0	6	6	1	1	0	0	0	0	0	0	0	0	0	0	0	14
福島英思	0	0	0	0	0	0	0	0	0	3	3	3	1	1	1	0	0	0	0	0	0	0	0	0	13
栗原隆	0	0	0	0	0	0	0	0	0	3	1	1	1	1	1	1	0	0	4	0	0	0	0	0	13
影山雅人	0	0	0	0	0	0	0	0	0	0	3	0	0	0	0	0	2	0	0	4	0	0	0	0	12
安部紀明	0	0	0	0	0	0	0	0	0	0	0	0	0	0	0	0	0	0	1	1	4	0	1	1	12
光田博治	0	0	0	0	0	0	0	0	0	0	1	1	1	1	0	1	1	1	1	0	0	1	0	1	11
浅山芳文	0	0	0	0	0	0	0	0	0	1	1	1	1	1	1	1	1	1	1	0	0	0	0	0	10

✓ TOP発明者は荒川氏。また、1999年の7件はすべて分割出願

✓ 7件はいずれも分割→拒絶→不服申し立て、とかなり粘っている

✓ 1997年の長谷川氏の3件が、Komtraxに関する最初の発明群と思われる

出典：TechnoProducer
※CsvAid（中央光学出版）を利用

そして同時に鎌田さんと水井さんも7件。この7件について、詳細は後述します。実は7件とも、『分割→拒絶→不服申し立て』したものなので、本気の7件です。ここからコマツは、Komtraxの特許網構築で勝負をかけてきた、これは明白です。

　関連特許をすべて読んだのですが、僕が把握している限り、Komtraxに関する最初の特許出願は、長谷川さんが発明者になっている1997年のものです。仮にそうだとすると、1997年か、その少し前に長谷川さんがKomtraxについて最初の発明を行った。1998年に建機による強盗対策として「GPSつけたら？」という声が出て本格的に開発が始まった。1999年に荒川さんが行った発明について特許を7件出して、特許で勝負をかけ始めた。1999年には、国内のレンタル向けにKomtraxが導入され、2001年にKomtraxを標準装備化。先ほどの坂根さんの話を踏まえると、Komtrax誕生の歴史はこんな感じですね。

　どうでしょう、ある程度裏は取れましたかね（笑）。この辺は、後で再度深掘りします。

　発明者分析でキーパーソンが特定できましたので、特徴的な特許を発明者と紐づけながら紹介し、大まかな流れを紹介しておきます。一部については、後で取りあげて内容を解説します。

　1996年以前は、遠隔通信とは関係のない「異常検出」に関係する特許が「菅野さん」他の名前でちらほら出ていました。これは、遠隔通信ではないので

Komtraxとは関係ないのですが、「異常検出」が一つの課題になっていたことを示しているので、僕は注目しています。

そして1997年に突然、「異常を検出」してその前後のデータを「遠隔通信」するコンセプトについての特許が出願されます（特開平11-065645）。長谷川さんの発明ですね。恐らくこれが、Komtraxに関する最初の特許出願だろう、と僕は考えています。

ちなみにここで検出対象になっている「異常」には、エンジンの油圧低下などがあがっていますし、「稼働時の異常」とも書かれていますので、「盗難防止」を想定していたわけではない、と僕は考えています。

建設機械を安定的に稼働させるために必要な技術開発を行う中で、生まれた発明であり特許だと考えるのが、自然でしょう。

長谷川さんには、同じ1997年に「メンテナンス時期を稼働データから判定する方法」についての特許出願もあります。やはり当初から、「稼働時の異常検知」「メンテナンス」が目的でKomtraxが開発（発明）されていたように思えますね。

1999年には、送信する際の消費電力を削減する方法に関する特許が出願されています。これは、その後7件に分割されていて、1件を除いて権利化されています。ここが肝ですね。遠隔モニタリング、つまり、異常データを送信する、という基本コンセプト

について特許を出した後、送信における課題として大きなものである「消費電力」に関する権利を押さえにきてるわけですよね。データ送信に電気を使うため、バッテリーにこれまで以上の負担がかかることは、容易に想定できます。

2000年に出願された関連特許には、「サーバ」という言葉が頻出しています。これは、要するにデータを貯めておくとか、分析するとか、そういう話ですよね。

このあたりでコマツはKomtraxの本当の価値に気づいて、研究開発と特許化に本腰をいれたんじゃないかな、という気がしています。レンタル建機向けが1999年、標準装備化が2001年ですから、レンタルで試してみてデータを集めて分析して、そこから新たなサービスが生み出せそうか味見をした。そこで生まれた課題をつぶして特許出願した。そして標準装備化した。こういう流れですね。

2000年9月には、「通信負荷」に関する特許も1件出ていて、こちらは2012年に分割出願されています。消費電力の次は、通信負荷が課題になったわけです。2001年7月には「移動体の通信装置」という名称で関連特許が出願されていますが、こちらも通信負荷の削減がテーマです。発明者は、水井さん、鎌田さん、あたりですね。

彼らは恐らくこの時期、アイデア出しも含めて、通信負荷を低減する方法をかなり検討していたので

図83 ▶「警報」「燃費」「通信」を重点的に権利化

Fターム／出願年	2D003：掘削機構の作業制御	5K048：選択的呼出装置（遠隔制御・遠隔測定用）	5H181：交通制御システム	5B049：特定用途計算機	5H223：制御系の試験・監視	3G093：車両用機関または特定用途機関の制御	5K201：電話通信サービス	5K067：移動無線通信システム	5H180：交通制御システム	5H301：移動体の位置、進路、高度又は姿勢の制御	5C087：警報システム	5J062：無線による位置決定	3G384：内燃機関の複合的制御
1988	1	0	0	0	0	0	0	0	0	1	0	0	0
1989	1	0	0	0	0	0	0	0	0	0	1	0	0
1990	0	0	2	1	0	0	0	0	0	2	0	0	0
1991	0	0	2	0	0	0	0	0	0	0	0	0	0
1992	0	0	0	0	0	0	0	0	0	0	0	0	0
1993	0	0	0	0	0	0	0	0	0	0	0	0	0
1994	0	0	0	0	0	0	0	0	0	0	0	0	0
1995	0	0	0	0	0	0	0	0	0	0	0	0	0
1996	0	0	1	0	0	0	0	1	0	1	0	0	0
1997	7	2	7	0	0	0	1	3	4	0	5	0	2
1998	8	2	1	0	3	0	0	0	0	0	1	0	0
1999	12	3	1	0	3	1	0	3	1	0	0	3	2
2000	3	2	0	0	0	1	0	0	0	0	0	0	0
2001	3	0	1	0	0	0	0	0	0	0	0	0	0
2002	4	0	0	0	0	1	1	1	0	0	0	0	2
2003	5	0	1	0	0	0	0	0	0	0	0	0	0
2004	9	2	0	0	0	2	1	1	1	0	0	0	0
2005	8	0	0	0	0	0	1	0	0	0	0	0	0
2006	9	0	0	0	0	0	1	0	0	0	0	0	0
2007	7	0	0	0	0	0	1	0	0	1	0	0	0
2008	14	2	1	0	0	1	0	1	0	0	0	1	0
2009	7	0	0	0	0	1	0	1	0	0	0	1	0
2010	0	0	0	0	0	0	0	0	0	0	0	0	0
2011	7	2	1	0	0	1	0	1	0	0	0	1	0
2012	7	0	0	0	0	0	0	0	0	0	0	0	0
2013	0	0	0	0	0	0	0	0	0	0	0	0	0
累積件数	93	14	12	2	10	10	6	8	8	7	8	4	6
全件数	149	22	22	21	18	17	13	13	13	11	10	9	8
権利率	62%	64%	55%	10%	56%	59%	46%	62%	62%	64%	80%	44%	75%

出典：TechnoProducer

※ CsvAid（中央光学出版）を利用

しょう。ちなみに僕がコマツに入社したのは、ちょうどこの時期（2002年）です。Komtrax開発チームがいろんな意味で盛り上がり始めたタイミングだったと思われます。

そして、2003年以降は「データの活用」として、低燃費とか、セキュリティなど用途特許の出願が始まっています。2000年に出願された特許に「サーバ」というワードが出ていましたので、その流れですね。このときの出願は、Komtraxの活用に関わる特許ポートフォリオの形成を意図したものが中心ですね。通信に関わる課題じゃなくて、データ活用に、明らかに軸足を移しています。

データの活用を含むビジネスモデル関連の特許は、出願だけで権利化されてないものが結構あります。9割ぐらいは権利化されていません（図83）。これはおそらく、当初から公開目的で出願したのでしょう。この辺も、知財部として明確な方針があって出願していたのかなと思います。

また、通信に関する課題を扱ったものは6割ぐらいは権利化。燃費制御は7割5分、警報システムは8割が権利化されています。警報システムは、要するに異常のアラートですよね。最初の出願で「稼働時の異常」データを送信すると書いていますが、案の定、この辺はしっかり取っているわけです。権利化の割合を示すには件数が少ないのですが、そこはご容赦ください。

データ量を抑える発明を
次々と生み出し特許化

　まず、基本特許である「データ量を削減して異常監視を行う」ことに関する特許を見てみましょう（図84）。僕が知る限り、Komtraxに関する特許の中で、最も古いものですね。Komtrax実用化の鍵はデータ量の削減だと、最初から明確だったんですね。費用にせよ、電力にせよ、通信負荷にせよ、すべて「データ量」が削減できれば解決するわけです。この特許の後、省電力とか通信負荷の低減に関する特許がいろいろ出てくるのですが、それらの多くは実は「データ量」の削減の言い換えになっているんですね。省電力や通信負荷の低減を実現するために、どのように、あるい

図84 ▶「データ量を削減して異常監視を行う」技術の特許（1997年）

〈特開平11-065645の要約〉

【課題】　　　　　　　　　　　　　　　**↓データ容量削減が解決する課題**

異常監視に必要なスナップショットデータのみを車両等の機械から収集して、異常監視をより的確に行い、監視局の**データ量、メモリの記憶容量を少なくする。**

【解決手段】

機械の稼働時に値が変化する複数種類の稼働パラメータの値を逐次検出し機械の稼働時に異常が検出毎に、異常検出の履歴データを更新する。機械の稼働時に異常検出時、履歴データに基づき、異常検出時点前後の稼働パラメータ、エンジン回転数、レバー操作位置、車速、けん引力の逐次の値を監視局に送信する。送信時、検出異常の種類エンジン油圧低下と、異常検出時点の検出値のほか、異常検出時点の前後の稼働パラメータの逐次の値を監視局に送信する。一方非送信時は、検出異常の種類と、異常が検出時点の検出値を監視局に送信する。

〈図5の内容〉　　　　　　　　**↓異常発生前後のスナップショットデータ**

0001	7回	(A) 2	(B) 3	(C) 3	(D) 2	スナップショットデータSD

出典：特開平11-065645の要約と図を基に作成

は、どのようなタイミングでデータ量を削減している
のか、のように読んでいくと一つひとつの特許に
対する理解が深まります。

　特許から、開発者の思考回路というか、開発の流
れが見えてくるんですね。
　僕が風力発電向けギヤボックスについて「IoT」で
モニタリングをやろうとしたとき、当時の新規事業
部門の技術側の部長に「データ量がとんでもなく多
くなるからできない」といわれて却下されたんです
ね(笑)。でも、解決策は社内でちゃんと誰かが考え
ていたんですよね。却下するほどではなかったので
は? と今は思っています。
　当時、自社(コマツ)の特許をちゃんと調べておけば
良かったなと、後悔しました。意外に答えは社内に
あったりしますね。
　翌年の1998年に、「遠隔地にデータを送信して異
常判定をする」ことに関する特許が出ています(特開
2000-055791A)。
　先ほど、2000年の出願に「サーバ」というワードが
出てくるという話をしましたが、1997年の遠隔通信
の特許から、「サーバ」につながっていく、ちょうど
間にある特許ですね。こちらも、1997年の特許同様、
初期のキーパーソンである長谷川さんが発明者に
なっています。この特許には、10万キロとか、何千時
間とか累積稼働時間でメンテナンスのタイミングを
決めるのではなくて、異常の有無でメンテナンスす

るのが合理的だよ、と書いていて、まさにKomtraxの本質部分を構成する発明です。

建設機械は生産現場で使用しているものですから、異常もないのに定期メンテナンスなんて、ムダが多すぎるんですね。異常のちょっと前ぐらいで止められれば、それが一番いいですよね。

でも、異常の前に止めるって、よく考えたら難しいですよね。それを可能にしたのがKomtraxです。だから、この特許はKomtraxの本質的な部分を構成しているんですね。

やはり開発者は最初から、Komtraxがカスタマーサクセスのツールだとわかっていたんですね。建機強盗のためにつくったわけじゃないんですよ。たまたま、そういう文脈で市場導入のチャンスがきただけ、という感じでしょうか。

この辺は、新規事業を進める上でも参考になりそうな事例ですね。

その後、彼らは通信コストを抑えるというコンセプトの特許を4件出しています（特開2003-037881、特開2003-046423、特開2003-047050）。遠隔指令でデータを吸い出せるようにするという仕組みですね。オンデマンドでデータを取り出せるので、通信費が抑えられますし、電力消費も減らせます。特にエンジンオフ時に通信装置を起動しっぱなしにするとバッテリーが消耗してしまうので、それを防ぐという目的もあるようです。必要なときだけ通信装置を起動して、

通信できる仕組みを考えたんですね。

その後、省電力に関する特許が出ています。これはしつこく分割されていて、特許網を形成しています。

図85は、大元の特許（原出願）がどのように分割されているか、分割出願の流れを示したものです。

ここでは、特許は2段階で分割出願されていて、入念にポートフォリオ化されています。2段階目（第2世代）の出願は連番ですので、一気に分割したわけですね。原出願を含めて8件の出願のうち7件が登録されています。

ここまでの出願を踏まえつつ、分割出願された特許を見ると、「データ量」「通信コスト」「電力消費」と、「課題」を変えつつ特許網を拡充しています。担当者と知財部の方や特許事務所の弁理士の先生とのやり取りまで想像できて、とっても楽しいですね。脱線しました。

「課題」を振り返りましょう。確実に通信したい、でも、電力は削減したい。ここにもトレードオフがあるわけですね。ちなみにこの原出願の中に、明確に「盗難防止」という言葉が出てきています。具体的な想定事例（実施例）として、指定の移動速度を超えた場合に警告を出します、というものがあり、これは例えば「トラックに積んで持っていかれる」みたいな状況を想定していますね。僕が見る限り、ここまで紹介した出願には出てこなかった内容です。やはり最

図85 ▶ 「Komtrax」関連特許「出願2000-605983」の「分割出願」状況

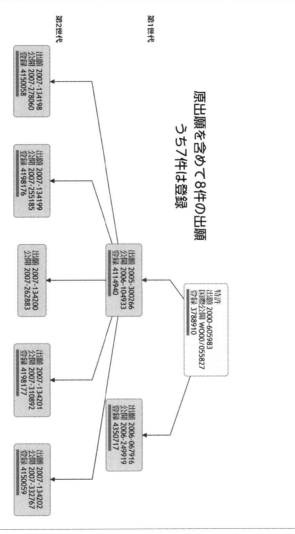

出典：J-PlatPatより、筆者が加筆

初は、異常検出のために発明や技術開発が始まったんでしょうね。後々、盗難防止にも役立つよね、ということになったのだろうと推測できます。これだけ分割されていると、どんな発明か、具体的な内容が気になりますね。原出願（特許3788910）を読んでみましょう。頁下の2次元コードから特許のURLにアクセスできますので、興味がある方はご覧ください。

　先に説明した盗難など、いろいろなケースを想定しているのですが、バッテリーの消耗を防ぎながら通信を確保するため、バッテリーの電圧に応じて、通信機器の電源オンの間隔を決める、というのがこの発明の本質的な部分です。要するに、電圧が下がってきたら、少しずつ電源をオンにする間隔を長くして、バッテリーを温存するわけです。

　バッテリーが消耗して電圧が低くなりすぎると、通信機器が立ち上げられなくなり、通信できなくなるからですね。実施例からは、「通信不能になる前に通信する」という考え方が読み取れます。

　よく考えたら、通信不能になる前に通信するって、結構難しいですね。不能になったかどうか、通信しないとわかりませんから。通信不能になる前に通信

特許3788910（Google Patents）

するっていう、着眼というか発想がいいですね。

　エンジンオフになる可能性とか、電圧下がってきたよっていうのはわかりますから、それを利用すればいいわけです。

　実際、通信不能になる状況をいろいろ想定し、そういう状況におけるデータの送信法をあれこれ書いています。

　この辺は明らかに、分割して多面的に権利を取るぞっていう、意思が感じられるものですね。

GPS技術の強みで、
特許ポートフォリオをつくる

　ここまで、主に「遠隔通信」という視点で、Komtrax関連特許を見てきました。

　IoTという言葉すらなかった時代なので、製品化に際してはもちろんですが、特許化という観点でも「通信」に関する課題は重要なポイントだったわけです。

　もう一つ、Komtraxの技術的な特徴であり、特許化においても重要な視点になっているのが、「GPS」だと僕は考えています。それ以前は、GPSデータを活用して何かするという発想がなかったんですね。そもそも通信も考えてないわけですから。戦略的な特許出願に際して、GPSデータと省電力や通信費削減あたりに注目すればポートフォリオとして広く権利が取れるんじゃないか、と狙いを定めたのではないかと、僕は推測しています。特許化された内容を見ると、これで取れるのか、と思うぐらい、けっこう漠然

としているんですよね。

　実際、一連の出願には「位置」という言葉が200〜300件出てきますので、「位置」と「通信」が大きな特徴であることは間違いないでしょう。ちなみに「通信」は500件以上出てきます。2つのワードは請求項にも頻出しますので、間違いないでしょう。

　一連の分割出願には、盗難防止を深掘りしたものもあります。例えば、GPSによる位置情報を参考にして、「エンジンを始動できないようにする」という特許（特許4114940）が出ています。このように分割出願ごとに、用途や課題を変えて幅広く権利化していくわけですね。

　特許4350717も、一連の分割出願の一つです。ここでは、定期的なモニタリングに関するアイデアを深掘りしていますね。

　この特許の請求項を読んでみましょう。請求項1を以下に引用しておきます。注目の記載を太字にしておきます。

【特許4350717の請求項より】
"【請求項1】通信手段によって移動体と端末装置とが相互に送受信可能に接続され、前記端末装置が、前記移動体の位置情報を要求する入力操作を行ったことに応じて、要求内容を前記移動体に送信し、前記要求内容を受信した前記移動体が、前記要求内容に対応する前記移動体の位置情報を前記移動体で取得し、取得された前記移動体の位置情報を前記端末装置に送

信する移動体の通信装置であって、前記移動体は、前記移動体の稼働時間を累算する稼働時間検出手段と、前記**稼働時間の累算値が特定の値に達した場合**あるいは該累積値が特定量だけ増加した場合に、当該移動体から前記端末装置に、当該移動体のエンジン状態に関する情報または車体**異常に関する情報を自動発信**する制御手段と、を備えたことを特徴とする移動体の通信装置。"

　頁下の2次元コードから、特許のURLにアクセスできますので、この特許の詳細に興味がある方は、ぜひ、読んでみてください。

　請求項1に書いてあることは要するに、「稼働時間が特定の時間に達したら、エンジンに関する情報や車体の異常に関する情報を自動発信する」ってことですね。以前は、稼働時間ごとに強制的にメンテナンスをしていたわけですね。でもKomtraxを使えば、メンテナンスの目安になる稼働時間で情報を送ってもらって、異常がなければメンテナンスしなくていいし、異常があればメンテナンスをする、というオペレーションができるわけです。異常個所や異常の内容も特定できますから、メンテナンスの内容や交換部品も事前に準備ができます。

特許4350717（Google Patents）

先ほど、GPSを切り口にして、幅広く特許を取ろうという戦略だったのではないか、というお話をしました。新たな技術の出現のタイミングで、というか、これまで業界で使われていなかった技術との組み合わせで、いい特許が数多く取れる可能性がある、とお話しすることがあるのですが、Komtraxの例は一つの典型だと思っています。実際、「あなたの製品、技術、発明において、KomtraxにおけるGPSが何か、を考えてください」というのは、特許開発・知財開発のテクニックとしてだけでなく、新製品や新規事業のアイデア創出のためにも、よく使う質問ですね。

　他にも、「通信中にエンジンがオフになっても、通信が終わるまでは通信装置はONにしておく」（特許4198176）、「エンジンが起動したタイミングで位置情報を送信する」（特開2007-262883）、「異常を示すコードが前回の送信と同じである場合は情報を送信しない」（特許4150058）、「連続稼働時間が少ない場合は、通信の頻度を減らす」（特許4150059）など、もともと一つの出願であったとは思えないぐらい、分割出願で多岐にわたる内容をカバーしています。[※]

※すべてが権利化されているわけではありません。

　最後に、一連の分割出願には含まれていませんが、興味深い特許（特開2002-180502/特許5109197）を一つ紹介しておきます（図86）。これも「当たり前じゃないの」と思うような特許なのですが、「遠隔通信」と組み合わせたら取れてしまう、という感じのものです。

図86にあるグラフは「バスタブ曲線」と呼ばれるもので、品質保証を学んだことがある方なら、どなたでも知っている、「基本のキ」の内容です。

　僕も、川崎重工・コマツ、いずれの時代もずいぶんお世話になりました。バスタブ曲線というのは故障率を表すもので、製品の利用時間を横軸にして、故障が起こる頻度を縦軸にすると、「中央が凹んだ」曲線になりますよ、というものです。浴槽（バスタブ）の断面みたいだから、バスタブ曲線なんですね。

　専門的には、製造時の不具合などによる「初期故

図86 ▶「当たり前」を特許にする視点を忘れない

〈特開2002-180502の要約〉

【課題】　　　　　　　　　　　↓「異常の正確な診断」が課題

建設機械で発生する**故障等の異常を正確に早期に診断**できるようにするとともに、通信負荷を軽減し通信コストを抑える。また建設機械などの作業機械の車体内通信における通信負荷を低減させる。

【解決手段】

故障確率Pが小さい期間であるほど長い送信間隔で、建設機械31、32側からサーバ装置11側にオンボード情報D1を送信する。

〈バスタブ曲線のイメージ〉

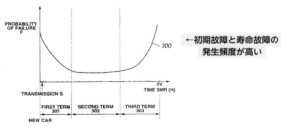

←初期故障と寿命故障の発生頻度が高い

出典：特開2002-180502を基に筆者作成。バスタブ曲線の図は関連特許のUS6778893B2より

障」の期間と、ほとんど故障が起きない「偶発故障」の期間と、製品が寿命を迎えて壊れる「寿命故障」の期間の3つに分けられていて、図86では、1期、2期、3期とされています。故障の発生頻度が高いのは初期故障と寿命故障なので、そこは通信頻度を高くして、故障があまり起きない偶発故障期間では、通信頻度を低くする、という特許です。

当たり前を特許にするという視点を思い起こさせてくれるという意味で、Komtrax関連特許の中ではこの特許が一番好きですね。この特許が好きとか嫌いとかは、特許に興味のない方には意味不明でしょうか（笑）。

その後は、「稼働情報」「不具合情報」を前提とした、建設機械の「管理システム」に関する特許を次々に出願しています。専門的になりすぎるので詳細は割愛しますが、国際出願（WO）が増えているので本気ですね。

大きな流れで捉えると、1997年に最初の特許、1999年に7件の通信関連、2000年にはサーバでのデータ処理に関する特許を出願し、2003年にデータに基づいた建設機械の管理システムの特許出願を開始して、Komtraxの特許網は仕上げに入ってきたという感じです。流れが非常にわかりやすいので、コマツの知財戦略を理解するための、非常に良い事例だと思います。時代とともに変わる部分もありますが、コマツが本気の場合はこれぐらいやってくるんだ、という一つの目安として、皆さんに覚えておいて

いただきたい事例です。

また、繰り返しですがコマツがKomtraxを開発した時、IoTという言葉はありませんでした。建設機械だけでなく、どの産業分野であろうと、誰一人こういうことは考えていない時代だったわけです。

にもかかわらず、ここまで気合の入った特許網を構築してきた。

おそらくコマツの関係者は、10年後、20年後にはいろいろな分野でこれが当たり前になるぞ、という感じで次々と関連発明を生み出し、特許化していったんでしょうね。

ただ、単純に10年後、20年後の話だと、誰も相手にしてくれません。

早すぎる発明が、どのように事業化され、強みになっていったか、という点で、Komtraxの事例は、新規事業や知財を担当している方にも、とても参考になるのではないでしょうか。

08

コマツ❸

次の一手は？ IoTからDXへ、「モノ」から「コト」へ

▼

総仕上げは「リマン」「リビルド」事業の拡大

ここからは、Komtraxの「次の一手」として、コマツがどのようなことを考えているか、進めているか、特許情報を交えながらご紹介します。IoTという言葉がない時代に、建設機械のIoTを発明し、緻密な特許網を形成し建設機械のイノベーションをリードしてきたコマツですから、次の一手は気になりますよね。当然それは今回も、特許にしっかり表れているわけです。そのあたりを読み解いていきます。

まずは、Komtrax関連の最新状況から紹介しましょう。2021年度の決算説明会資料p47（図87）に、2022年〜2024年の中期経営計画、成長戦略が示されています。

一つ目の「現場を最適化する新たな顧客価値の創造」のトップに、後で説明する「スマートコンストラクション」（スマコン）が入っています、つまり、コマツの中期経営計画の一丁目一番地がスマコンなわけですね。4つ目に「バリューチェーンビジネスの進化

による更なる成長」とあります。これは、Komtraxの
データをもっともっと活用して儲けていこう、とい
う意味ですね。

　図87内の「バリューチェーンビジネスの進化によ
る更なる成長」の中身をさらに見ていくと、「リマン・
リビルド事業の拡大」とあります。あまり耳慣れない
言葉かもしれませんが、僕には懐かしい言葉です(笑)。

　「リマン」とは、リ・マニュファクチャリングの略で、
部品を修理してまた使えるようにする、という作業
を指します。

図87▶「スマコン」と「リマン」「リビルド」(再生)事業に注目

コマツの成長戦略における重点活動

①現場を最適化する新たな顧客価値の創造
　− **DXスマートコンストラクションの推進**、海外展開
　− 鉱山用オープンテクノロジープラットフォームによる事業推進
　− プラットフォームと親和性の高い高度化した商品開発・市場導入

②カーボンニュートラルに向けた価値(モノ・コト)づくりの挑戦
　− 電動化機械の開発・市場導入
　− スマート林業の普及・拡大
　− 地球環境負荷ゼロ工場

③成長市場におけるプレゼンス拡大
　− アジア・アフリカ市場への取り組み強化
　− 林業機械事業、坑内掘りハードロック事業の拡大
　− アフターマーケット事業の拡大

④バリューチェーンビジネスの進化による更なる成長
　− データ・ドリブン・ビジネスモデルの構築
　− ライフサイクルサポートビジネスによる差別化の推進
　− **リマン・リビルド**事業の拡大

出典：コマツ2021年度決算説明会資料を基に作成(重点活動として記載された項目の一部を抜粋。下線は
　　　筆者による)

「リビルド」は、消耗した部分は新品と交換して組み立て直す、という作業を指します。ざっくりいうと、いずれも「再生品」という意味なんですね。イメージとしては、中古部品を整備して使えるようにしたもの、と思っていただいてOKでしょう。建設機械は、製造のリードタイムがすごく長い部品（コンポーネント）がたくさんあるので、ゼロからつくるのではなく、中古部品を再生して迅速に提供しましょう、ということですね。

HPを見ると、エンジンや油圧モータ、減速機などを想定していることがわかります。「リマン・リビルド」（以降、リマン）は、実は顧客にもコマツにもメリットがある、非常に面白いアプローチなんですね。

Komtraxで建設機械をモニタリングしていて、部品の破損につながるような異常を示すデータが出始めたとします。一度壊れてしまうと修理までの間、建設機械が使えないので、壊れる前に壊れそうな部品は交換したほうがいいですよね。機械ってだいたい、一度壊れてしまうとその影響で余計なところもあちこち修理しないといけなくなる可能性が高いんですね。

でも、壊れる前なら部品の交換だけで済みます。しかも、交換を中古部品でやればコストが安く済む。そして、引き取った部品は壊れる前のものですので、消耗部分を交換して組み立てなおせば、また販売できるわけです。頭いいですね（笑）。

また、建機はだいたい15〜20年ほど使用するのが普通です。1万時間ぐらい運転すると、新車購入費に対して80パーセントぐらいの価格のメンテナンス費用が発生するんですが、1年で6000時間以上使うユーザーもいる。そうすると2年で新車1台分ぐらいのメンテナンス費用が発生するわけです。これはビジネスチャンスとして非常に大きいですし、顧客にとってもランニングコストがそれだけかかるということなので、これも大きい。

　だから、「リマン」は、とてもwin-winな事業なんですね。お客さんとしては、リーズナブルな部品が手に入ってメンテナンスコストが下がる。コマツとしては、もちろん部品の原価が安くなる部分もあるでしょうが、製造リードタイムが短くて済むので、資金負担が軽くなります。

　実は、リマンという言葉は僕がコマツに在籍していた2002年にもよく耳にしました。しかし、2002年はKomtraxが標準化された翌年ですから、まだまだ、リマンやリビルドを事業として本格展開できる段階ではなかったんですね。

　しかし、そこから20年以上たって、お客さんにも、自分たちにも大きなメリットがあるものとして、これでやっていけるというレベルにまで仕上げてきたんだと思います。

　それでようやくIRに「リマン」という言葉が出てきたわけですね。「リマン」も、20年育ててきた事業なんです。

繰り返しですが、大型の建設機械は、つくる台数がそもそも少ないんですね。何年か前につくったきりとか、そういうのがたくさんあります。台数が少ないと、故障とか損耗に関するデータの蓄積もすごく少ないので開発や改良がしづらいんです。そもそも大型の建設機械は、開発段階でも取れるデータが圧倒的に少ない。そこで、お金を儲けながら故障や異常のデータをもっときめ細かく取りますよ、それを製品改良や新製品開発にもどんどん活用しますよ、というのが、Komtraxとリマン事業の本質なんだろうと、僕はにらんでいます。

　Komtraxによる「運転履歴データ」と、経済的な部品交換を積極的に提案することで集まる「故障データ」（故障寸前の部品）、この組み合わせがコマツのアセットになるんですね。すでに、それなりに集めていると思われますが、事業として本格的に拡大すると、加速度的に集まります。Komtraxデータと実物を突き合わせることができて、実際に部品が摩耗や損耗したときに、どういうデータになるかがわかる。これは「故障予測」「予防保全」の視点から、非常に重要なデータになると思います。

　僕が川崎重工でオートバイのエンジン設計者だった当時、机の上に壊れた部品をいっぱい置いていました。どこがどんな理由で壊れるか、を知ることは設計者にとっては非常に重要なんですよね。ギリギリの設計を突き詰め、競合より一歩抜きんでるため

の「生命線」だと言っても過言ではありません。だけど、「壊れた後」だとわからないことも多い。「どうなっていって壊れるか」とか、「どこまできたら壊れるのか」みたいな、「壊れる前」の情報もほしいんですね。だから、壊れる前というか、壊れそうなところまできた部品のデータが「事業として」「お金を儲けながら」集められるのは、高品質で高性能な建設機械をつくる上で、非常に大きなメリットがあると思っています。僕も、設計者としてそういう環境で仕事がしてみたいですね（笑）。脱線しました。

　ひとことで言うと、損耗部品を「廃棄」させずに「循環」させることで、「損耗」「損傷」についてのデータを実物から確実に取ることができ、また、致命的な破損が起きる前に交換してもらうことで、良質な中古部品とデータが取れる、一石何鳥かの取り組みだと僕は考えています。故障を予知して事前にメンテナンスする「予知保全」が、「リマン」を軸に全員にメリットがある仕組みとして回るので、素晴らしいんですよね。実物を分析すれば、「あとどれぐらい使えそう」みたいなこともわかります。Komtraxデータと突き合わせれば、「メンテナンスの提案」の精度も上がりますから、ホントに素晴らしいんです。個人的には、もう一歩で建設機械の各種部品について高精度な寿命予測ができる「デジタルツイン」ができそうだなという気がしています。実は、公表されていないだけで、もうできているのかもしれませんね。

予知保全は、プレス機を製造しているグループ会社のコマツ産機が、すでにやり始めています。プレス機にもKomtraxは装備されています。プレス機の制御コンピューターから得られるデータをもとに、AIが補修部品の残存寿命を計算して、運転状況を加味して交換時期を予測する、という仕組みです。メンテナンス時期が事前にわかりますから、顧客は生産計画を調整し、コマツ産機は部品の準備をそのタイミングに合わせればよいわけです。これはほんとにwin-winですよね。

コマツの強みは「コンポーネント」だと社長が明言

　コマツの統合報告書「コマツレポート」の2021年版には、中計のKPIとして「補給部品」と「リマン」があがっています。だから、やはり、リマンについても本気かなという気がしますね。Komtraxという強みを活かしたビジネスの、本当の総仕上げという感じですね。納期の短い消耗品は購入して倉庫においておけばいいのですが、納期の長い「エンジン」「油圧機器」「歯車」などはリマンで対応するわけです。ちなみに僕は、この「リマン」に関する記載をコマツレポートで見つけて、すごく驚きました。僕が発明塾でよく言う「勝てば勝つほど、ますます勝つ仕組み」をつくる取り組みだと、ピンときたからです。Komtraxのデータを持っていて、世界最高水準かつ最大規模の建設機械を、コンポーネントからつくれるからこそ、

できる事業です。

　また、『コマツレポート2021』には「キーコンポー
ネント」が大事だと書かれています。これにも驚きま
した。僕は、コマツの大阪工場で風力発電関連の「コ
ンポーネント」(歯車)の新規事業を担当していたんで
すね。当時の同僚や上司は、大阪工場の生産技術部
の「コンポーネント課」(コンポ課)の方々です。その
頃から大阪工場では、「コンポが建機の競争力だ」と
言っていました。だから、大阪工場のコンポ課の人
は、泣いて喜んでいるのではないでしょうか。コン
ポーネントがコマツの競争力なんだぞということを、
社長が認めた瞬間ですね。

　記念に引用しておきます。

　「なかでも最も重要な方針として位置付けてい
るのが、製品の『品質と信頼性』を支えるキーコン
ポーネントを自社で開発し生産していることです。
これにより建設・鉱山機械の耐久性が向上するば
かりでなく、電動化や自動化など新しい時代の要
請に応じた建設機械の商品化も、コンポーネント
レベルから柔軟に検討することが可能となります。
またコンポーネントにセンサーを付け、そのセン
サーからのデータをKomtrax(機械稼働管理システム)
にあげることで、コンポーネントの寿命予測がで
きます。寿命予測ができれば、さらに予知保全も
可能になります。それによって、お客さまに最適
なオーバーホールや部品交換のタイミングを提案

することができ、単に製品を売って終わりではなく、バリューチェーン全体でお客さまに当社の価値を認めていただけるビジネスを展開することができるのです。」

　コマツがKomtraxにこだわる理由というか、Komtraxがコマツにとって欠かせないものである理由が、経営目標からも読み取れます。例えば2021年の決算報告会資料を見ると、「業界水準を超える成長率」とか「業界トップレベルの利益率」などと書かれているんですね。ちょっとふわっとしていますよね。この辺は、売上が景気に大きく左右される建設機械、もしくは、建設業界の宿命なんでしょうね。

　でも、Komtraxのデータがあることで、景気変動の影響を最小限に抑えられる。さすがに、景気がめちゃくちゃ悪いときには、どれだけ営業が頑張っても建設機械は飛ぶように売れたりはしないので、影響はゼロにはならないのでしょう。しかし、稼働率が落ちてきたら在庫を減らしてムダをなくす、稼働率があがってきたら納期の長い部品から順次発注をかけていく、などして資金効率をあげてビジネスチャンスを逃さない。景気に振り回されない強靭な経営体質をつくるという点で、Komtraxは欠かせないものになっているわけです。

　Komtraxは、2001年の標準装備化から20年以上、経営の屋台骨としてコマツの安定的な成長を支えてきました。その総仕上げが、補給部品センターの拡

充であり「リマン」なんですね。

アフターサービスで長く儲けるのが建設機械のビジネスモデルですから、建設機械ビジネスの総仕上げ、ともいえますね。そして、次は建設機械にとどまらず、建設現場自体を自分たちでマネジメントしていくフェーズに入ります。建機だけでなく、「建設」をスマートにしていく、「スマートコンストラクション」の領域に取り組み始めているんですね。

Komtraxの次は「スマコン」「ソリューション」

Komtraxの発明と事業化から20年以上経過し、コマツは次のフェーズに入りました。それが、建設現場のプロセス全体をデジタル化する「スマートコンストラクション（スマコン）」です。すでにコマツ社内で始まったスマートコンストラクション事業を元に「EARTHBRAIN」という会社を設立しています。

従来コマツが行っていたスマートコンストラクション事業は、KomConnectと呼ばれるもので、建機による施工プロセスのDXが中心になっています。

例えば建機の運転を自動化することで、施工精度が向上する、といったものですね。Komtraxもそうでしたが、これまでコマツは基本的に「建設機械」を中心に事業を行ってきたわけです。しかし、EARTHBRAINでは、後で説明する通り「建設現場」の全体最適を目指しており、事業領域を拡大しつつある、といえるでしょう（図88）。

図88 ▶ 「Komtrax」から「スマートコンストラクション」へ

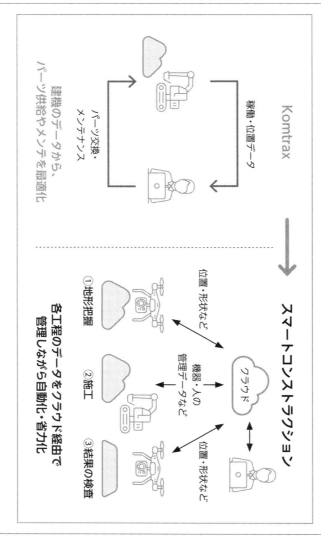

出典：TechnoProducer

「モノ」から「コト」へ。コマツを動かす強い危機感

　図89は、コマツの2019年のIR資料にある「デジタルトランスフォーメション戦略」を説明した図です。「ダントツバリュー」と書いてありますが、「ダントツ」は一つのキーワードですね。僕がコマツ在籍時に社長だった坂根さんがよく使っていた言葉で、当時は「何やそれ（笑）」とみんなで茶化していましたが、今では僕もこの言葉をよく使います。言葉って大事ですね。

図89 ▶ ダントツは「商品・サービス」から「ソリューション」へ

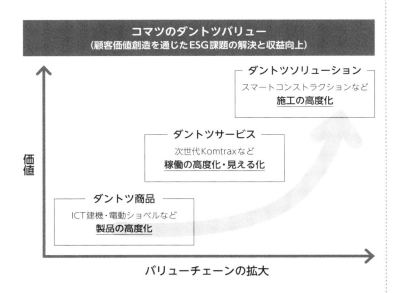

出典：コマツIR資料（コマツのデジタルトランスフォーメション戦略）を基に作成

ちなみに「2018年」のIR資料は、「Komtrax活用による補給部品事業改革」がテーマでしたが、「2019年」のIR資料のテーマは「スマコン」になっています。

　これは、ダントツを突き詰めて「モノ＝Komtrax」から「コト＝スマートコンストラクション」へシフトするぞ、ということを示しているわけです。建機を完璧にしたら、次は施工を完璧にするということですね。

　この辺はコマツのスピード感というか、非常に強い危機感が表れていると僕は感じます。

　コマツの危機感とは何か。僕が2002年にコマツに入社したとき、当時の上司に「楠浦、実は建設機械はあんまり儲からへんねん」って言われたんですね。入っていきなりそんなこと言うなよと思ったんですが（笑）、建設機械はかつて値引きが当たり前だったようで、「半値8掛け2割引き」の世界だ、だから儲からないんだ、ということでした。半値8掛け2割引きって、いったいいくらなんでしょう、定価の3割ぐらいの値段でしょうか。とにかく、そういう売り方をしていたので儲からない、景気にも左右される、だから新規事業をやらないかん、そういう話でした。

　それから20年以上たって、今度は「モノ」（建機）の話じゃなくて、「コト」（施工）だということですね。圧倒的に高性能な建設機械を開発して高く売る、メンテナンスで儲ける、在庫管理を徹底してキャッシュ

フローを良くする、と順に攻めてきたんですが、やはり「モノ」売りでは限界もある。だから次は「コト」にシフトして、建設現場の「施工」を支援する会社になろうとしてるわけですね。

　まさにカスタマーサクセスですよね。20年かけて、いろいろな新規事業をやりながらコマツは確実に進化し、「景気に左右される」「半値8掛け2割引きの安売り合戦」から脱却して、強い会社になってきたわけです。

　20年かかったけれど、今や総仕上げの最終段階に入っている。実はこれって、花王とまったく同じ流れですよね。物売りには限界があるし、効率経営にも限界がある。従来事業を徹底的に強くして、そこで浮いた資源で次を攻める。新規事業を量産する知財戦略ですね（笑）。

　EARTHBRAINでは、例えば、ドローンを使って施工現場のデータを取って、広大な建設現場の状況をリアルタイムで把握することで、施工計画から進捗管理まで自動で行う、といったサービスを提供しています。このように、施工のすべての工程をデジタル化して、一気通貫で高品質化して効率化しますよ、というのがスマートコンストラクションなんですね。作業や工程は、個別には部分的にデジタル化されていたのですが、それでは効率が悪かった、一気通貫ではなかった、ということです。

デジタル化による不可逆的な変化が建設・建機業界でも起こるという危機感もコマツは持っていたんだと、僕は思っています。

　Komtraxがあるからもういいですわ、十分儲かりますわガハハ、で終わりではなく、Komtrax（IoT）は総仕上げに入って、次（DX）にいくぞ、という感じですね。

　変化により駆逐される前に、自ら変えてしまえ、ということです。

直近の特許出願も、「スマコン」が……

　最後に特許も見ておきましょう。直近のコマツの特許出願を見ると、目立つのは、やっぱりスマコン関連ですね。

　コマツの直近の動向を理解したいという方は、スマコンを念頭に置いて、特許を見ていただいたら良いでしょう。もちろんその背後で、建機で儲ける仕組みとしての「Komtrax」はちゃんと活躍しているわけで、ここはつながっています。2階建てのようなイメージでしょうね。

　Google Patentsで直近の出願を見ると、「データ」「施工管理」「自動的」という単語が目立ちます。これらは、スマコン関連の特許ですね。

※2022年10月調査時点の出願動向に基づく

　直近の出願において、上位の発明者に大西さんと

いう人が出てきます。特許の内容から判断して、おそらく大西さんはスマコン担当で、キーパーソンの一人でしょう。スマコンのキーパーソンが発明者全体の中で上位にいるので、直近でスマコンにかなり資源投入しているのは、間違いないですね。

　一方で、EARTHBRAINのキーパーソンは四家さんという方です。EARTHBRAINの代表取締役会長で、コマツの執行役員で、スマコン推進本部の本部長ですから、スマコンの大御所です。直近でいくつか特許も出願されています。最近、社長さんが発明者に名を連ねる例が、技術系の企業で増えているような気がしますね。僕の古巣の川崎重工の社長も、ロボット関連でかなりの特許を出願しています（笑）。

　僕が注目している企業がたまたまそうなっているだけかもしれませんが、これは少し面白い流れだなと思ってます。社長が特許を出していると、なんとなく親近感を持っちゃいますね。

　四家さんの特許に、なるほどと思うものがありましたので、一つ紹介しておきましょう（特許6925775）。以下の2次元コードから特許のURLにアクセスできます。

特許6925775（Google Patents）

建設機械は耐用年数が約20年と長いですから、最近導入した数台の建機はスマコン対応だけど、それ以外の保有建機はスマコン対応じゃないという時代が、しばらく続きますよね。スマコン対応の建機は、ステレオカメラなどがあって、現場の状況を把握する「目」と「頭脳」を持っています。

この特許（特許6925775）は、そういう最先端のスマコン建機と、その他の旧来の建機の間で、データを共有してコミュニケーションしながら施工していきますよ、という特許なんですね。確かに、一気にスマコン建機に置き換えるのは不可能ですから、現場ではこういう技術が必要ですよね。

この特許はどうしても取りたかったようで、分割した上で、拒絶査定不服審判まで行っています。一旦「特許になりませんよ」って言われたけど、さらに反論して粘って権利を取ったわけです。

この特許を読んだとき、これはコマツとしては絶対に取りたいんやろうな、と僕は思いました。

どこの建設機械メーカーも絶対使いたい技術ですからね。

この特許は、2015年に出願されています。まだ建設現場のDXなどという概念がなかった頃ですから、時代を先読みした特許です。Komtraxの特許と同様、「預言」ですね。

※コマツは2013年からICT建機を現場に導入し、2015年からコマツ独自のスマートコンストラクションサービスを開始しています

09

コマツ④

まとめ～革新的な技術で
未来を先取り、建設業界を変える

▼

カスタマーサクセスを支える
知財戦略

　ここまで、コマツの2001年以降の赤字からの復活と成長を支えてきた「Komtrax」と、その次の一手である「スマコン」について、特許情報を交えてその歴史と戦略を見てきました。

　今は、コマツの経営の屋台骨になったKomtraxですが、始まりは「盗難防止」でした。ただ、建機稼働時の異常情報を現場から遠く離れたところからモニタリングしたい、というニーズはもともとあり、対応する発明がなされていたことは特許から確認できました。

　1995年～1997年にかけて、故障検知や遠隔監視の基本になるアイデア・発明がキーパーソンから断続的に特許出願されており、「なんとなく」アイデアが企画になっていく様子が読み取れます。ですので、「盗難防止」は標準装備に向けた一つのきっかけに過ぎなくて、Komtraxの価値に気づいた一部の方が、粘

529

り強く育て、経営の安定化から「消耗品事業」まで、幅広く事業に役立つ仕組みに仕上げた、ということになります。

Komtraxに関連する一連の特許出願からは、まだIoTという言葉がなかった時代にもかかわらず、「稼働データ」「異常データ」が持つ可能性に対して強い確信を持っているとしか思えない、意志というか気迫のようなものを感じました。

しかしこれは、建設機械業界が景気に左右されやすい業界であること、「半値8掛け2割引き」のような値引きが常態化していたこと、そして、1万時間稼働すれば新車の80％のメンテナンス費用が発生すること、メンテナンス用の部品の手配に長いリードタイムがかかること、などの事業環境や事業課題を考えれば、コマツにとっては当然だったのかもしれません。

コマツのKomtraxに関する特許網構築では、花王のヘルスケア食品のケースと同様に、重要なところで分割出願が駆使されています。

元の出願から「課題」「用途」を変えつつ網羅的に権利化していく様子は、花王のケースのような「パラメータ」を駆使した派手さはないのですが、同様の権利化への執念を感じます。こういう出願や権利化の様子は、投資する側からすれば安心材料になります。

「あぁ、しっかりやっているんだな」とわかります

からね。

コマツが執念を持って特許網を構築したKomtraxから得られたデータは、盗難防止や受注予測だけでなく、コマツの安定収益を支える「補給品ビジネス」の拡大につながっていきます。

コマツは、2014年に栃木県の小山工場にスペアパーツ（補給部品）の物流センターを設立したのを皮切りに、世界中に物流センターを整備しています。

17時までに発注すれば当日発送、「コマツ版のアスクル」の誕生です。

Komtraxはそもそも、異常を検知して故障する前にメンテナンスをしてもらうことで、顧客の建機を止めない、現場を止めない、を目指すものです。

スペアパーツの物流センターの拡充も、「顧客の建機を止めない」というソリューションの一部であり、「カスタマーサクセス」を目指す取り組みなんですね。

Komtraxを軸にした事業拡大は、スペアパーツの物流センター拡充で総仕上げの段階に入っているのですが、実はその中にまだ一つ、大きなボトルネックがありました。

エンジンや油圧機器、歯車など、大型で納期の長い部品（コンポーネント、以下、コンポ）の存在です。これらについては現在、「リマン」ビジネスを拡大して対応する、という方針になっています。ここでも、Komtraxデータが大活躍です。

コンポが壊れる前に交換し、引き取った使用済み
コンポの消耗品を交換したり部分的に補修したり
して、再度交換部品として提供するわけです。顧客
にとってはリーズナブルなコンポが迅速に手に入り、
コマツにとっては高価で納期の長いコンポをストッ
クしておく必要がなくなり、資源の再循環も進む。
顧客課題、事業課題、社会課題の3つを串刺しにして、
一気通貫に解決する素晴らしい事業です。そもそも
コマツは、主要なコンポーネントをすべて自社製造
しており、高品質で高性能なコンポーネントの製造
技術を蓄積しています。

　その強みが活かせるのはもちろんですが、コン
ポーネントについて故障に至るまでの詳細なデー
タが手に入ることで、強みにさらに磨きをかけられ
ます。

　小川社長をして、「コンポがコマツの競争力だ」と
言わしめたのは、この辺の事情もあると僕は推測し
ています。

　補給部品の物流センター拡充とリマンビジネスの
拡大で、Komtraxを軸にした「バリューチェーン」ビ
ジネスの拡大、「顧客の建機を止めない」の追求は総
仕上げに入ったとしましょう。

　では、次は何か。それは「スマートコンストラク
ション」(スマコン)です。

これまでの「建機」を軸とした事業から、さらなるカスタマーサクセスのために、デジタル技術を活用して「建設現場」「施工」まで守備範囲を広げていくわけです。2013年にICT建機を現場に導入し、2015年から独自のスマートコンストラクション事業を展開してきたコマツは、現在「EARTHBRAIN」を設立し、「モノ」（建機）から「コト」（施工）へ事業領域を拡大しています。

施工のすべての工程をデジタル化して、一気通貫で高品質化して効率化しますよ、というのがコマツが現在取り組んでいるスマートコンストラクションで、EARTHBRAINでは例えば、ドローンを使って施工現場のデータを取って、広大な建設現場の状況をリアルタイムで把握することで、施工計画から進捗管理まで自動で行う、といったサービスを提供しています。

直近の特許を見ると、「施工管理」というワードが目につきますので、「建機」から「施工」へコマツの力点がシフトしているのは明らかです。特許からは、スマートコンストラクション事業を推進する上での課題も見えてきます。

例えば、スマコン対応の新しい建機と、対応していない古い建機が共存する状況では、何が求められるか。建機は製品寿命が長いので、すべてが一気に入れ替わるわけではない。

だから、各建機が完全に自律的に動ける時代は、もう少し先になるわけです。

　スマコン対応の建機が「目」「頭脳」になって、他の建機とコミュニケーションをとりながらチームプレイで現場をDXしていく世界が、特許から読み取れます。

　この特許は、もちろん書かれている発明自体も非常に重要なのですが、権利としても重要な特許になりそうです。

　そして、発明者はEARTHBRAINのキーパーソンです。もちろん、コマツはこの特許を粘り強く権利化しています。

　この辺も、とても頼もしいですよね。関連特許を読んでいくと、コマツが施工現場をどのように「スマート」にしていくのか、非常に楽しみになります。皆さんもぜひ、コマツの最新特許に目を通してみてください。

　スマコンの特許を読む際、Komtraxの歴史と特許戦略を念頭に置きながら読むと、さらに理解が深まるでしょう。

　Komtraxの出願では、当初は「通信負荷」「消費電力」が課題になっていましたが、その後は「データの活用」などに焦点がシフトしていました。では、スマコンは今どういう状況なのか、次のトピックは何なのか、という感じで読んでいくわけです。そこから

読み取れたこと（仮説）を、IR担当者にヒアリングしてもよいでしょう。

そこまで特許を読んで質問をする投資家はまずいませんので、喜んでいただけると思います。過去にGEのIR担当者が、以下のように発言しています。

・あるアナリストが、他のアナリスト以上に我々についてよく理解できる場合がある。

・そのアナリストが、我々のことをよく研究し、それによって他の平凡なアナリストが質問できないような、洗練され、かつ、ツッコんだ質問をした場合、我々はそのアナリストに特別な回答を用意することがある。

IRは、ガイドラインによって、すべてのアナリストに公平に情報を提供することを義務付けられていますが、「よく研究したアナリストの、ツッコんだ質問」には、「特別な回答が準備される」可能性があるわけです。どんどん「ツッコんだ」質問をしましょう！（笑）
そして、今後も世界に先駆けて革新的な技術を開発し、建設業界を変えていくコマツを応援してください。
最後に、少し余談を。
今回、花王とコマツを事例として取りあげた理由

は、花王の事例紹介の冒頭でお話しした通りで、特に知財戦略について、優れた点があるというか「気合が入っている」と感じたからです。

コマツは、2001年に赤字を計上したタイミングで、Komtraxを標準装備化して勝負をかけています。その後の躍進ぶりは、皆さんご存じの通りです。20年以上かけてKomtraxを軸にした「顧客の建機を止めない」事業に磨きをかけ、総仕上げの段階に入りました。

やはり何事も、一つの大きな事業として育てていくには20年ぐらいかかるんですね。

最初の発明が1997年の特許出願ですから、25年以上経っているわけです。1997年に発明して、2001年に標準装備化ですから、かなりスピード感がありますよね。しかも「赤字」の年ですから、普通なら「コストダウンとリストラ」に明け暮れて終わるところだと思います。赤字のときに「先の読めない話」をしても、普通は相手にしてもらえませんからね。「とりあえず既存事業をなんとかしろ」といわれる(言う)のが普通だと思います。

僕が15年以上支援している起業家の方は、「だいたい新規事業って、99人を敵に回す話になるんですよね」といつもおっしゃっています。先日も、昼食をご一緒しながらあれこれ話しているうちに、この話になりました(笑)。既存事業のように「コツコツとした積み上げ」だけでは語れない「飛躍」があるからな

んですね。

　発明塾では、この飛躍を「ギリギリの論理的飛躍」と呼んでいます。

　詰めるだけ詰めて、考えるだけ考えるんだけど、最後の最後、どうにもこうにも説明できない部分が残る。すべてについて説明を求める人は、そこを突いてくる。

　おおよそ99％の人が、すべてのことに説明とエビデンスを求めますので、その人たちを「敵に回す」ことになるわけですね（笑）。

　そう考えると、コマツのKomtraxの標準装備化は英断だと思うと同時に、その裏側は、「建機の盗難防止」を旗印にしつつも、「メンテナンス」「補給品」ビジネスの機会をしたたかに見据えたものであっただろうと、僕は推測するわけです。

　花王は、どうでしょうか。花王の知財戦略の緻密さは、「ヘルシア」「エコナ」関連の特許を見れば明白です。

　特にヘルシアはカテゴリーとして初のトクホ製品であり、花王は「ヘルスケア食品」におけるイノベーターと言ってよいでしょう。しかし、どんなイノベーションにも賞味期限があります。コマツがKomtraxから「スマコン」へ事業領域を拡大したように、花王も「ヘルスケア食品の次」について、手を打つ必要が

あったわけです。それが「パーソナライズドライフケア」(パーソナライズドヘルスケア)ですね。

　背景には、「速く・安く・大量に」をビジネスモデルにするEC大手の台頭があります。「いいモノ」をつくっているだけでは勝てなくなってきたんですね。

　そこで花王は、「パーソナライズドライフケア」を軸とした「もう一つの花王(Another Kao)」を立ち上げ、生まれ変わろうとしているわけです。

　ただ、僕が2022年に花王の新しい取り組み「パーソナライズドライフケア」「もう一つの花王(Another Kao)」に関する情報を発信し始めた当初、投資家の反応はとても鈍いものでした。

　投資家の評価が低かったのは、そもそも「既存事業」のテコ入れができていなかったからなんですね。なんだかんだ言っても既存事業が業績不振ですよね、ということです。

　確かに、既存事業の構造改革は遅れていました。ただ、この指摘は、筋が通っているようで通ってない部分もあるんですね。既存事業には限界があるから、新規事業の話をしているわけです。でもまぁ、それはそれとして、既存事業のテコ入れは、ある程度はやらざるを得ないんですね。それはわかっていることです。

　こういう議論は、多分日々あちこちで起きているのですが、重要なことは、この「筋が通っているよう

で通ってない議論」の根源にあるギャップを、どう「つないで」いくか、だと僕は思っています。

　あれもこれもで、単なるリソースの分散にならないように、並列ではなく「惑星直列」にする必要があります。花王の場合、まず、既存事業で培っている「生体計測技術」が一つの強みです。

　また、ここは僕の推測になりますが、「パーソナライズドライフケア」の「診断」は「仮想人体生成モデル」でオッケーなのですが、「ソリューション」の部分は、既存の商品が「パーソナライズ」されることで出てくるからです。

　なので、既存事業を強くしつつ、新規事業で会社としてあらたな事業モデルをつくる必要がある。赤字の中、コマツがKomtraxを標準装備化したのと、同じような話です。これは、針の穴に糸を通すような話なのですが、やるしかないんですね。

　ここは、経営者や担当者にも努力が必要だが、見守り励ます投資家にも胆力が必要なところだと、僕は考えています。

　Komtraxが仕上がるまで、いや「仮想人体生成モデル」が仕上がるまで20年待てますか、ということですね。もちろん、そういうのは危ないから投資しない、新規事業が軌道に乗ってから投資する、というのもありです。これは投資家としてのスタンスの問題であって、良い悪いの話ではありません。ただ、僕の場合、仕事で新規事業を多数見ているので、顧客であ

09

コマツ ❹ まとめ 〜 革新的な技術で未来を先取り、建設業界を変える

539

るかないかにかかわらず、新規事業で生まれ変わろうという企業は応援していきたい。そのために、毎年、毎月のようにセミナーを行って、また、毎週メルマガを配信し、積極的に未来をつくろうとしている企業を取りあげているわけです。

　まだまだ弊社の努力不足で、投資家の方に、各企業の目指す未来の確実性が、正しく伝わっていない部分がありますので、本書も含め、これから一層力を入れていきたいと思っています。

　繰り返し言いますが、すでにある事業を効率よくすることには限界がありますから、そこで浮いた資源と培った強みで、未来に向けて新たな勝負を仕掛ける必要があるわけです。その例が、コマツのKomtraxとスマコンであり、花王のパーソナライズドライフケアである、ということですね。

　他にも取りあげたい企業はたくさんあるのですが、脱線が過ぎますので、本書ではこれぐらいにしておきます。また、セミナーなどでお会いして、大いにディスカッションさせていただければ嬉しいです。見かけたら、お気軽にお声掛けください。

Chapter **7**

長期で応援したい企業の、
最新動向をチェックしよう

01

技術や知財に強みがあり、長いスパンの投資に向いている企業30選

▼

リストアップした企業には、成長を続ける「何か」がある

　第6章では、花王とコマツを取りあげましたが、この章では、それ以外で、僕が特に長期で応援したいと考える企業、技術や知財に強みがある企業をリストアップします。これは、投資家の方からの要望が結構多いからです。

　当初、企業リストは、もともと、もっとたくさんあったのですが、その中から特に長期投資に向いていると僕が考える企業を厳選しました。

　できるだけ、ダントツの製品やサービスを持っていたり、高収益を継続したりしている企業を取りあげるようにしています。

　リストの中には、発明塾のセミナーや、発明塾ホームページ内のコラム、メルマガで取りあげている企業もあります。

　ホームページのアドレスを「おわりに」に掲載しましたので、ぜひご一読ください。

注意点がいくつかあります。

各社の特徴や最新情報のわかる特許を紹介していますが、「特許」と記載があるものは原則として「公開公報の番号」を記載しています。ただし、米国特許があるため表記は英語表記で統一しています。企業は、規模の大小や業種、地域のバランスなどに一切こだわらず選んでいます。

さらに、よくある「急成長企業」のような選び方ではなく、今後10年、20年、いや100年を見据えて成長できる「何か」がある企業を、できるだけ選んでいます。

ですから、このリストを読んで今日明日どうのこうのではなく、皆さん自身1年、2年かけて確認しつつ、必要があれば投資先に加えていってください。いずれも、投資を焦る理由がない企業ばかりです。

もう一点、今回、あえて中国の企業を2社加えています。現時点で、中国企業への投資はハードルが高いと考える方は多いと思いますし、僕としても特段推奨するものではありません。

では、なぜ加えたか。良い悪いは別にして、中国は巨大な市場でありながらも、政府の方針などにより独自の進化を遂げています。そういう意味で、今後10年、20年を考えると、技術開発・新規事業・投資の観点で、無視できないでしょう。中国企業の動向にも大いに目を配っていただきたく、2社だけ入れてい

ます。

いずれも、ヘルスケア業界関係者にはなじみの深い企業だと思いますし、僕もずいぶん前から注目し、動向を調べています。

では、お楽しみください！

※2024年5月時点の情報に基づく

■ メディカル・データ・ビジョン

プライム　3902

発明塾では2015年から調査し、注目している「元祖」医療ビッグデータ企業。日本最大級の質と量のデータを持つ。

病院の経営管理ソフトを販売し、そこから集まるデータを基に製薬企業向けのデータビジネスを展開する「2階建て」のビジネスモデルが特徴。病院向け経営管理ソフトはクラウド版に切り替え、継続的に機能向上するとともに、より幅広く医療関連データを集められる仕組みを構築。直近の特許「JP2023177575A」「WO2021124985A1」は、医師の診断支援を行う機能に関するもので、同社の病院向けソフトがビッグデータを背景にさらに進化していく様子が垣間見える。

また、個人向けの医療データサービスにも力を入れ始めており、発明塾が注目するきっかけになった特許「JP2015032074A」に書かれている「医療データ

はもともと個人のもの」というコンセプトに、ようやく時代が追いついてきた。今後のますますの成長に期待したい。

・・

■ 中外製薬
プライム　4519

　欧医薬大手ロシュの傘下で成長を続け、中分子医薬やオルガノイドなど新たな領域を切り開いているエッジ企業。

　抗がん剤、骨・関節領域に強みを持ち、患者の遺伝子情報を利用したがんの個別化医療にも取り組む。個別化医療を推進するため、患者が自身のデータを安全に管理し、また、医療関係者や研究者が安全に利用できる「Web3」「DAO」といった次世代のITを用いた医療データの利活用システムを提案するなど、DXにも積極的に取り組んでいる。

　DX関連では「ロボット」を用いた細胞培養システムの特許「WO2024101437A1」（オムロンと共同出願）もあり。

・・

■ テルモ
プライム　4543

　医療機器大手、カテーテルなど心臓・脳・末梢血管用デバイスの事業が大きく成長。中期経営計画で示した「2026年に売上1兆円」はクリアできる見込み。

人工心肺装置で長年培ってきた医療機関・医療従事者との信頼関係を基盤に、M&Aで獲得した新たな製品で成長を目指すモデル。

生産技術にも強みがあり、米ベンチャー買収後に製造品質を向上させた実績あり。

次の成長の柱は、血液・細胞関連で、年率2桁成長を目指す。

例えば、直近の特許「JP2024023424A」（分割多数）に示されている、治療用の血液成分を収集するアフェレシスが高効率で行える装置を開発済み。

··

■ 楽天グループ
プライム　4755

ネット通販大手としての地位を確立し、銀行、携帯電話へと次々に事業を拡大。多角化により顧客接点を増やすことで、各事業のシナジーを生み成長を継続するビジネスモデル。

例えば、楽天ペイで日々の顧客接点を増やしながら、顧客の生涯価値が高い銀行や証券サービスをアップセル。

直近は、投資先行で赤字が続いていたが、早ければ2024年に、事業資金を事業からのキャッシュフローで賄える状態を達成できる見込み。直近の特許出願では「JP2024018993A」「JP2023146142A」（外国出願あり）のような画像診断や疾病リスク予測などの「医療IT」関連があり、楽天メディカルによる「がんの光

「免疫療法」以外の医療・ヘルスケア系のサービスへの進出も期待したい。

••

■ 富士フイルムホールディングス

プライム　4901

　2000年代後半の写真フィルム市場の急速な衰退を乗り越え、ヘルスケア事業が屋台骨の一つに。写真フィルムの開発製造で培った強みを活かした、バイオ医薬の開発製造受託（バイオCDMO）に重点投資中。世界第4位にまで成長。

　投資はそろそろ一段落し、2026年にはキャッシュフローはプラスになる見込み。CDMOでは一般的な「バッチ式」より生産効率に優れる「連続生産方式」技術を持つのが強み（例：WO2023191009A1）。業界トップのLONZA社とクロスライセンスにより、iPS細胞技術を拡充。

　今後はiPS細胞の提供含む、iPS細胞治療の開発から量産へ、iPS細胞のCDMOビジネスを構築していく。

••

■ ブリヂストン

プライム　5108

　タイヤの世界大手、普通車向けはプレミアムタイヤに注力し利益を確保。高利益率の建設・鉱山・航空機やトラック・バス向けなどBtoB領域をモビリティテック領域と位置づけ、リトレッドや耐久性

予測など顧客に代わってタイヤの管理と最適化を行うソリューション事業は成長・拡大ステージに（JP2024034475A）。

種まき領域の一つ「タイヤの水平リサイクル」は、2022年にまとまった特許出願（例：WO2023153380A1）があり、基礎技術の確立段階。同業の住友ゴム（5110）が手掛ける「アクティブトレッド」（例：WO2023199540A1）のような流れにも期待したい。

....

■ 日進工具
プライム　6157

工作機械に取り付ける工具「エンドミル」でダントツ。刃先が6ミリ以下の「超硬小径エンドミル」に特化して、国内シェアトップのニッチトップ企業。

強みは、①すべて日本製で、仙台工場で一貫生産。②製造装置も自社開発。③直径10マイクロメートルを実現する高い技術力。無借金経営で経常利益率は20％超え。仕掛中の米国市場攻略が非常に楽しみ。

直近の「高精度、長寿命エンドミル」の特許「JP2024068211A」にあるように、地道な開発・改良で着実に性能向上を重ね、他を寄せ付けない。

....

■ レオン自動機
プライム　6272

饅頭や肉まんをつくる「包あん機」で国内トップ

シェアなど、食品製造機械の知られざるダントツ企業。海外売上も6割、欧米は製パンラインが成長、インドを含むアジアも拡大。

2023年からの新中期経営計画は「スマートファクトリー」がトピックの一つで、IoTやロボットの活用を外部と共同で進めるR&D投資も行い、パンの製造販売子会社オレンジベーカリーで実証していく。

「包あん機」の肝である「シャッタ」の継続改良、技術開発と特許戦略（例：WO2023120641A1）で市場を独占。

....

■ 技研製作所
プライム　6289

無振動・無騒音で杭を地中に圧入する「サイレントパイラー」の開発・製造・販売、およびそれを用いた圧入工事を行う。

圧入技術が活かせる地下駐輪場・駐車場（例：WO2023032977A1）など地下空間利用も提案。杭を圧入する「インプラント工法」は、新しい工法のため発注者への提案が必要で、グローバル化が課題だったが、直近では海外での建機売上が増加。杭や地盤内にセンサーを配備することで構造物に「神経」を通し、構造物から得られた情報を活用する「神経構造物」の実現にも取り組む。

これまで特許出願の発明者は創業者の北村さんが突出していたが、直近では発明者の層が厚くなっており、全社での知財創造体制ができつつある。

■ クボタ

プライム　6326

　農業機械国内最大手。お米の「味」がわかるコンバインでデータを集めて田んぼを改善するなど、「センシング×農機」で、農場の土のデータを理解し、変えていく、「地べたのGAFA」を目指す。

　農機の自動運転でも最先端、すでに農地の中の作業は自動化できており、無人自動運転の2026年実用化を目指す。

　農業のロボット化にも取り組んでおり、まずブドウ栽培のロボット化に取り組む（例：JP2024055841A）。

　懸案のグローバル化は、インドに4カ所目の生産拠点を構え、2028年にインドでのシェア25％を目指す。

■ ディア・アンド・カンパニー（Deere & Company）
米国

NYSE　DE

　農業用トラクターで世界首位、建設・林業機械や金融サービスも提供。無人の自動運転トラクターの開発で先行、現在ベータテスト中。「より正確かつ高速で種まきや薬剤散布を行う精密農業」の技術確立に向けて、自動運転やAIなど最新技術に積極的に投資を行っている。

例えば、高速で正確にムダなく種をまくExact Emerge（例：US20230389465A1）、まいた種にピンポイントで必要量の肥料を正確に与えるExactShot（例：US20240138287A1）など、技術開発力で他社を圧倒。2024年は農作物価格の下落で逆風。

．．．．．．．．．．．．．．．．．．．．．．．．．．．．．．．．．．．．．．

■ ダイキン工業

プライム　6367

空調世界首位。家庭用・業務用エアコンから海上コンテナ用冷凍機まで幅広い製品を持つ。

コロナ禍でサプライチェーンが混乱する中でも、設計変更で影響を最小限に抑えた。現在、中計FUSION25での当初予定を上回る成長。

中計後半では、カーボンニュートラルをチャンスと捉え、電力関連事業やCO$_2$回収活用技術の獲得を目指す。

空調が提供できる「空気価値」についても研究開発を進め、呼吸器疾患リスクの把握（例：WO2023167169A1）や睡眠に関する課題の解決を目指す。

．．．．．．．．．．．．．．．．．．．．．．．．．．．．．．．．．．．．．．

■ デンソー

プライム　6902

自動車部品国内首位、世界2位。収益性が低いとして内燃機関関連を縮小し電動化にシフト。内燃機関はすぐになくならないが早めに事業転換する方針。

EV時代を見据えて先端半導体に投資し、市場成長と同等以上で伸ばしていく。TSMC熊本に出資。EVでは搭載されるソフトウェア一括品質保証やエネルギーマネジメントが強みに。

基盤技術の半導体・ソフトウェアに力を入れつつ、脱炭素（例：WO2024014483A1）含め「エネルギー・食農」領域で新規事業を育成。収益基盤が確立できる2025年以降、新規事業の種まきに力を入れる。

....

■ ハネウェル・インターナショナル
（Honeywell International） 米国

NASDAQ　HON

航空宇宙、ビルディングテクノロジー、パフォーマンスマテリアル、安全・生産性ソリューションの4つの事業部門を持つ。例えば航空宇宙分野では、デンソーと共同でeVTOL用モータの開発を行うなど、航空機の電動化をキープレイヤーとして後押しする。

パフォーマンスマテリアル分野では、脱炭素に向け水素とCO_2からSAF（持続可能な航空機燃料）を製造する技術を開発。

安全・生産性ソリューションでは、センサー技術を活かし、EV用Li電池の熱暴走を防止するソリューションを開発（例：US20240154203A1）。

時代の変化を先取りした製品・サービスの開発と、戦略的なM&Aで高収益を実現。

....

■ 日東電工

プライム　6988

　液晶用偏光フィルム、工業用テープ他、多種の「ニッチトップ」製品を持つグローバル化学メーカー。独自のマーケティング活動「三新活動」が特徴で、新製品開発と新用途開発を繰り返して市場を創造。業界トップクラスの顧客ニーズを先取りし食い込み、価格競争を避ける。

　「パワー＆モビリティ」「デジタルインターフェース」「ヒューマンライフ」の3つが新重点分野で、その交点を強みが活きる事業機会とする。デジタルインターフェースとヒューマンライフが交差する領域では、デジタルヘルス（例：WO2024024694A1）ビジネス立ち上げ、ロボット（例：WO2024071171A1）も。

■ オムロン

プライム　6645

　FA制御機器大手、ヘルスケア、鉄道システムも手掛ける。長期ビジョンSF2030では「カーボンニュートラルの実現」「デジタル化社会の実現」「健康寿命の延伸」という3つの社会的課題への取り組みを掲げるが、直近では制御機器事業の立て直しが鍵。

　高付加価値のソリューションサービス群「i-Automation!」の拡販に加え、買収したJMDCの「データで稼ぐ」力を活用したデータソリューションビジネスを社長直轄で推進。

他社製品含め時刻同期したデータ収集を強みとし「人を超える自働化」を提供。オムロンらしい新規事業として、オートメーションで社会課題を解決する農業支援（例：WO2024080154A1）も。

■ キーエンス

プライム　6861

センサーなど計測制御機器大手。営業利益率50％超の高収益企業。よく比較されるオムロンは「制御」が強みであるのに対し、同社は「光学測定」が強み。強みを磨いて製造現場の「不・負・非」を徹底解決。

例えば、光学を含む複数のセンサーを装備した簡単高精度の3次元測定器を開発、さらにデータから図面を出力するリバースエンジニアリング支援装置へ（例：JP2024024587A）。

強みを活かしてソリューションまで持っていく、圧倒的な商品開発力と価値提案力。

新規事業として、製造業以外も対象にしたデータ分析サービスも開始。

■ シスメックス

プライム　6869

血液・尿検査機器・試薬大手。消耗品ビジネスで高収益安定成長の経営基盤を確立。今後は、手術ロボット等の治療関連と、遺伝子検査など個別化医療

を伸ばす。

　川崎重工との合弁会社「メディカロイド」での手術ロボット事業は適用科が拡大し順調。遺伝子検査はシーケンサーを日立ハイテクと共同開発。遺伝子検査によるコンパニオン診断（例：JP2024026278A）拡大に備える。細胞・タンパク・遺伝子測定の3つが技術プラットフォーム。JCRファーマと幹細胞医療の合弁会社設立の他、細胞治療（例：WO2024084852A1）、創傷治療（例：WO2023182417A1）など、新規事業に期待。

■ トヨタ

プライム　7203

　自動車世界首位、ハイブリッド車技術で世界トップを走る。エンジン・燃料電池・バッテリー車すべてを進める「マルチパスウェイ」戦略。

　自ら「ミッシングピース」と呼ぶEVの開発を加速中、出光興産と共に次世代電池「全固体電池」の実用化を高い技術力でリードする。

　特許も電池関連が上位にきており、EV開発は粛々と進んでいる。「カーボンニュートラル」と「移動価値の拡張」を掲げ、バッテリーを利用してEVを電力インフラにする（例：JP2023093698A）ところから、MaaSや空飛ぶ自動車、社会システムへの統合までを見据え、2024年は成長領域への投資を50％程度に引き上げる。

■ ASML ホールディング（ASML Holding）
オランダ

NASDAQ　ASML

　半導体露光装置のトップ企業。不可能とされた、最先端半導体製造に欠かせないEUV露光装置の実用化に唯一成功、市場を独占。

　顧客はサムスン電子、インテルやTSMCなど世界トップの半導体メーカー。研究開発型企業で、売上の15%をR&D投資、2022年には競合他社の数倍となる33億ユーロ（日本円で約5000億円）を研究開発に投じた。従業員4万人のうち1.5万人が研究開発人材。

　技術開発力で他を圧倒し市場を独占し続ける。インテルが導入した次世代のEUV装置は、1台あたり約3億7800万ドルとされる。

■ キヤノン

プライム　7751

　カメラ・複合機の最大手で、半導体露光装置、医療機器も。商業印刷、ネットワークカメラなどのM&Aと新規事業で事業構造転換。今後は医療機器（メディカル）に力を入れていく。

　AIを搭載した医療機器で世界トップクラス、メディカルの利益率向上が課題。2023年3月再生医療に参入を発表し、10倍の培養能力の装置開発を目指すなど、細胞培養技術（例：WO2024095911A1）にも力を入れる。

半導体露光装置は化合物半導体とパッケージング向けで成長、新技術「ナノインプリント」の実用化に世界で初めて成功しメモリ分野への導入が期待。

■ オリンパス

プライム　7733

消化器内視鏡世界シェア70%でダントツ。「細くて長い管」がある「消化器科、泌尿器科、呼吸器科」でリーディングポジションを獲得する戦略。科学事業とカメラ事業を売却、2023年度までで事業構造改革は終了、医療機器も整形外科領域は売却。

今後は成長と収益性の両面にアプローチするため、ケア・パスウェイ（診療・治療の流れ）に沿って製品ラインナップを拡充。その先は、AI診断支援（例：WO2024004850A1）、データのリアルタイムモニタリング、感染対策（例：WO2023223425A1）から病院システムとの統合まで含む「インテリジェント内視鏡医療エコシステム」の構築へ。

■ 朝日インテック

プライム　7747

心臓の冠動脈手術で用いるPCIガイドワイヤで世界シェア50%以上。海外売上が8割を超える医療機器のグローバルニッチトップ企業。

今後は心臓血管以外を伸ばす。伸線技術、ワイヤ

フォーミング技術、コーティング技術、トルク技術、の4つのコア技術を活かし、スマートガイドワイヤ、ナビゲーション、遠隔手術を新事業領域として開拓する。

スマートガイドワイヤはセンサーで血栓識別やプラズマ利用（例：WO2023223642A1）、遠隔医療はアフリカから着手。手術支援ロボットも発売。

■ インテュイティブサージカル（Intuitive Surgical）米国

NASDAQ ISRG

腹腔鏡型の手術支援ロボットで世界首位、世界で8800台以上のロボットが稼働中。収益の85%は交換部品とサービスが占め、安定成長のビジネスモデル。

基本特許切れに伴い手術ロボット市場の拡大が加速する中、第1世代の「ダビンチ」から、フレキシブルアームを持つ第2世代の「ダビンチSP（シングルポート）」へ進化。カテーテル型で肺がん検査を行うロボット「アイオン（ION）」（例：US20200078096A1）も導入が進む。細い管を自在に屈曲させるには高度な技術力が必要だが、フレキシブルアーム・カテーテル型ロボットの技術進化を進める（例：WO2024064597A1）。開発力は圧倒的で、直近では触覚フィードバック機能（例：WO2024081300A1）を備えたダビンチが認可。

■ マイクロポート・サイエンティフィック　中国

香港ハンセン　0853

　中国の医療機器大手で、日本の大塚ホールディングスの持ち分法適用会社。

　ペースメーカー、人工関節、カテーテル、ステント、内視鏡から手術ロボットまで幅広く事業展開。MIS（低侵襲医療）関連機器が主力。中国政府の高度医療機器の国産化政策により、カテーテルによる心臓弁手術ロボットを含め、10種の手術ロボットを開発中。ロボットによる遠隔手術でも先行しており、すでに120例を実施。対話型の手術支援ロボット（例：CN116230196A）など、手術データを蓄積してシステムを進化させる方向。

....

■ ダナハー（Danaher）　米国

NYSE　DHR

　BtoBで各分野トップの企業を買収し改善する戦略的買収で成長、「企業をつくる企業」として有名。オペレーションの改善を軸とする独自手法で売上成長は1桁台後半、粗利59％、営業利益29％を達成。

　バイオプロセス、ライフサイエンス、診断の3分野で「カミソリモデル」と呼ばれる消耗品で儲ける事業を確立。直近の大型買収は、旧GEヘルスケアで細胞医薬製造設備などを手掛けるCytiva。ノーベル賞学者J.ダウドナ博士が設立したIGIと共同で、GEヘルスケア時代から準備を進めてきた遺伝子治療プラッ

トフォームの構築に注力。

....

■ スリーエム（3M）　米国

NYSE　MMM

　砥石やマスクなど「安全・産業」、光学フィルムなど「輸送・電子」、剝がしやすい粘着テープなど「消費者」の事業セグメントを持つ。

　「ヘルスケア」事業は分離。それに伴って、60年以上続いた連続増配は終了。祖業の砥石から派生した、研磨剤、粘着剤、コーティングなどの技術を活かし多種多様な新製品を開発し続ける「技術マーケティング」が強み。

　新製品で新たな技術を獲得し磨き上げ、新たな強みとして次の製品を生み出し、保有する技術（テクノロジープラットフォーム）を拡大・進化させ続ける。例えば、液晶ディスプレイで広く使われる「輝度向上フィルム」の技術は、脱炭素のための「熱マネジメントフィルム」（例：WO2021224699A1）に応用されている。

　巧みな特許戦略で有名。

....

■ 平安保険　中国

香港ハンセン　02318

　中国保険大手。「IT×金融×生活サービスの融合」戦略を掲げ、データを活用したビジネスに注力。アプリ含め無料や安価で頻度の高いサービスで顧客接

点を確保しデータを集めて、顧客生涯価値の高い保険などの金融サービスへつなげ収益を得る仕組みを構築。サービス利用者数は4億人とされ、塩野義製薬が中国でのヘルスケア事業推進にあたり平安保険と提携するなど、中国でのヘルスケアビジネスにおいて大きな影響力を持つ。

蓄積した膨大なヘルスケアデータに基づいて、契約条件が個々人に最適にカスタマイズされた保険を提案する未来を特許（例：CN116595971A）で預言。

■ クアルコム（Qualcomm）　米国

NASDAQ　QCOM

無線通信用半導体で世界首位。CDMAデジタル移動体通信を発明（例：JP2763099B2）、世界で初めて事業化。デジタル通信の時代を切り開き、リードし続けるイノベーター企業。

特許ライセンスとチップ販売を組み合わせる独自のビジネスモデル「オープン・クローズ戦略」で市場を独占し高収益。アップルも特許ライセンスを受けており、特許戦略は盤石。CASE時代に向け、自動車用途の開拓に注力する一方で、AI時代のモバイルコンピューティングインフラ構築でも先行、マイクロソフトのAI「Copilot」搭載PC向けにAI対応CPUを開発。携帯電話向けで磨かれた低消費電力と熱マネジメントに優れたチップの強みを活かす。

■ マイクロソフト（**Microsoft**）　米国

NASDAQ　MSFT

　ビジネスソフト、OS、PC、MRデバイス、ゲーム、広告、検索エンジン、ビジネスSNS、ソフトウェア開発プラットフォームなど幅広い製品とサービスを提供するITの巨人。ChatGPTを開発するOpenAIに130億ドル以上を投資するなど、生成AIの事業化で先行、クラウドサービスにおけるAIの比率は急速に上昇。

　生成AIの本格普及に向け、データセンター増強とともに脱炭素技術（例：US20240009614A1）と炭素排出権確保への投資に注力、サービスを急速に拡大しつつ2030年までにカーボンネガティブを達成し、顧客の脱炭素にも貢献する。

おわりに

"イノベーション"を起こし続ける企業に着目を！

▼

いかがでしたか。

特許情報を分析することで、素晴らしい可能性やイノベーション創出能力を持った企業を見極め、理解を深められることを、ぼんやりとでも感じ取っていただけたでしょうか。

本書が、100年成長し続ける企業、イノベーションに本気で取り組む企業と、それを応援したい投資家の方の「架け橋」になれば、こんなに嬉しいことはありません。

「はじめに」で書いたように、AIですら「特許情報は企業と投資家を結ぶ重要な要素」だと認めているわけです（笑）。今はまだ特許情報は、ごく一部の投資家しか使えていないツールですが、本書を手に取っていただいた方から、まず大きな成果を出して成功していただいて、成功事例とともに徐々に広がっていけば良いなと考えております。よろしくお願いいたします。

ここで、僕の経歴を少しお話しさせてください。

僕は大学で、機械工学とエネルギー工学を専攻したのち、モビリティ・再生可能エネルギー・医療ロ

ボット・ナノテク・光半導体・細胞培養・遠隔教育などの分野で、新製品開発と新規事業開発、および、企業立ち上げを経験。また、発明塾OB・OGの提案と協力で、大学生向けの「発明塾」でブロックチェーン技術を用いた発明創出支援システムの研究・開発にも取り組んできました。

事業開発には、うまくいったもの（再生可能エネルギー・細胞培養）も、いかなかったもの（医療ロボット・ブロックチェーン）もありますが、ざっと振り返ってみて、「今、まさに熱い分野」を先取りして、継続的に新規事業と新製品開発に関われたことに、感謝しています。

ナノテク時代は、産業技術総合研究所にて研究員としての活動も経験させていただき、国立研究機関での基礎研究から起業・資金調達（その後、一部の事業はExit）まで、一気に経験できたのも大変ありがたく思っています。

関係者と投資家の皆さまのおかげです。なかなか、ここまでの多様な経験は、自分で希望してもできなかったでしょう。

現職のTechnoProducer（テクノプロデューサー）株式会社では、立ち上げ当初は、米国のIntellectual Venturesという「発明投資ファンド」（知財投資ファンド）の依頼で、発明創出の仕事に没頭してきました。

「事業への投資」だけでなく、「発明への投資」「知財への投資」へ、時代が動きつつあることを、日々、

投資家とのやり取りで、肌で感じてきました。この「技術と事業を開発し、特許や知財を出す」側の経験と、「特許や知財を評価して投資する」側の方々との仕事に没頭した経験が、弊社の「独自の価値提供」を支える資産の一つになっています。

「投資眼」を持つ経営者、投資家、仲間を増やす

　本書の原型になるコンセプトは、発明投資ファンドであるIntellectual Venturesとの仕事の中から生まれてきた部分もあります。

　彼らこそ「未来」「可能性」に投資する人たちでしたからね。

　なかなかハードな仕事でしたが、彼らとの仕事を通じて、イノベーションや新規事業は、こういう投資家に支えられているんだと実感しました。実際、当時一緒に仕事をしたファンドのメンバーは、ファンドの資金で設立されたスタートアップに続々と移籍し、新たな事業の立ち上げに邁進していました。

　そういったキャリアチェンジをした特許弁護士の方も、結構いらっしゃいました。アイデアを一緒に育て、守り、そこに投資して、さらに汗もかく。こういう投資家をもっと増やせないか、といろいろな方に相談しましたが、誰もアイデアは持っていませんでした。だったらつくってしまえ、ということですね（笑）。

　「企業内発明塾」で新規事業の成功体験を積んだメ

ンバーが、今後次々に経営者になっていくでしょう。彼らは「可能性」「未来」にどのように投資すればいいか、身をもって感じて理解しています。アイデアの育て方も知っていますし、事業開発のノウハウも持っている。汗をかく気概も十分ある。「頭脳」だけでなく「ハート」がある。新規事業には「頭脳」と「ハート」を兼ね備えたリーダー人材や仲間が多数必要なんですね。

　僕が「発明塾」を続ければ、そういう経営者やリーダーは確実に増えていきます。

　階層を問わず、そういう「仲間」が増えることで、「良い仲間と良い議論」が生まれ、イノベーションが加速する。

　実際のところ、事業を生み出す側の企業を支援する仕組みは、「企業内発明塾」として特にここ数年で一つの形になり、大きな成果が出てきました。おかげさまで今年も、いくつもの企業で意欲的な参加者の方に恵まれました。多数の素晴らしい新規事業提案にしっかりと予算がつき、続々と実行に移されています。立ち上がって軌道に乗っている新規事業もありますし、すでに事業として成立していて別会社化されている例もあります。

　これが、企業側での変化です。

　そして今、企業の中に入り込んで新規事業を量産する「企業内発明塾」に加え、それらの企業に投資する投資家の方向けにも「発明塾」を開催して、企業

活動の分析と評価、投資先として適切かどうかの目利きを行うようになり、弊社の活動もだいぶ幅が広がってきました。近年では、特許をどう読んで投資に役立てるか、投資家の方にセミナーでお話をする機会も多くなりました。

こうしてみると実は、あまり強く意識はしませんでしたが、TechnoProducer株式会社を設立してからの、僕のライフワークというか大きなテーマの一つが、「アイデア」「発明」「知財」「技術」「人材」「組織」だったわけですね。そこに、最近「投資」が加わって、Intellectual Venturesとの「ハードワーク」で張った伏線が回収されつつある。そういう感じかもしれませんね。

僕はいつも、「技術とお金の交差点にイノベーションが生まれる」と技術者の方にお話ししています。どんなに良い技術があっても、お金がないと進まない。お金をどう動かしていくか。お金を動かせる「仲間」をどう増やすか。

これが、本書を出した「僕の狙い」の一つです。

「投資哲学」「投資法」の ヒントに

投資家の方々には、いろいろな立場、そして、スタンスの方がおられます。本書を手に取られる方の多くは、上場企業の株式投資に関心がある機関投資家の方、あるいは、個人投資家の方になると想定しています。また、今回はその中でも特に「長期投資」に

関心がある方を想定しています。

　もちろん、知財や特許に関心を持たれる投資家の方の中には、「特許取得のプレスリリースが出たから株価が上がる」のような、短期的な視点で関心を持つ方もおられます。

　僕は、それはそれで良いと思っています。いろいろな立場とスタンスの投資家がいるので、マーケット（株式取引市場）は成り立つからです。売る人がいるから、買える。逆もまた然り。短期で売買する人がいるので、長期投資家も好きなときに買えるのです。理由は何であれ、特許や知財に関心をお持ちいただくのは良いことだと思っています。知らないよりは、知っていただくほうが良いのです。

　やや脱線しますが、過去にはヨーロッパの大富豪のエージェントから、僕の発明を買いたい、とコンタクトが来たことがあります。「オルタナティブ投資」ですね。お城や絵画を買うのと同じ感覚で、特許や発明を買う。これが世界の「投資の最先端」の実態なんですね。

　実は、特許など読まなくても、すでに世の中には情報が溢れています。一部の投資家の方はむしろ、情報が多すぎて困る、とさえおっしゃいます。

　そんな中、他ではまだ知られてない「新しいモノの見方」を求めている人たちは、僕の話にすごく関心を持ってくださるんですね。同じモノ、同じ情報を見

ていても、違うモノに見える。「そういう見方がある
のか」というやつですね。

　これが「投資機会」につながると考えている投資家
の方は、僕の話や特許情報の活用に高い関心を示さ
れます。組織にいる方なら、それは事業機会につな
がるかもしれません。
　そういう、常に新しいモノの見方を求めている方
は、ぜひ本書を繰り返し読んで、ご自身なりの「投資
哲学」「投資手法」そして「投資眼」を養っていただき
たい。本書をきっかけに、「公開されているけど誰も
読んでいない」特許という情報源を使った投資機会
探しに、ぜひ取り組んでみてください。

　先ほど申し上げたことと矛盾する点もありますが、
僕個人としては、着実に技術が進歩しているのか、
という点を特許情報で確認することにしています。
花王やコマツの事例で詳細に説明しましたが、単な
る一過性の技術情報として読むのではなく、特許同
士のつながりはもちろん、発明者のスキルや発明者
同士のつながりも分析して、「イノベーションを生み
出す組織能力」を評価していきます。これらは、長期
投資において一つの重要なファクターになると僕は
考えています。
　一つ特許を取りました、基本特許です、というプ
レスリリースでポーンと株価が上がることもありま
す。それはそれで、特許に対する一つの評価ではあ

ると思いますし、一つの特許の有り無しで投資判断をする人がいてもよいと思います。

しかし、僕個人としては、一件の特許がどうのこうのと大騒ぎするのではなく、特許や発明が積み重なって大きな変化や事業につながるのかどうか、を重視しています。顧客の課題を解決し、社会を変え、価値を生むのか、ということが知りたいんですね。企業が継続的に成長するには、社会課題をブレイクダウンして顧客課題として捉え直し、解決し続ける必要があるからです。

今後お会いする皆さんには、ぜひこのような動きを特許から読み取り、評価できる眼を養っていただいて、「良い仲間と良い議論」で楽しく前向きな議論ができれば嬉しいですね。お会いするのを楽しみにしております。

何かの場でお会いした際には、本書や前著の内容に関する質問含め、お気軽にお声掛けください。

▌皆さまへの お礼

最後になりましたが、本書の執筆にあたり、弊社メンバーの鈴木素子さん、畑田康司さん、内山和彦さん、対談いただいた投資アナリストのAさんと、なかのアセットマネジメント株式会社の山本潤さん、本書の元になる投資家向けセミナーの開催を支援してくださったNPO法人イノベーターズ・フォーラム

代表の松田憲明さんと株式会社リンクスリサーチ代表取締役の小野和彦さん、日経CNBCで特許情報分析についてお話しする機会をくださったフリーライター・アナウンサーの内田まさみさん、本書刊行にあたり多大なるご支援をいただいた株式会社プレジデント社の金久保 徹さん、および、草稿段階でモニターをしてくださった方々に、感謝申し上げます。

鈴木素子さんには、前著に引き続き出版業界での豊富な経験を活かして、全体の構成に関するアイデアや過去資料の収集など含め、粘り強く原稿作成を支援いただきました。

彼女抜きでは、この本は完成しませんでした。「新規事業」「知財・特許」の次は「投資」ですから、大変です。次から次へと無理難題ばかりだったと思います、ありがとうございました。

畑田康司さん、内山和彦さんには、弊社のマーケティングチームとして、多数の有益なアイデアをいただきました。

投資アナリストのAさんは、特許情報を活用した企業分析を投資に日々活用されている、まさに現場のプロフェッショナルです。今回、その貴重なご経験の一部を対談でお話しいただきました。

なかのアセットマネジメント株式会社の山本潤

さんは、特許情報を用いた投資先分析の第一人者で、世界トップ5%に入る実績を上げ続けておられるファンドマネージャーです。本書執筆にあたり、対談に応じてくださっただけでなく、多くの企業の取材にも同行させていただきました。

　NPO法人イノベーターズ・フォーラム代表の松田憲明さんと株式会社リンクスリサーチ代表取締役の小野和彦さんには、本書の元になる投資家向けセミナーの開催にあたり、企画段階から大変なご支援をいただきました。

　フリーライター・アナウンサーの内田まさみさんには、特許情報分析という大変ニッチな話題にもかかわらず、ご自身がアンカーをつとめられている日経CNBCの番組で2度も話題提供する機会をいただきました。

　株式会社プレジデント社の金久保 徹さんには、本書がより多くの方の手に届くよう知恵を絞っていただきました。特にタイトルは、僕には思いつかない切り口で当初戸惑いましたが、大変気に入っております。
　本書は、構想から出版まで2年以上かかっており、その間、弊社の新規事業支援サービス「企業内発明塾」のOB・OGを中心とした多くのお客様に、原稿の一部やアイデアについて多くの貴重な意見をいただ

きました。また、毎週配信しているメルマガ「e発明塾通信」の読者の方々にも、大変励みになるフィードバックをいただきました。

　この場を借りて、改めてお礼を申し上げます。

TechnoProducer株式会社ホームページ

https://www.techno-producer.com

無料メールマガジンのご案内

https://e-hatsumeijuku.techno-producer.com/ehatsumeijuku-tsushin

書籍購入者限定特典ページ

https://www.techno-producer.com/special-pifv/

TechnoProducer株式会社ホームページ

無料メールマガジン　e発明塾通信

書籍購入者限定特典ページ

参考文献

- 日経連続増配株指数の銘柄定期入れ替えについて
（日本経済新聞社サイト）
https://indexes.nikkei.co.jp/nkave/archives/
news/20240614J_2.pdf

- 花王「この30年のあゆみ」（花王サイト）
https://www.kao.com/jp/investor-relations/individual/
history/

- インビザライン・ジャパンサイト
https://www.invisalign.co.jp/

- 「知財ぷりずむ」2008年7月号
経済産業調査会知的財産情報センター（文部科学省サイト）
「初めて知財を担当する人のための大学知財の基礎入門」
佐田 洋一郎著
https://www.mext.go.jp/a_menu/shinkou/sangaku/__
icsFiles/afieldfile/2014/11/05/1257585_5.pdf

- ニュースイッチ　2021年6月16日（ニュースイッチサイト）
「審査の質向上と時間短縮を図る特許庁のAI活用法」
https://newswitch.jp/p/27637

- 朝日新聞デジタル2019年12月10日（朝日新聞サイト）
  https://www.asahi.com/articles/
  ASMCK7JDNMCKULBJ00D.html

- ３Ｍニュースリリース2012年7月5日（３Ｍサイト）
  「３Ｍ™ カーラッピングフィルム スクラッチガード（エア抜
  けタイプ）ネッツトヨタ高崎が『ドアハンドル プロテクショ
  ンフィルム』として採用」
  https://multimedia.3m.com/mws/media/1746088O/
  news-release-20120705.pdf

- グレイステクノロジー　第21期第1四半期有価証券報告書

- グレイステクノロジー
  「BUSINESS REPORT　2020年3月期 2019.4.1-2020.3.31」

- オリンパス「技術開発機能戦略」
  2016年3月30日（オリンパスサイト）
  https://www.olympus.co.jp/ir/data/pdf/plan_16csp_11.
  pdf

参考文献

- Resolute Legal Blog
  2019年8月28日（RESOLUTE LEGALサイト）
  https://www.resolute.law/blog/2019/8/28/standing-or-falling-tyco-v-ethicon-and-the-importance-of-precision-in-patent-assignments

- みずほ産業調査 Vol.53（みずほ銀行サイト）
  https://www.mizuhobank.co.jp/corporate/bizinfo/industry/sangyou/m1053.html

- International Paper　Investor Roadshow I August 14, 2019（International Paperサイト）

- テルモ「2011年3月期決算概要と2012年3月期の取り組み」（テルモサイト）
  https://www.terumo.co.jp/system/files/document/2022-03/Presentation_11Q4_J_02.pdf

- テルモIR資料「GS26目標達成への道筋検証」（テルモサイト）
  https://www.irwebcasting.com/20230515/1/2f327a6336/media/presentation_ja_02.pdf

・『高血圧治療ガイドライン2019』
日本高血圧学会高血圧治療ガイドライン作成委員会（編）、
ライフサイエンス出版
https://www.jpnsh.jp/data/jsh2019/JSH2019_hp.pdf

・テルモ2008年3月期期末決算説明会資料
「新中期計画Phoenix2010」（テルモサイト）
https://www.terumo.co.jp/system/files/document/
2022-03/Presentation_08Q4_J_02.pdf

・朝日インテック2014年6月期決算説明資料
（朝日インテックサイト）
https://ir.asahi-intecc.co.jp/ja/ir/irlibrary/presentation/
main/0/teaserItems1/1/linkList/4/link/201406_4Q%20
ver2014.pdf

・朝日インテック2014年6月期有価証券報告書
（朝日インテックサイト）
http://ir.asahi-intecc.co.jp/ja/ir/irlibrary/securities/
main/0/teaserItems1/2/linkList/4/link/y201406_4Q.pdf

参考文献

- MONOistモノづくり最前線レポート（16）
  2010年1月27日（MONOistサイト）
  「『動的』知財マネジメントが円盤型市場を切り開く」
  https://monoist.itmedia.co.jp/mn/articles/1001/27/
  news100_2.html

- 花王ニュースリリース2022年4月4日（花王サイト）
  「地域の欠かせないヘルスケアパートナーへ
  花王とスギ薬局がシニアの健康寿命延伸をめざして協働し、
  花王の歩行モニタリング技術を用いた新たな健康サポート
  サービス『まいにち歩行日記』開始」
  https://www.kao.com/jp/newsroom/news/
  release/2022/20220404-001/

- National Library of Medicine Pub Med
  2022年2月（National Library of Medicineサイト）
  「A Nutrient Formulation Affects Developmental
  Myelination in Term Infants: A Randomized Clinical
  Trial」
  https://pubmed.ncbi.nlm.nih.gov/35242798/

- 花王ニュースリリース2022年4月20日（花王サイト）

  「花王と日清食品が『仮想人体生成モデル』の活用に向けた協業に合意　『完全栄養食』の喫食者の健康状態を可視化し、栄養バランスや量をパーソナライズ化した商品やサービスの開発をめざす」

  https://www.kao.com/jp/newsroom/news/release/2022/20220420-001/

- 日経電子版2014年8月19日（日本経済新聞サイト）

  「コマツ、世界で補給部品供給早く　200億円投資」

  https://www.nikkei.com/article/DGXLASDZ18H5M_Z10C14A8TJ1000/

- コマツレポート2021（コマツサイト）

  https://www.komatsu.jp/ja/-/media/home/ir/library/annual/ja/2021/kmt_kr21j_spread.pdf?rev=-1&hash=F6FFA2A76F5B2896057C7261F9C40D33

- コマツIR-DAY2019　（コマツサイト）

  「コマツのデジタルトランスフォーメション戦略」

  https://www.komatsu.jp/jp/ir/library/results/03_KomatsuDX.pdf

特許情報による
"株式投資"の新・成功方程式

Patent Information
For Victory
～「知財」から、企業の"未来"を手に入れる！～

2024年9月30日　第1刷発行

著　者　　楠浦崇央
発行者　　鈴木勝彦
発行所　　株式会社プレジデント社
　　　　　〒102-8641
　　　　　東京都千代田区平河町2-16-1 平河町森タワー13階
　　　　　https://www.president.co.jp/　https://presidentstore.jp/
　　　　　電話　編集 03-3237-3733
　　　　　　　　販売 03-3237-3731
販　売　　高橋 徹、川井田美景、森田 巌、末吉秀樹

装　丁　　鈴木美里
組　版　　清水絵理子
校　正　　株式会社ヴェリタ
制　作　　関 結香
進　行　　鈴木素子(TechnoProducer株式会社)
編　集　　金久保 徹

印刷・製本　　株式会社サンエー印刷

本書に掲載した画像の一部は、Shutterstock.comのライセンス許諾により使用しています。

©2024 Takahisa Kusuura
ISBN　978-4-8334-5248-9
Printed in Japan
落丁・乱丁本はお取り替えいたします。